AKAL/CLÁSICA 72
Clásicos Griegos
Director: Manuel García Teijeiro

Maqueta: RAG
Motivo de portada: Ulises atado al mástil de su barco y sirenas.
Estamno ático. Hacia 480 a.C. Londres, British Museum

© Ediciones Akal, S. A., 2003
Sector Foresta, 1
28760 Tres Cantos
Madrid - España
Tel.: 91 806 19 96
Fax: 91 804 40 28
ISBN: 84-460-1758-X
Depósito legal: M-33.454-2003
Impreso en Materoffset, S. L.
Colmenar Viejo (Madrid)

Antonino Liberal

METAMORFOSIS

Edición de
José Ramón del Canto Nieto

Para Aurora, Amanda y África

*La metamorfosis es la forma en que todo
lo viviente evita el padecer. Y todos los
embriagados de vida, apetentes de ser más
u otra cosa que hombres, han soñado
atravesar el mundo metamorfoseándose.
Anhelo que es la clave de todas las ansias
de evasión, hasta de la legítima que
se llama arte.*

María Zambrano

Índice

INTRODUCCIÓN

1. LA METAMORFOSIS: ENTRE LO SAGRADO Y LO SIMBÓLICO

Intentar abordar un fenómeno tan complejo como es el de las metamorfosis, algo que en su propia esencia contiene el cambio, resulta siempre una tarea demasiado difícil. Para acercarnos a ellas, siempre tan enigmáticas y misteriosas, hay que hacer tentativas desde varios ángulos, y recuperar, en cierto modo, una parte de aquel saber práctico y flexible (*la mêtis*)[1] propio de algunos personajes míticos: en la *Odisea*[2] se nos habla de Proteo, el anciano dios del mar que guardaba celosamente para sí un saber oblicuo, aunque verdadero; gozaba de un don extraordinario: mudaba su naturaleza en múltiples formas con sólo su deseo; valiéndose de este don intentó rehuir las preguntas interesadas de Menelao acerca del regreso a su patria. Idotea, la hija de Proteo, dotada de la misma inteligencia que su padre, ofreció su ayuda al héroe: le aconsejó que no desistiera de su empeño a pesar de las formas que Proteo, para escabullirse, adoptara (león, serpiente, leopardo, corriente de agua, árbol frondoso, etc.). Se re-

---

[1] Véase Detienne y Vernant (1974); en su relación con las metamorfosis, Jiménez (1993) 80 ss.

[2] Cfr. *Odisea,* 4. 349 ss.

quiere, sin duda, algo de la astucia de Idotea y también una
parte de la constancia de Menelao para acercarse a la metamorfosis y vencer su natural disposición a la huida.

En su situación inicial, el hombre se siente perseguido por
una realidad oculta y desconocida ante la que se muestra
extraño y diferente; algo le envuelve desde un fondo último
de misterio: es el dominio de lo sagrado, que irradia en su
vida de manera ambivalente; en presencia de esa estancia
superior, algo que es de modo absoluto *lo otro,* experimenta
el poder de lo terrorífico y amenazante, y al tiempo, siente
ante ese *algo* un encantamiento y fascinación, ya que lo considera también el mundo real, verdadero, la plenitud del Ser[3].
El mundo de lo sagrado es una realidad que todo lo llena y
todo lo envuelve. El hombre primigenio, por ello, emprende,
como necesidad vital, una lucha para descifrar el poder
sagrado que le anega: necesita –en palabras de María Zambrano– «que esa realidad desigual se dibuje en entidades, que
lo continuo se dibuje en formas separadas, identificables»[4].
Tras penosa búsqueda, al fin consigue que lo sagrado acabe
revelándose en manifestaciones o imágenes *(hierofanías).* Asimismo, desde sus orígenes, el hombre se ha sentido al
tiempo fascinado y aterrado ante situaciones de transición y
cambio en los seres y en las formas, sentimiento que le ha
llevado a apreciar en las metamorfosis una dimensión de lo
sagrado.

En el mundo de lo sagrado, la naturaleza no era algo
exclusivamente «natural», sino que estaba llena de un valor
sobrenatural (los ciclos cambiantes de la luna, por ejemplo,
podían expresar antes que nada las realidades del nacimiento,
muerte y resurrección, o simplemente la degradación y el crecimiento)[5]. Son los dioses las primeras identificaciones que
el hombre descubre en la realidad, las primeras imágenes
sagradas; sus formas guardaban una perfecta nitidez mientras
permanecían idénticas, pero se manifestaban también en el

---

[3] Cfr. Otto (1917) 9-89.
[4] Cfr. Zambrano (1955) 29.
[5] Cfr. Eliade (1964) I, 188-221.

momento en que se transformaban. Los dioses griegos –así lo dice María Zambrano en la claridad de su prosa poética– se manifiestan como la luz del alba:

> ¿Quién no ha visto en la claridad de la mañana, en la danza perfecta que es metamorfosis, una pluralidad de figuras que dibujadas y desdibujadas, no se corporeizan, transformándose infatigablemente? Nacen y se deshacen; se enlazan y se retiran; se esconden para reaparecer como el hombre juega a hacer cuando es niño o cuando juega a esos juegos en que la infancia se eterniza: música, poesía[6].

Pero son los dioses, además, quienes posibilitan la contemplación de la naturaleza, pues ésta «ha sido vista tan sólo después de que los dioses en su perfecta figuración la dejaron visible; después de haberla despejado de ese *algo* de que son portadores»[7]. Cuando aparecen los dioses, aquel *algo* sagrado queda contenido en ellos y a ellos pertenece; ellos lo revelan. Lo divino entonces aparece y desaparece con sus manifestaciones como una realidad relampagueante. La manifestación de lo sagrado, en general, guarda algo excepcional –reiteradamente recordado por Mircea Eliade–[8]: En este mundo, un objeto cualquiera (un animal, un árbol, un río), en tanto que manifiesta lo sagrado, puede convertirse en *otra cosa* sin dejar de ser *él mismo,* pues continúa participando del mundo circundante. De este modo, los dioses han armonizado lo sobrenatural y lo natural: lo han hecho posible revelando las diferentes modalidades de lo sagrado en la propia estructura «natural» del mundo y de los fenómenos cósmicos.

Los dioses homéricos se han configurado en el seno misterioso de lo sagrado, y por ello, a pesar de su aspecto antropomórfico, no participan de la oposición entre sujeto humano y fuerza natural[9]. A los ojos de los griegos, tanto de época

---

[6] Zambrano, *op. cit.,* p. 29.
[7] Zambrano, *ibid.*
[8] Eliade (1957) 101-136.
[9] Cfr. Vernant (1965) 317-333.

arcaica como clásica, Zeus es, al tiempo, el cielo y el rayo, la
lluvia o ciertos árboles, entre otras cosas. En contra de la
suposición lógica según la cual una cosa no puede ser otra, el
griego, cuando se trata de seres sobrenaturales, no ve contradicción entre la unidad y la pluralidad (indefinida o nume-
rada) de sus dioses. Éstos encarnan, si quiere así decirse, la
identidad en la *contradicción* y la *permanencia* en el *cambio*:
pueden ser esto o aquello, adoptar forma animal o humana,
pero en la mudanza conservan intacta su identidad, pues tras
sus metamorfosis vuelven a ser ellos mismos. No apresados
por el poder devastador del tiempo (y más allá del principio
de contradicción que éste posibilita) manifiestan su inmenso
poder valiéndose de la capacidad de fuga que les otorgan sus
metamorfosis. El hombre, por el contrario, *caído* en el tiempo, muestra una condición radicalmente distinta: a pesar de
ser (o pretendiendo ser) *uno*, queda aprisionado en la multiplicidad y condenado a padecer la sucesión contigua de sus
estados. El tiempo «es el responsable, junto con el sufrimiento, de la forma de vida propia de estos dioses –la metamorfosis– y de las desdichas de la cárcel de la condición
humana a él sometida. Responsable de la danza de los dioses
y del cautiverio de los hombres»[10]. Ensartado en la cadena de
sus estados, el hombre siempre añorará aquel mundo poblado
por criaturas «no de ser, sino de metamorfosis»[11] en que era
posible *huir* del tiempo y evitar el sufrimiento.

Por otro lado, como ha señalado J.-P. Vernant[12], los dioses
griegos no son personas (una persona no podría ser varias),
sino poderes. Expresan los aspectos y modos de acción del
poder y no las formas personales de la existencia. De los pro-
blemas de organización y clasificación de estos poderes se
ocupa, precisamente, el pensamiento religioso, que distingue
«diversos tipos de fuerzas sobrenaturales, con su dinámica
propia, su modo de acción, sus dominios, sus límites; considera el juego complejo: jerarquía, equilibrio, oposición, com-

---

[10] Zambrano, *op. cit.,* p. 49.
[11] Zambrano, *op. cit.,* p. 47.
[12] Vernant (1965) 317-333, en el capítulo «La persona en la religión».

plementariedad»[13]. En el sistema teológico griego, bajo figuras animales, humanas o anicónicas, los dioses revelan un sistema bien estructurado y manifiestan *simbólicamente* su soberanía y el dominio de unos con respecto a otros.

En su obra *Masa y poder*, Elías Canetti[14] ha reflexionado magistralmente acerca de la doble dimensión de poder que circunda las metamorfosis: de un lado, la capacidad de fuga que otorga a quienes la ejercen; del otro lado, el poder de limitación de las metamorfosis de los otros. Mediante este último aspecto, el poder intentaba poner coto, en el fabuloso mundo de los orígenes, a aquel don por el que uno podía convertirse en todo tipo de cosas y donde también se tenía el poder de transformar a otros. Según Canetti, la primera limitación del poder de las metamorfosis, gracias a la cual el mundo se libra de una disolución total en una permanente *fluidez*[15] de cambios, es la creación del *personaje*. El personaje, en las metamorfosis, es una creación del espíritu que no ha de confundirse con lo que la ciencia moderna denomina género o especie. Se trata del estado final de la metamorfosis, aquel que no permite ya una transformación ulterior: «De la multiplicidad de innumerables e incesantes metamorfosis, que todas son posibles, se desprende una muy determinada que se fija al personaje. El mismo proceso de las metamorfosis, *uno* de tales procesos, es establecido, y con ello, en comparación con todos los demás que están excluidos, se le colma de un valor especial»[16]. El propio proceso de la metamorfosis puede considerarse el personaje más antiguo: «Es importante comprender que el personaje comienza con algo

---

[13] Vernant, *op. cit.,* p. 324.

[14] Canetti (1960) II, 333-381.

[15] Este término parece tomarlo Canetti de L. Lévy-Bruhl, referido a las creencias en «el origen de los tiempos» de las llamadas culturas primitivas. En este mundo, los seres y objetos más diversos se transformaban instantáneamente unos en otros; la propia crEación se realizaba mediante metamorfosis (cfr. Lévy-Bruhl (1935) 66-68). La «fluidez» de aquel mundo ha quedado petuada en mitos y leyendas, y sus manifestaciones literarias llegan hasta nuestros días (cfr. *op. cit.,* pp. 288-290).

[16] Canetti, *op. cit.,* p. 371

que no es nada simple, que nos parece complejo y que, en contraste con lo que imaginamos hoy por personaje, expresa el *proceso* de una metamorfosis simultáneamente con su *resultado*»[17]. Como ejemplo, viene a referirse a los ancestros totémicos, configuraciones dobles de animales-hombres, simultáneamente: «Cada uno de ellos está caracterizado por ser hombre y animal a la vez, actúa como un hombre y un determinado animal»[18]. De esta manera, un animal se compenetra con un hombre, y un hombre (más allá del principio de contradicción) se transforma a voluntad en un animal: sus dos aspectos son equivalentes. Ninguno es ocultado tras el otro[19]. Podemos hallar semejanzas entre los personajes totémicos y las distintas figuras que adoptan los dioses griegos en sus epifanías, pero también podemos encontrar en la mitología griega otros tipos de personajes: Los compañeros de Ulises, convertidos por la diosa hechicera Circe en animales que vuelven a recobrar su forma humana[20]; lo mismo ocurre con Ío, la doncella a la que Hera convierte en vaca y que retorna a su figura humana por gracia de Zeus[21]. Otros seres híbridos, como el minotauro (mitad hombre, mitad toro; ni bestia ni hombre), no pueden regresar a su forma primigenia y permanecen en ese estado para siempre[22]. Otros personajes, en fin, acaban convertidos, irreversiblemente, en seres nuevos, como Aedón, la muchacha transformada en ruiseñor[23].

También los dioses griegos combinan los dos aspectos del poder que otorgan las metamorfosis: muestran una gran capacidad de transformación (tanto mayor según la riqueza de los personajes) y restringen la multiplicidad de posibilidades de los otros. Para ejemplificar su libertad de metamorfosis, podemos establecer una comparación con un aspecto (temporal)

---

[17] Canetti, *ibid.*
[18] Canetti, *op. cit.*, p. 370.
[19] Sobre los seres míticos «mitad animales y mitad humanos», véase Lévy Bruhl (1935) 73-97; (1927) 159-183, y *pássim*.
[20] Cfr. *Odisea*, 10. 133-574.
[21] Cfr. Apolodoro, 2. 1, 3 ss.; Ovidio, *Metamorfosis*, 1. 583 ss.
[22] Cfr. Apolodoro, 3. 1, 4 ss.; Ovidio, *Metamorfosis*, 8. 167 ss.
[23] Cfr. Antonino Liberal, 11.

del juego del ajedrez: unas piezas adquieren más valor por la virtualidad de fugas y retornos que posibilitan sus movimientos; otras no gozan de la capacidad de volver a un mismo sitio. El mayor valor de unas restringe, limita y devalúa el de otras. De igual manera, los dioses de la mitología griega se muestran, por sus prerrogativas divinas de poder, de una manera radicalmente distinta a los hombres: Pueden transformarse y además pueden inmovilizar y fijar a los seres humanos en distintos personajes que ya no gozarán, por así decir, de procesos de ida y vuelta.

El hombre siempre ha intentado (con miedo y con fascinación) un acercamiento, un acceso o una identificación con el portentoso mundo de las metamorfosis. Especialmente arraigado en la condición humana se halla el deseo de sobrepasar su condición natural (temporal). La expresión de este deseo, en su forma suprema de fuga, intenta burlar a la muerte. También lo encontramos en el espíritu griego cumplido de una manera especial: la inmortalización de hombres privilegiados que huyen del difuminado mundo de sombras del Hades: En la *Odisea*[24] asistimos al anuncio de Proteo a Menelao de que éste no acabará su vida en la tierra, sino que será enviado por los dioses a los Campos Elíseos, el confín de la tierra donde vivirá dichoso para siempre. Gracias a esta forma de inmortalidad, completamente excepcional, estos seres privilegiados quedan, al huir de la muerte, convertidos en dioses. Al otorgar sus favores inmortalizantes, los dioses suelen hacerlos previamente invisibles a los ojos de los hombres, lo que supone un preludio de su metamorfosis, de su conversión en seres inmortales[25]. También gozan de inmortalidad los espíritus de algunos grandes hombres muertos que, tras la separación del alma de su cuerpo, alcanzan una vida superior y ya imperecedera; se trata de los héroes, que son dignos de recibir el culto de los hombres[26].

---

[24] Cfr. *Odisea,* 5. 560 ss.
[25] Cfr. Pease (1942) 1-36.
[26] Cfr. Rhode (1894) 45-55; 79-101.

A la religión que en la Grecia arcaica marca límites rigurosos entre la divinidad y el hombre, se asimilará una segunda religión, una corriente mística que acabará acercando la divisoria infranqueable que separa lo humano y lo divino. Es el culto a Dioniso, el poderoso dios que cambia de forma, el que hace patente, como ya nos explica el mito de su nacimiento, que vida y muerte son momentos de un eterno proceso de resurrección. Pero es además quien –en palabras de María Zambrano– hace más evidente que «la vida y dentro de ella el ser que más padece, el hombre, es trascendente, anda en vía, en tránsito»[27]. El dios Dioniso ejecutará sus metamorfosis en el interior del ser humano: «El hombre, que no ha alcanzado la unidad verdadera, conlleva difícilmente la unidad impuesta por la necesidad, y aspira secretamente a ser *otro* en algún instante. La vida humana transcurre en una unidad que encubre la multiplicidad prisionera, posibilidades que el «uno» no ha podido liberar haciéndolas suyas al mismo tiempo»[28]. Mediante el acercamiento a Dioniso, el hombre podrá dar cauce a su deseo más secreto: hará posible que aflore la pluralidad que anida en él, sobrepasando así los límites establecidos entre el hombre y la divinidad, lo natural y lo sobrenatural, los sexos y las fronteras del yo.

Para la mentalidad primitiva y arcaica todos los acontecimientos importantes de la vida están llenos de sacralidad. A través de normas ejecutadas en ceremonias o de actos prescritos o formalizados en palabras: por medio de *rituales,* el hombre tendrá ocasión también de acercarse e identificarse con instancias distintas y superiores en los acontecimientos significativos de su vida. Especialmente relacionados con las metamorfosis pueden destacarse aquellos que se centran en los ciclos cósmicos (la rotación de las estaciones, las fases de la luna, etc.), de gran importancia en sociedades de origen agrícola. De modo análogo quedan marcados los ciclos humanos (nacimiento, matrimonio, muerte) y los *pasos simbólicos* de ingreso o tránsito en las etapas clave de la vida

[27] Zambrano (1955) 56.
[28] Zambrano, *op. cit.,* p. 57.

(pubertad, embarazo, retiro, etc.). Estos últimos, denominados ritos de *iniciación* y *paso* entrañan un cambio[29]. Tanto los ciclos cósmicos como los humanos están interrelacionados. Recordemos la vieja metáfora: «La juventud es la primavera de la vida». No obstante, en contra de la pretensión globalizadora expresada en la llamada «teoría ritual», según la cual los mitos no serían sino una explicación de viejos rituales, G. S. Kirk[30] ha ofrecido una crítica eficaz: esta hipótesis sólo puede aplicarse a algunos casos. En lo concerniente a mitos de metamorfosis, P. M. C. Forbes Irving[31], de manera parecida, ha demostrado que estos no pueden explicarse en su totalidad como la expresión simbólica de ritos de iniciación o paso. Pero, tanto el mito como el rito se complementan mutuamente, por ser expresiones ambos (imaginativa y operativa, respectivamente) de una misma experiencia de lo sagrado.

El mundo de lo sagrado y lo divino se le revela al hombre de una manera simbólica[32]. El sentido originario que encierra la etimología de *símbolo* puede ilustrarnos eficazmente sobre su estructura esencial: alude a una moneda o medalla partida, contraseña de un pacto o alianza. Cada uno de los participantes en un tratado guardaban una parte de la escisión, cuyo encaje, a través de la acción de juntarlas a la vez *(symbállein)* para su reconocimiento, certificaba la unidad mutua de la alianza. Uno de los fragmentos escindidos se hallaba presente, disponible, palpable. Se trata de la parte simbolizante. El otro se encontraba en *otra parte*, pero sin él, la parte simbolizante carecería de horizonte de sentido, tentaría en el vacío. Por ello, la parte de la que se dispone (el aspecto manifiesto y manifestativo del símbolo) remite a aquella otra oculta para obtener y revelar significación. El símbolo, por ello, como revelación sensible y manifiesta de lo sagrado, queda religado a un sustrato secreto, sellado: a aquel mundo

---

[29] Cfr. van Gennep (1909).
[30] Kirk (1970) 21-44; (1974) 54-57.
[31] Cfr. Forbes Irving (1992) 38-57.
[32] Sobre el símbolo como revelación de lo sagrado, véase Trias (1994), especialmente pp. 23-28 en lo referente a su estructura esencial.

a la vez terrible y fascinante. Pero, la doble valencia que pueden expresar los seres de aquel mundo: la manifestación de lo sobrenatural y (una vez configurados los dioses y hecho posible el descubrimiento de la naturaleza) la consideración de la realidad como algo puramente «natural» sitúan al hombre ante dos ámbitos articulados de extraordinaria importancia en su aventura espiritual, artística o cultural. En efecto, mediante el descubrimiento de la naturaleza el hombre constata que la realidad que le rodea no es por completo «lo otro», sino que hay en ella seres que le resultan familiares, parecidos, y en consecuencia, encuentra también (a veces con un principio de emoción, a veces de turbación) algo de sí mismo. Un animal, por ejemplo, puede remitir a dimensiones sobrenaturales, pero también puede hacer descubrir al hombre su «animal interior». Cuando se estableció un acercamiento, una fusión estrecha, una identificación entre el uno y el otro, las consecuencias resultaron tremendamente importantes. Algo hemos apuntado acerca del totemismo[33]. Podemos señalar otras creaciones del espíritu como la metempsicosis (el tránsito de un alma por distintos cuerpos), los animales que hablan en las fábulas, las máscaras del teatro, etc.

En sus *Lecciones de estética,* G. W. F. Hegel caracteriza las metamorfosis, en su manifestación artística, como un *género* que participa del simbolismo inconsciente y del simbolismo consciente (o reflexivo). Bajo el primero, aquel en que los egipcios consideraban a sus dioses, lo divino se contemplaba «en la encerrada y misteriosa interioridad de la vida animal»[34], pues ésta expresaba la vida. Ello explica las dobles configuraciones de algunos de sus dioses (Sekhmet es una

---

[33] Lévi-Strauss (1962) ven en el sistema totémico la *expresión simbólica* de la aprehensión de la realidad que permite la aplicación de la naturaleza sobre la experiencia humana y la sociedad: la naturaleza ofrece un código simbólico a partir del cual la sociedad (o el individuo) expresan un mensaje (discurso mítico, religioso o filosófico), aquello que anida en la naturaleza y constituye la cultura.

[34] Hegel (1836-1838) I, p. 346; cfr. p. 315.

mujer con cabeza de leona, Anubis un hombre con la de un chacal, etc.). En estos *personajes,* el objeto sensible, la forma natural de los animales como parte simbolizante, se une con lo simbolizado (la divinidad) de una manera inmediata, donde el espíritu no está separado de la forma natural, pues el simbolismo inconsciente se reduce a un intuir que todavía no está liberado para expresar lo espiritual según la forma y el contenido. Aunque podemos suponer algunos personajes parecidos en el ámbito griego (Atenea de ojos de lechuza, Hera de ojos de vaca) que pueden remitir, según se deduce de sus rasgos teriomórficos, al llamado por Hegel *simbolismo-mitológico,* la mayoría de las metamorfosis, tal y como aparecen en época clásica y helenística, establecen una separación clara y zanjada entre el espíritu y la naturaleza. Esta distinción constituye, según el filósofo alemán, lo *auténticamente mitológico.* Las metamorfosis son el puente y el tránsito entre un simbolismo y el otro: en las metamorfosis, una significación o idea de algo es comprendida en sí misma, pero además está puesta explícitamente como distinta de la manera en que ella es representada: presentan alguna imagen concreta de la naturaleza (una roca, un animal, una fuente, una flor...) a la que le confieren la significación de ser una *caída* o un *castigo* de existencias espirituales: «Vistas desde el lado moral del espíritu, contienen esencialmente frente a la naturaleza la orientación negativa a hacer de lo animal y de otras formas inorgánicas una figura de la degradación de lo humano»[35]: A causa de un *mal paso,* una *pasión,* un *crimen,* los personajes de las leyendas caen en una *culpa* o *dolor* infinitos, pierden la libertad de la vida espiritual y se convierten en existencias degradadas a una condición puramente natural: Aedón, a causa de un crimen, acaba convertida en ruiseñor; Narciso, por una pasión amorosa, en una flor. Pero el ruiseñor y el narciso no son sólo un ave y una flor, sino que se les presta un sentido espiritual aprovechando alguna analogía o semejanza entrevista por el poeta: se trata de un ruiseñor

---

[35] Hegel, *op. cit.* II, pp. 29-33.

que se lamenta, de una flor que recuerda una desgracia. Desde su estado natural remiten al tiempo a *otra realidad* que se hace presente cada vez que el ave canta, que la flor renace. Guardan así, en su nueva forma, la huella del viejo mundo de lo sagrado y, al tiempo, posibilitan la aparición del mundo desacralizado y profano de la naturaleza.

Los seres del mundo de lo sagrado, por su pertenencia a un doble plano (natural y sobrenatural) constituyen el *sustrato simbólico* que alimenta las formas artísticas de metamorfosis. Las hierofanías, por medio de su estructura simbólica, acaban aflorando en los mitos y en la poesía, especialmente en la metafórica, porque «ambos fenómenos, el poético y el religioso, brotan de un mismo coherente sistema de intuiciones sobre la sacralidad de la vida orgánica»[36]. Toda imagen, toda metáfora, todo mito, guardan, por su procedencia hierofánica o por su estructura simbólica[37], aun en el mundo de lo profano, un recuerdo nostálgico del mundo de lo sagrado.

Podemos explicarnos mejor las creaciones mitológicas de metamorfosis si ahondamos en la polivalencia simbólica que entrañan los seres en que acaban mayoritariamente convertidos los personajes de las leyendas (piedras, plantas y animales): una piedra puede expresar (como ha señalado de manera estructural J.-P. Vernant[38]) dentro del simbolismo religioso griego, como forma visible, poderes invisibles; puede hacer presente a los ojos de los vivos poderes del más allá: «En el momento en que se hace presente se descubre como no siendo de aquí, como perteneciente a otro lugar inaccesible»[39]. Tiene cualidades opuestas a la vida: es rígida, seca y fría, el reverso de lo viviente, flexible, animado, húmedo; es

---

[36] Álvarez de Miranda (1959) 12 y *pássim.*

[37] En efecto, el símbolo prolonga la dialéctica de la hierofanía: «Todo lo que no está directamente consagrado por una hierofanía se convierte en sagrado por el hecho de participar de un símbolo». Eliade (1964) II, 235 ss.

[38] Vernant (1965) 302-316, en su estudio «La categoría psicológica del doble».

[39] Vernant, *op. cit.,* p. 307.

muda, como la muerte silenciosa. Una piedra puede simbolizar la muerte invisible porque es un ser que, en su opacidad, hace visible la muerte. Pero además, en las metamorfosis, por transitar de uno a otro plano, las piedras pueden dar cuenta, como transposición metafórica, de cualidades o conductas de personajes mitológicos. Como expresión de un castigo, pueden trocar la crueldad o la lujuria en insensibilidad, el exceso verbal en silencio, etc. Inmovilizadas y enraizadas en el suelo (lo contrario de los vivos, que se mueven a ras de tierra) pueden ser la metáfora de un castigo perdurable y hacer visibles (en negativo) las cualidades y conductas condenables de algunos personajes[40].

Las plantas pueden expresar también, debido a su carácter ambivalente, la mediación entre la vida y la muerte: hunden sus raíces en la tierra, fuente de vida, pero al tiempo, dominio subterráneo del Hades, el mundo de los muertos, y manifiestan, de vuelta, el tránsito a la vida en su cíclico renacer estacional. En las leyendas de metamorfosis pueden expresar además, de manera metafórica, cualidades o aspectos de los personajes, como el dolor mediante las lágrimas que rezuman las gotas de resina, la fecundidad y el crecimiento en la exuberancia vegetal, la belleza en la explosión floral, etc.[41]. Los seres humanos muertos o asesinados transformados en árboles o flores (recordemos el mito de Narciso) pueden también hacer referencia a un aspecto simbólico muy profundo, el de «la sangre como origen de la vida vegetal»[42].

También los animales gozan de una gran riqueza simbólica y metafórica en la religión y mitología griegas[43]: los animales resultantes de metamorfosis pueden considerarse símbolos intermedios entre la vida y la muerte (una muerte y una vida entre paréntesis) y pueden recordar, además, metafóricamente, cualidades de personajes legendarios. En la medida

---

[40] Cfr. Forbes Irving (1992) 139-148. Sobre las «piedras sagradas», véase Eliade (1964) I, 253-278.

[41] Cfr. Forbes Irving, *op. cit.,* pp. 139-148. Cfr. Murr (1890).

[42] Cfr. Eliade (1964) II, 79-81; Álvarez de Miranda (1959) 12-13, n. 4.

[43] Cfr. Keller (1909-1913); Bodson (1978).

en que una vaca, por ejemplo, puede considerarse una metáfora de la fecundidad o un lobo de la maldad, los personajes
míticos Ío y Licaón, convertidos en tales animales, reafirman
en su nueva vida la fertilidad y la maternidad o la lujuria y la
soberbia de sus vidas pretransformadas[44]. Un caso especial lo
constituyen las aves[45]: intermediarias entre el cielo y la tierra
o entre el agua y el cielo, son también mediadoras entre el
mundo visible y el espacio divino[46]: recordemos su papel
augural en la antigüedad o de manifestación divina (epifanías) y sus vinculaciones con el más allá (se conocen representaciones de almas de finados en forma de seres alados[47] o
de aves transformadas que rinden culto a un héroe muerto[48]);
pero la importancia e interés principales de las metamorfosis
de hombres en aves vienen propiciados, principalmente, por
sus ricas concomitancias metafóricas: las aves, en efecto, con
su extensa variedad de cantos, vuelos, plumajes o colores,
pueden evocar analogías y semejanzas con los hombres: su
mirada penetrante recuerda a la humana; su forma o plumaje
pueden despertar algún parecido con alguna característica o
algún atuendo; un tono de voz lastimero puede evocar un
gemido o un lamento, etc.; pero sobre todo, y a pesar de que forman una comunidad independiente a la nuestra, se asemejan
por la manera en que se constituyen como sistema social: cons-
truyen su morada, viven en familia, aman la libertad; se subdi-
viden en grupos conforme a su forma de vida, hábitat o ali-
mentación: nocturnas, de presa, canoras, acuáticas, etc. (es fácil
entender que las aves de presa renueven en su nueva vida un crimen, que las de tono lastimero recuerden un dolor...); además,
mantienen relaciones sociales con los demás miembros de su
especie (amistad, enemistad, amor filial, etc.). Ya Aristófanes en
su comedia *Las aves* estableció una ingeniosa alegoría entre la
sociedad humana y la república de los seres alados.

---

[44] Cfr. Forbes Irving, *op. cit.,* pp. 69-72 (Ío); 90-95 (Licaón).
[45] Cfr. Forbes Irving, *op. cit.,* pp. 96-127; Pollard (1977).
[46] Cfr. Davy (1977); Bonnefoy (1981) 227-228.
[47] Cfr. Weicker (1902).
[48] Cfr. Forbes Irving (1992) 113-127.

La presencia de elementos naturales en los mitos de metamorfosis, especialmente animales, ha contribuido a la creación de la llamada «Teoría del culto animal». Según esta tentativa explicativa generalizadora, los animales (o plantas)
revelan, en las leyendas de metamorfosis, un proceso por el
que antiguos dioses-animales, al pasar a un estadio antropo-
morfo, no pueden desprenderse por completo de sus asociaciones no-humanas, viniendo así a transferir su forma animal
a un ser humano por medio de una metamorfosis. Forbes
Irving[49] ha criticado esta teoría y ha encontrado un camino
más convincente: los mitos de metamorfosis no son sino
metáforas. Algunas reflexiones sobre el símbolo, la metáfora
y la metonimia pueden iluminar más claramente este hecho.

En su libro *La metáfora y la metonimia,* M. Le Guern ofrece
una distinción útil entre símbolo y metáfora: en una construcción simbólica –dice– es necesaria la percepción de una imagen
para captar la información lógica contenida en el mensaje. «Por
oposición a la imagen simbólica, que es necesariamente inte-
lectualizada, a la imagen metafórica le será suficiente con
impresionar a la imaginación o a la sensibilidad»[50]. En los
mitos de metamorfosis podemos suponer un *sustrato simbólico*
general. Pero, es igualmente evidente que una cualidad o característica del mundo natural ha podido despertar, de manera particular, la sensibilidad o imaginación humanas hasta conseguir
que la fantasía construya bellas leyendas.

F. de Saussure ya había distinguido, en lo que se refiere a
las relaciones entre términos lingüísticos, dos planos, el de
las *relaciones sintagmáticas,* encadenadas en el eje temporal
(lineal o irreversible) del habla (*contigüidad* en Jakobson), en
el que cada término adquiere su valor propio en oposición al
precedente y al subsiguiente, y el de las relaciones *asociati-
vas* (*similaridad* en Jakobson), donde, fuera del discurso, las
palabras que ofrecen algo de común se asocian en la memoria de manera atemporal[51]. Desde un punto de vista semán-

[49] Forbes Irving, *op. cit.,* pp. 38-95.
[50] Le Guern (1973) 49.
[51] Cfr. Saussure (1915) 154-159; Jakobson (1963) 105-111.

tico –señala Jakobson[52]– la metáfora se centra en el orden de
la similaridad y la metonimia en el de la contigüidad. Ambos
están recíprocamente condicionados. Jakobson considera la
similaridad como una relación interna del lenguaje: «Debe
haber cierta equivalencia entre los símbolos usados por el
emisor y los que el receptor conoce e interpreta»[53]. En el ejercicio de la metáfora esta equivalencia resulta alterada. La
metonimia, por el contrario, se centra en una relación externa
del lenguaje establecida entre la palabra y el objeto que
designa (referente) y no afecta a la organización sémica de
los términos[54].

En una metáfora (considerada como una figura retórica)
se transporta el significado de una palabra a otra en virtud de
una analogía o semejanza que reside en la mente. La metáfora, por ello, cuenta en su núcleo más esencial con un parecido intrínseco a una metamorfosis: Al recibir una palabra un
significado nuevo, que no es el suyo propio, esta palabra
experimenta, por así decir, una metamorfosis. Pero también
la palabra que traslada su significado experimenta un cambio,
porque la relación establecida entre este término y el objeto
que él designa habitualmente (referente) queda destruida:
transformada en el ejercicio de la metáfora. Tomemos este
ejemplo: «El fuego es el sol de las casas». Por una parte, el
termino real «fuego» recibe un significado imaginario que no
es el suyo, sino el contenido en el sintagma «el sol de las
casas»; pero además, el término metaforizador (imaginario)
«sol» pone entre paréntesis una parte de sus semas (elementos de significación) constitutivos: Aquí no se considera el
movimiento rotatorio del astro, sino, principalmente, otros
atributos dominantes, los que expresan luz y calor. Por esta
razón podemos considerar la palabra «sol», en cierto modo,
también transformada. En el mito de Aedón, la madre convertida en ruiseñor, se opera este mismo proceso. El término
real (en la medida en que es real un personaje mitológico)

---

[52] Como conclusión de sus estudios sobre la afasia, *op. cit.,* pp. 113-132.
[53] Jakobson, *op. cit.,* p. 111.
[54] Cfr. Le Guern, *op. cit.,* pp. 26-32; Ricœur (1975) 237-255.

Aedón se transforma en un ave a partir de alguna cualidad
entrevista por el poeta, en este caso, el tono melodioso y
melancólico de su voz. Pero el ruiseñor no es sólo un pájaro:
es un ave que nos recuerda, principalmente, la tristeza de una
madre por la muerte de su hijo mediante su trino renovado.
Es esta estructura metafórica la que permite que dos ideas de
cosas diferentes actúen al mismo tiempo en una imagen
nueva resultante de la interacción de ambas, y, por ello, es
posible percibir *lo mismo* en lo incesantemente *diferente*[55].

A diferencia de la metáfora, la metonimia opera como un
deslizamiento o desplazamiento del referente (en la variedad
llamada sinécdoque, designando el todo con el nombre de la
parte[56]). Cuando hablamos de *un espada* (por un torero que
maneja una espada) no hay una reorganización sémica, porque se trata del mismo referente, pero entendiendo el todo (el
torero) con el nombre de la parte (la espada). La metáfora
puede considerarse entonces como una elipsis que opera
sobre el eje contiguo o sintagmático: *un* (hombre que maneja
una) *espada*.

El hecho de que tanto el plano de la contigüidad (donde
reside la metonimia) como el de las asociaciones o de la similaridad (donde reside la metáfora) correspondan a dos tipos
de *actividad mental* es el punto nodular que permite –según
Jakobson– el salto a otros ámbitos no propiamente lingüísticos, y generar discursos de tipo metafórico y de tipo metonímico[57]. C. Lévi-Strauss ha aplicado un análisis estructural a
los discursos metafóricos y metonímicos. En el capítulo «El
individuo como especie» de su libro *El pensamiento salvaje*[58], desvela las relaciones entre aves y hombres a través de
sus nombres: en francés, el diminutivo Pierrot da nombre al
gorrión, Jacquot al loro, Margot a la urraca, Colas al cuervo,
Godard al cisne, etc.: «Esta relación metafórica imaginada,
entre la sociedad de las aves y la sociedad de los hombres, va

---

[55] Jiménez, *op. cit.,* pp. 312-313.
[56] Le Guern, *op. cit.,* pp. 33-43.
[57] Jakobson, *op. cit.,* pp. 133-143.
[58] Lévi-Strauss (1962 b) 278-314.

acompañada de un procedimiento de denominación que pertenece al orden metonímico (...) la relación de los nombres de pila de las aves con los nombres de pila humanos, es, casualmente, la de la parte con el todo»[59]. La situación es simétrica e inversa en el caso de los perros: «No solamente no forman estos una sociedad independiente, sino que, como animales domésticos, forma *parte* de la sociedad humana»[60]. Esta es la razón por la que suelen llevar nombres metafóricos (Sultán, Reina, Meteoro, etc.). «Por consiguiente, cuando la relación entre especies (la humana y la animal) se concibe socialmente como metafórica, la relación entre los sistemas de denominaciones respectivos cobra el carácter metonímico; y cuando la relación entre especies se concibe como metonímica, los sistemas de denominaciones cobran un carácter metafórico»[61].

En gran número de leyendas de metamorfosis, tal y como las conocemos por las colecciones helenísticas y Ovidio, las historias suelen partir de un rasgo metafórico entrevisto por el poeta, un hecho que impregna la fantasía y la sensibilidad (el tono melodioso del ruiseñor –*aēdón*– comparable al lamento lírico humano; la floración y belleza del laurel –*dáphnē*– y la belleza femenina de la juventud, etc.). Mediante la creación de leyendas (la de *Aedón,* la madre que se lamenta por su hijo; la de la bella ninfa *Dafne* perseguida por Apolo), cuyos protagonistas acaban convertidos en ruiseñor y laurel, se da cuerpo a estas metáforas que son presentadas de manera metonímica: Crean la especie de los ruiseñores y del laurel a los que dan nombre.

Italo Calvino advierte la dialéctica de estos dos principios (la metáfora y la metonimia) en la obra poética de Ovidio, según el principio de la –por él llamada– *contigüidad universal*[62]:

---

[59] Lévi-Strauss, *op. cit.,* p. 299.
[60] Lévi-Strauss, *ibid.*
[61] Lévi-Strauss, *op. cit.,* pp. 299-300.
[62] Cfr. Calvino (1992) 34-44.

La contigüidad entre dioses y seres humanos –emparentados con los dioses y objeto de sus amores compulsivos– es uno de los temas dominantes de las *Metamorfosis,* pero no es sino un caso particular de la contigüidad de todas las figuras o formas de lo existente [metonimia], antropomorfas o no. Fauna, flora, reino mineral, firmamento, engloban en su común sustancia [metáfora] lo que solemos considerar humano como conjunto de cualidades corporales, psicológicas y morales[63].

Muchas leyendas de metamorfosis suelen ser presentadas como transposiciones metonímicas que explican la generalización de una especie: el todo (la especie animal o vegetal) es presentado como consecuencia de la parte (los personajes transformados). En recuerdo suyo, los nombres propios de éstos se ofrecen como los comunes de las especies. Se trata de mitos metafóricos trocados en metonímicos, de metonimias procedentes de metáfora, o si se quiere, de mitos falsamente metonímicos.

Otro elemento que caracteriza a las representaciones simbólicas es su condición de *figuras de mediación.* La imagen resultante de una metáfora participa de dos planos: El término metafórico que identifica, por ejemplo, un abedul con una jovencita se convierte en una imagen que transita por esferas distintas (la vegetal y la humana) por no ser del todo ni lo uno ni lo otro, y a su vez, identificarse con lo uno y con lo otro, en virtud de sus respectivas semejanzas (fragilidad, delicadeza, belleza) y diferencias. Lo mismo ocurre con las leyendas de metamorfosis. En su obra acerca de este tipo de mitos, P. M. C. Forbes[64] considera estas historias como una parte del *corpus* general de la mitología en las que la transformación desempeña el papel más relevante. Son motivos fantásticos procedentes de una veta simbólica y metafórica, que han sido modelados por la poesía y las creencias tradicionales, y que se caracterizan, principalmente, por su libre

[63] Calvino, *op. cit.,* pp. 34-35.
[64] Forbes Irving, *op. cit.,* pp. 195-196.

disposición a cruzar fronteras, especialmente aquellas que se
presentan en oposiciones rígidas en las leyendas: el mundo
civilizado y del hogar frente al de la naturaleza animal y salvaje, el mundo de los vivos frente al mundo de los muertos,
lo humano y lo divino, la mujer y el hombre, etc.

Según P. Brunel, el carácter inasible, misterioso y enigmá-
tico de las metamorfosis radica en su esencia contradictoria:
Las metamorfosis –dice– son unión de contrarios, un sistema de
fuerzas antagónicas. Son a la vez mito genésico (una hipótesis
sobre el «antes») y escatológico (una hipótesis sobre el «después»), un mito de crecimiento y degradación: combina alteri-
dad e identidad (introduce al animal que se quiere, pero descu-
briendo al mismo tiempo el animal que se es); es imaginario y
real; hay palabra y ser; sentido y sinsentido[65]. Los viejos mitos
de metamorfosis, hundidos profundamente en nosotros,
hablando de cosas distintas, a través de metonimias, metáforas
y símbolos, no hablan sino de nosotros mismos.

2. METAMORFOSIS Y HELENISMO: LA COLECCIÓN DE ANTONINO LIBERAL

En los poemas homéricos encontramos un fresco rico y
variado en el que queda plasmado, literariamente, el complejo mundo de las metamorfosis. Asistimos a epifanías divinas, mediante las cuales los dioses manifiestan su poder
adoptando formas animales (Atenea en lechuza o golondrina,
etc.) o humanas. En estas metamorfosis pueden percibirse
motivaciones de carácter religioso o mítico[66]. Hay mudado-
res de forma, como Proteo; dioses-magos, como Circe[67], que
transforma a los compañeros de Ulises, degradando su naturaleza, en animales; éstos, convertidos en cerdos, guardan, no
obstante, sus mentes *(nóos)* de hombre, por lo que sufren en
su nuevo encierro, hasta que, tras una nueva metamorfosis,

---

[65] Brunel (1974) 180-181.
[66] Cfr. Lavoie (1970) 5-34.
[67] Cfr. *Od.* 10. 133-574.

tornan a ser lo que eran. Otras, como la hija de Pandáreo, Aedón, convertida para siempre en ruiseñor, explican además, implícitamente, la creación de una especie[68]. Otras, en fin, como es el caso de la soberbia Níobe[69], convertida en piedra por rivalizar con los inmortales, sirven para hacer manifiesto el poder, esplendor y majestuosidad de los dioses[70]. En Hesíodo, las metamorfosis adquieren, por lo general, una dimensión más humana: sirven para castigar o premiar las conductas de los hombres[71]. En los autores trágicos, los premios y castigos reflejan además, simbólica y metafóricamente, contradicciones divinas o humanas y conflictos emocionales o sociales[72].

Es, sin embargo, en el helenismo cuando las leyendas de metamorfosis aparecen con mucha más frecuencia que en épocas anteriores y además (algo verdaderamente novedoso) sistematizadas, en muchos casos, en colecciones[73]. El particular punto de vista desde el que se abordan ahora las metamorfosis no es su aspecto reversible, sino, por el contrario, el más decisivo, su final: las leyendas caminan hacia un estado (la transformación) en el que los protagonistas vivirán ya para siempre como seres del mundo natural (o divino en el caso de los héroes y sus apoteosis). Algunas colecciones son específicas, como las que se refieren a mitos de transformación en estrellas *(catasterismos)*[74].

Otra característica fundamental de las leyendas mitológicas de esta época es el preponderante carácter «etiológico» que encontramos en ellas: el intento de explicación de una causa *(aítion)*. En efecto, valiéndose de las metamorfosis,

---

[68] Cfr. *Odisea*, 19. 518 ss.
[69] Cfr. *Ilíada*, 24. 610 ss.
[70] Cfr. Forbes Irving (1992) 8-12.
[71] Cfr. Forbes Irving, *op. cit.*, pp. 12-13.
[72] Cfr. Forbes Irving, *op. cit.*, pp. 13-19.
[73] Cfr. Forbes Irving, *op. cit.*, pp. 19-24. Sobre el género de las metamorfosis y su tratamiento mitográfico, véase Lafaye (1904); Castiglioni (1906); Wendel (1935); Jannaccone (1953); Viarre (1964).
[74] Son los casos de sendas obras de Eratóstenes (cfr. Robert, 1878) y de Higino (cfr. Le Boeuffle, 1983).

los poetas y eruditos intentan explicar distintas causas *(aítia):* el origen de seres y especies o sus cualidades; instituciones, costumbres, cultos, fundación de ciudades, etc. La curiosidad científica de esta época, inextricablemente unida a un interés por lo extraño y maravilloso, avivaron la creación de la fantasía mitológica; su desarrollo literario dio pie a la creación de una textura en la que se combinaban elementos de diverso tipo: desde fuentes míticas antiguas o tradiciones religiosas a los más variados elementos folclóricos; desde datos emanados de las investigaciones de la naturaleza, a las asignaciones de causas que se fundamentan tan sólo en el aparente significado de palabras, nombres o etimologías populares[75]. Encontramos incluso leyendas enteramente inventadas o recreadas en la propia época conforme al genio literario o interés particular de sus autores. Ovidio es, sin duda, la suma y cima literaria del género helenístico de las metamorfosis.

La palabra «mitología» encierra un sentido doble: significa «colección de mitos» y «explicación de mitos». El primer componente *(mŷthos)* puede entenderse, en su sentido más amplio, como «relato» (extraordinario y fascinante[76], y a la vez incierto e incomprobable, aunque presentado, tradicionalmente, como realmente sucedido[77]) que puede contener elementos simbólicos, pero que se desarrolla siempre mediante la narración de una «historia», en tanto que *lógos*, del verbo *légō*, «reunir» o «recoger» (selectivamente) y también «decir», «hablar», aporta el significado de «colección», y también el de «razón», «estudio», «tratado», e incluso, «ciencia de los mitos»[78]. Una colección de mitos guarda dentro de sí, de manera más o menos sistemática, una especulación, una teoría, un ordenamiento, o, al menos, un acerca-

---

[75] Sobre el juego de la homonimia en la creación de leyendas helenísticas, véase Castiglioni, *A&R.* 12 (1909) 354; sobre los juegos de palabras como causas de leyendas, Deroy (1959) 23-34.

[76] Cfr. García Gual (1992) 12.

[77] Cfr. Ruiz de Elvira (1975) 7 s.

[78] García Gual (1992) 28-31.

miento a aquello que colecciona; pero su alcance viene delimitado por la propia extensión y los criterios de inclusión temática de la colección.

Tenemos noticias de autores que se sintieron atraídos por este género, pero de los que apenas conocemos nada. Por una nota al margen en el capítulo 23 de la *Colección* de Antonino Liberal (la leyenda de *Bato*) sabemos de la existencia de dos autores: Didimarco, poeta alejandrino, autor de unas *Metamorfosis*[79] y Antígono de Caristo, llamado «el Joven»[80] contemporáneo de Augusto, que escribió unas *Alteraciones (Alloióseis)*[81]. De otro autor, Teodoro, sabemos que escribió una obra en hexámetros, cuyo título era *Metamorfosis*[82]. En el mismo metro y bajo el mismo título, Partenio de Nicea[83] compuso, poco antes del

---

[79] Cfr. Knaack, *RE* 5 (1903) 442; Lloyd-Jones-Parsons, *SH.* n.º 378 A y 378 B. Es mencionado en *Schol. Ambros. Theoc.* 1, 3-4 (f) p. 32. 1 (Wendel), donde se habla del origen del dios Pan.

[80] Distinto del paradoxógrafo homónimo del siglo III a.C. (Wilamowitz [1881] 171). Véase también Robert, *RE* (1884) 2422 y Lloyd-Jones-Parsons, *SH*, n.º 47-50.

[81] También sabemos que fue poeta y compositor de epigramas, y autor de un poema idílico, *Antípatros*. Véase también Ateneo III, 82 a (ed. Burton) donde se relaciona con Nicandro.

[82] Según Probo (*ad*. Verg. *G.* 1. 399), la obra de este autor, prácticamente desconocido, fue fuente para Ovidio de una de sus dos versiones del mito de *Alcíone* (*Met.* 7. 401 y 11. 270-748): *Itaque in altera sequitur Ovidius / Nicandrum, in altera Theodorum*. Cfr. Lloyd-Jones-Parsons, *SH.* n.º 750; Kroll, *RE*, 11. 373 *s.v. Alkyone*, y Ruiz de Elvira (1964), pp. XVIII-XIX. También sabemos que trató, como Antonino Liberal, el mito de *Esmirna* (véase comentario a la leyenda n.º 34 de éste). Su obra sería muy extensa (29 libros) según *Schol. A.R.* 4. 264, si el Teodoro aquí citado es el mismo.

[83] Sobre la vida y obra de Partenio, véase Calderón Dorda (1988) IX-XXX. Por Eustacio (in Dion. Perieg. V. 420; cfr. *Schol. ad loc*, Müller; cfr. Lloyd-Jones-Parsons, *SH.*, n.º 636 y 637) sabemos cómo trató en sus *Metamorfosis* el mito de Escila, que también trata Ovidio (*Met.* 8. 1-151). No podemos determinar si las *Metamorfosis* de Partenio son anteriores a las de Ovidio (cfr. Ruiz de Elvira, 1964, pp. XVI-XVII; véase también Forbes Irving (1992), pp. 226-228. Tanto Partenio, (*Sufrimientos de amor* 11), como Antonino Liberal (leyenda 30), coinciden en la historia de *Biblis* (véase comentario a este último).

inicio de nuestra era, una obra del mismo género. También
fueron autores de *Metamorfosis* (y fuente de Ovidio) Beo
y Nicandro, autores de cuyas obras míticas de metamorfosis podemos hacernos una idea bastante exacta, en lo que
se refiere a tema, estructura y tratamiento, a través de su
pervivencia en las leyendas de Antonino Liberal.

En la *Colección de Metamorfosis* de Antonino Liberal se
nos han conservado cuarenta y una historias (mitos, leyendas, o relatos del tipo del cuento popular[84]) cuyo elemento
común, dentro de la completa independencia que las historias guardan entre sí, es que contienen, al menos, una transformación. Las leyendas llevan unas anotaciones adjuntas
en la mayoría de los casos. Estos escolios indican las fuentes de las leyendas. La inmensa mayoría de estos testimonios remiten a Nicandro o a Beo. Éste se encuentra citado
diez veces en la colección de manera explícita, en tanto que
Nicandro veintidós[85], pero algunas otras leyendas carentes
de anotaciones han sido atribuidas también a estos autores.
En efecto, en tres capítulos de la colección[86] hay ausencia
de escolios y en cuatro[87] se encuentra un signo que ha sido
interpretado como la abreviatura de *hoútōs (así),* mediante
la cual se atestiguaba, precisamente, la falta de testimonios[88]. Dos de las leyendas sin nota han sido atribuidas a

---

[84] No es fácil distinguir «mito», «leyenda» y «cuento popular». Se
acepta, por utilidad, que el «mito» trata acerca de dioses o fenómenos de la
naturaleza divinizados, la «leyenda» acerca de héroes extraordinarios, de
quienes se conoce su linaje y lugar de nacimiento, y «el cuento popular»
(folktale) de personajes humanos indeterminados en el lugar, tiempo y familia a la que pertenecen, carentes a veces incluso de nombre propio; los personajes de los cuentos son corrientes, aunque también destacan por sus hazañas o cualidades y, de manera especial, por su ingenio; véase Ruiz de Elvira
(1975) 12-13. El mito y la leyenda contemplan asuntos de mayor gravedad
para la existencia humana; los cuentos, por el contrario, pretenden entrete-
ner. Puede haber un trasvase entre los tres tipos, y sus elementos se pueden
encontrar combinados entre sí; véase Kirk (1970) 44-54 y (1974) 25-31.

[85] Véase índice III.

[86] Leyendas n.º, 6; 40; 41.

[87] Leyendas n.º, 14; 34; 36; 37.

[88] Cfr. Papathomopoulos (1968) XIX-XX.

Beo y cinco a Nicandro,[89] por razones de tema, estructura y estilo. Sólo una leyenda queda al margen de la pertenencia a uno de estos dos autores[90]. En la colección de Antonino encontramos, pues, dos subcolecciones de autores cuyos perfiles resultan claros, pero, como en las cajas chinas, encontramos encerradas dentro de ellas, a su vez, otras subcolecciones (de petrificaciones, apoteosis, metamorfosis en aves, etc.) si miramos a su organización temática.

De Beo[91] sabemos que compuso, en hexámetros, una *Ornithogonía* (obra sobre el origen de las aves) de la que no nos ha llegado ningún fragmento, en la primera época helenística[92]. Beo *(Boió)* es el nombre de una mítica poetisa de Delfos[93] o de una adivina; su nombre lo encontramos unido al de las profetisas Hipo y Manto[94]. En las citas de la colección de Antonino, sin embargo, encontramos su nombre en forma masculina *(Boîos)*.

Es Filocoro[95] (siglos IV-III a.C.) quien primero cita a *Boió* en calidad de «autora» de la obra; pero parece más probable que un poeta, el verdadero autor de la *Ornithogonía,* haya usurpado conscientemente el nombre de la antigua profetisa nominándose a sí mismo *Boîos,* o bien que haya atribuido su obra a esta figura legendaria[96], posibilidades que no han de extrañar si tenemos en cuenta que en las leyendas de metamorfosis de Beo está presente la importancia asignada tradicionalmente a las aves como *media* augurales *(oiōnoí).* Pueden concebirse incluso estas leyendas como una combinación del género helenístico de las metamorfosis con otro más anti-

---

[89] Leyendas n.º 6 y 14 (Beo); leyendas n.º 34; 36; 37; 40; 41 (Nicandro); también ha sido atribuida a éste la leyenda n.º 33, que el escoliasta de Antonino Liberal supone de Ferécides. Véanse los comentarios correspondientes a estas leyendas.

[90] La leyenda n.º 39.

[91] Cfr. Forbes Irving (1992) 33-36.

[92] Cfr. Lafaye (1904) cap. 2; Jacoby, *FGH.* 28 F 214; Powell (1925) 23.

[93] Cfr. Pausanias, 10. 5. 7.

[94] Cfr. Clemente de Alejandría, *Strom.* 1. 132. 3.

[95] *Ap.* Ateneo, 9. 11, 393 E.

[96] Cfr. Knaack *RE* 3 (1899) 633.

guo, el la adivinación por las aves u *ornitomancia*. En las leyendas de Beo, tal y como nos han llegado a través de la *Colección* de Antonino Liberal, puede reconstruirse un plan originario: Beo habría supuesto que todas las aves fueron, antaño, un ser humano. Para cumplir este plan preconcebido, muchas historias habrían sido inventadas.

Las leyendas de Beo, por lo general, tienen trazos muy simples; a veces parecen poco menos que una excusa de la que se vale el autor para dar carta de naturaleza a una especie de ave. Se presentan despojadas de un marco genealógico o local detallados. Apuntan más bien a la explicación del origen y costumbres de las aves *(aítia)*, de las que se nos ofrecen sus rasgos más característicos, o, incluso, algunos irrelevantes (algunas guardan un gran parecido con las descripciones de Aristóteles, especialmente las del libro IX de sus *Investigaciones animales*).

Los personajes de las leyendas de Beo están, en su tipología, claramente delimitados: unos destacan por su justicia, piedad o grandeza: por ser amados por los dioses; otros, en proporción algo menor, por su soberbia, torpeza u obcecación. Los protagonistas de las historias quedan situados en lugares no bien determinados o de ubicación demasiado incierta o exótica (Babilonia, el país de los pigmeos, etc.; sólo dos leyendas se sitúan en el continente griego). Sus nombres propios, con frecuencia, son parlantes, llenos de significado dentro de la estructura de la leyenda, para cuya función en ellas parecen haber sido ideados. Partiendo de alguna semejanza metafórica entre los personajes y las aves, el autor explica, a la manera mítica, el origen de las aves como efecto de una acción humana que degrada su naturaleza. Los dioses ejecutan las metamorfosis, creándose, a la par, una especie de aves (el todo) como consecuencia de alguna acción o característica de un personaje (la parte). Los nombres de éstos suelen desplazarse a los de las aves, a las que dan su nombre por metonimia. Los dioses que operan las transformaciones son poderes divinos uniformados, principalmente bajo las figuras de Apolo y Zeus. Las metamorfosis ejecutadas por ellos suponen para los personajes un castigo

(su conversión en ave de rapiña, nocturna, etc.) o, más frecuentemente, una gracia o perdón propiciado como una huida
o una solución a la angustia y sufrimiento de los humanos.

Las leyendas de Beo contienen elementos propios del tipo
del cuento tradicional *(folktale)*. Así lo evidencian los nombres parlantes, la imprecisión genealógica y geográfica, el
enredo en la trama, el motivo del engaño, etc. Sin embargo,
la fuente de la mayoría de estas leyendas parece ser literaria.
En efecto, en algunos casos se toman como punto de partida
detalles que nos hacen recordar mitos, temas de poetas antiguos o viejas creencias, aunque el tratamiento con respecto a
estas fuentes suele ser tangencial, o, en todo caso, no el más
relevante, sin duda porque las historias se ciñen a un enfoque
primordialmente etiológico. Pero, a pesar del margen innova-
dor que contienen y de la invención literaria, las historias pertenecen, sin duda, al amplísimo *corpus* de la mitología
griega, aunque sea tan sólo de manera mínima y complemen-
taria. La obra de Beo sirvió de modelo a Emilio Macro,
amigo de Ovidio, para la composición de una obra homónima
en dos libros.

Nicandro[97] vivió en la primera mitad del siglo II a.C.[98] Era
ciudadano de Colofón, la ciudad de Asia Menor (aunque originario de Etolia) y fue sacerdote, por herencia familiar, de
Apolo en la cercana Claros. De los fragmentos conservados
en obras suyas como *Teríacas* (958 vv.) y *Alexifármacas* (630
vv.) que tratan de las picaduras de animales venenosos, especialmente serpientes, así como sobre sus remedios[99], y de
otras como las *Geórgicas, Etólicas, Colofoníacas, Prognósti-
cos,* etc., sobre agricultura, geografía e historias locales, ciencia oracular, etc., podemos suponer también en Nicandro otra

---

[97] Cfr. Gow y Scholfield (1953); Forbes Irving (1992) 24-32.

[98] Gow y Scholfield, *op. cit.,* pp. 4-8.

[99] En español, la palabra «triaca», derivada de *teriaca,* y ésta a su vez de
thḗr, «fiera», significa «confección farmacéutica usada de antiguo [...] para
las mordeduras de animales venenosos» *DRAE.* El término *alexifármacas,*
deriva del verbo *aléxō,* «apartar», «alejar», «rechazar», y *phármakon,* «remedio», «medicina», «veneno»; significa «remedio para alejar un mal», e.e.,
«antídoto» (de las picaduras).

característica helenística: la combinación de un interés científico y uno literario que dan lugar a una mixtura donde caben historias míticas. En su colección de leyendas de metamorfosis, titulada *Heteroioúmena* (lit. «objetos que están padeciendo una transformación») convivían, según podemos vislumbrar por las leyendas conservadas en Antonino Liberal, descripciones de animales o de geografía local con temas propios de la superstición o la magia; y es que, en la obra de Nicandro, tanto los aspectos científicos como los fantásticos emanan de una fuente común, las creencias tradicionales. Se duda si la obra estaba contenida en cuatro o cinco libros[100].

A diferencia de Beo, las historias locales son para Nicandro una fuente importante de material. El interés por este tipo de historias le lleva a convertir muchas de las leyendas de metamorfosis en meros pretextos de aquello que más le importa: los *aitía* locales. Muchos personajes de sus historias acaban convertidos en seres que hacen patente las causas de distintos cultos o ritos. No le interesa especialmente describir con detalle las criaturas resultantes de las metamorfosis; ni tampoco sugiere que éstas sean la causa de la creación de especies; ni siquiera está matizado el propio proceso de las transformaciones (llega incluso a señalar tan sólo que un objeto desaparece y otro aparece en su lugar, sin ahondar en la relación causa-efecto). Los personajes de sus leyendas no ofrecen datos relevantes de sus caracteres, sino tan sólo detalles pequeños. Se desentiende, por así decir, del sufrimiento de los personajes, reduciendo casi toda la trama a un pensamiento simple, mágico o supersticioso, hasta llegar así a lo que más le gusta, la explicación de un rito religioso o un objeto de relevancia local. De los héroes de la épica toma tan sólo algunos rasgos secundarios.

El mundo divino, el motor principal (junto con el deseo) de las metamorfosis, se halla, sin embargo, más matizado en Nicandro que en Beo: no son ya exclusivamente los dioses

---

[100] Cuatro según el escoliasta de Antonino Liberal, cinco según el *SUDA*.

olímpicos quienes hacen posibles las transformaciones, sino que alternan con divinidades como las ninfas, quedan escondidos tras un difuso «por voluntad divina» o ni siquiera se encuentra noticia alguna del autor de las metamorfosis. Por lo demás, los dioses quedan representados como figuras bastante primitivas que sentencian una moral muy rudimentaria: todo acto de *hýbris* acaba por merecer un castigo.

En las leyendas nicandreas de la colección de Antonino (tanto en las de adscripción explícita como en las de atribución supuesta) podemos apreciar una gran variedad de metamorfosis. Algunos personajes acaban convertidos en seres o fenómenos naturales. Hay tres metamorfosis en árboles, siete en piedra, once en animales (de las que ocho son aves), dos en astros, una en eco. Hay también un cambio de sexo. Aproximadamente la mitad de éstas dan cuenta de un castigo, la otra mitad de una gracia. Nueve leyendas contienen o acaban en la desaparición milagrosa de un cuerpo *(aphanismós)* y algunas de ellas preludian la creación de un culto a un héroe local, inmortalizado o deificado[101]. En ocho, el recuerdo de la metamorfosis está ligado a distintos *aítia* (religiosos, concernientes a fundaciones, estatuas, etc.) o aluden a denominaciones o cambios de nombre con color local[102]. La mayoría de las leyendas de Nicandro las encontramos también, con mayor o menor extensión y variantes, en Ovidio, si bien la influencia del autor de las *Heteroioúmena* (como la de los demás precedentes en el género) no fue absolutamente decisiva para el poeta latino[103].

2.1. El texto

La *Colección de Metamorfosis (Metamorphṓseon Synagogḗ)* de Antonino Liberal ha sido transmitida por un solo códice. Se trata del *Palatinus graecus Heidelbergensis* 398,

---

[101] Cfr. Pease (1942) 12 s.
[102] Véase índice II.
[103] Ruiz de Elvira (1964) XIV-XXIII.

que puede ser datado en la segunda mitad del siglo IX[104]. En el mismo manuscrito se nos ha conservado la obra de Partenio de Nicea *Perì erōtikôn pathēmátōn* (*Los sufrimientos de amor*[105]) junto a otras colecciones de geógrafos, paradoxógrafos y mitógrafos griegos[106]. Tanto en la obra de Antonino como en la de Partenio, copiadas ambas por la misma mano, hay, como ya hemos señalado, unas notas o escolios, escritos encima y debajo de las leyendas, y en alguna ocasión también en los márgenes laterales, que indican las fuentes de las leyendas. Es una opinión comunmente aceptada que estas indicaciones estaban ya en el manuscrito del que deriva el *Palatinus*. En la colección de Antonino, además de Beo y de Nicandro, hay otros autores citados. Ya hemos mencionado a Antigono y Didimarco. Son los restantes: Apolonio de Rodas, Areo de Laconia, Atanadas, Corina de Tanagra, Ferécides, Hermesianacte de Colofón, Hesíodo, Menecrates de Janto, Simias de Rodas y Pánfilo[107] (éste último, a su vez, aparece como garante de cinco de estos autores en uno de los escolios[108]). Estas anotaciones han planteado una larga discusión acerca de su autoría que se ha centrado en los siguientes puntos: ¿Las anotaciones se remontan a Antonino Liberal (y a Partenio) o, son obra de un escoliasta? Si son de un escoliasta, ¿es éste Pánfilo, o se trata de algún o algunos otros? ¿Las fuentes son exactas? He aquí un breve resumen de la historia del problema[109]:

Los primeros editores consideraron las notas de referencia a los autores propias de Antonino, pero en el último cuarto del siglo XIX se puso en duda la autoría de tales anota-

---

[104] Véase descripción y datación del manuscrito en Papathomopoulos, *op. cit.,* XXIV-XXV; cfr. Calderón Dorda (1986) XXX-XLII; (1988) XXXII-XXXIX.

[105] Cfr. la edición de Calderón Dorda (1988).

[106] Véase contenido en Papathomopoulos, *op. cit.,* XXIII-XXIV.

[107] Véase índice III y comentarios correspondientes a las leyendas señaladas.

[108] Cfr. Antonino Liberal, n.º 23, la leyenda de *Bato*.

[109] Sobre esta cuestión, véase Lasso de la Vega (1960) 138; Papathomopoulos (1968) XVI-XIX; Calderón Dorda (1988) XXXIX-XLII.

ciones. Para R. Hercher[110], éstas tendrían su origen en un gramático prebizantino al que sitúa en el siglo III, que las habría introducido como escolios[111]. E. Oder[112] creyó identificar a este gramático con Pánfilo, en su obra *Leimón*[113]; Beo y Nicandro serían, según Oder, los verdaderos garantes de las historias de Antonino Liberal, incluso para los capítulos en los que no se cita a estos autores. Bethe[114], por su parte, pensó que las fuentes habrían estado en los textos primitivos de Antonino Liberal y de Partenio, y que, al ser recogidos posteriormente estos textos como extractos, las indicaciones de las fuentes habrían pasado entonces a los márgenes[115]. F. Blum[116] distinguió dos escoliastas: El primero habría redactado las notas que ofrecen los verdaderos garantes (Beo y Nicandro, y quizás Hermesianacte), en tanto que el segundo habría tomado del *Leimón* de Pánfilo los nombres de los restantes autores de los escolios, tanto los que se encuentran en la colección de Antonino Liberal, como los de la de Partenio. Cuarenta años más tarde, un seguidor de Blum, C. Wendel[117], continuaba insistiendo en la teoría de los dos escoliastas: el primero habría puesto las notas de las *Heteroioúmena* de Nicandro y la *Ornithogonía* de Beo, autores que Antonino debió tener como modelos. Wendel llegó a conjeturar asimismo la existencia de indicaciones semejantes en capítulos desprovistos de notas marginales[118] o, incluso, de atribución explícita a otros autores[119]. El segundo escoliasta no habría dado fuentes en sentido estricto, sino variantes literarias del

---

[110] Primero en *Philologus* (1853) 253, pero principalmente en *Hermes* (1877) 306-319.

[111] La misma opinión sostuvieron Meineke (1855) 7 y Rohde (1876) 114. En contra, Schneider (1856) 28 ss. y Bergk (1872), I, 233.

[112] Oder (1886) 42 ss.

[113] Véase comentario a la leyenda 23 de Antonino Liberal y n. 41.

[114] Bethe (1903) 708 ss.

[115] De modo parecido se manifestó W. Schmid, *BPhW* 26 (1906) 839.

[116] Blum (1892) 51 ss.

[117] Wendel, *Gnomon* 8 (1932) 153-4.

[118] Caps. 6; 14; 34; 36; 37; 40; 41.

[119] Caps. 33; 39.

mismo tipo que las que se encuentran en Partenio, de las cuales el propio escoliasta podría ser el redactor; estas variantes las habría tomado de Pánfilo[120]. R. Sellheim[121], pensaba, en contra de la teoría de los dos escoliastas de Blum-Wendel, que los escolios de la obra de Partenio remontan al propio autor, en tanto que un gramático de los siglos IV o V unió las obras de Partenio y Antonino, y así, a imitación de las del primero, redactó las notas del texto de Antonino. Este gramático (sigue Sellheim) debió de haber tomado los datos de las ediciones de Nicandro y Beo comentadas por Pánfilo. Martini[122], de manera contraria, considera a Antonino el autor de las notas que citan a Beo y Nicandro, en tanto que las otras las supone obra de un escoliasta que extendería su empeño erudito a los índices de Partenio[123]. Pasquali[124], al refutar la tesis de Bethe, según la cual, las notas de Partenio remontan al propio autor, abre otro camino: piensa que los relatos de Antonino Liberal son producto de una contaminación de fuentes[125] y que las notas son sólo simples alusiones de algún autor desconocido. Este camino fue seguido por Cessi[126]: En efecto, algunas incongruencias entre los autores citados en las notas y el contenido de las leyendas de Partenio[127] han llevado a algunos estudiosos a la convicción de que la paternidad de las notas se debería a los sucesivos lectores del *corpus* mitográfico de ambas colecciones, que, en un alarde de erudición, habrían pretendido dejar por escrito constan-

---

[120] Según Wentzel (*RE, s.v. Antoninus Liberalis,* col. 2573), este escoliasta habría vivido en época prebizantina, poco después del comienzo del siglo III.

[121] Sellheim (1930) 62.

[122] Martini (1896) XLIV ss.

[123] En contra, Eitrem (1900) 62-63; Knaack, *Berl. Philol. Wochenschrift* 20 (1900) 711 s.

[124] Pasquali (1913) 55 ss.

[125] Así lo había intuido ya Knaack (cfr. *supra,* n. 123) al señalar la contaminación de fuentes en Antonino, incluso en las leyendas en que Beo y Nicandro eran los únicos garantes.

[126] Cessi (1921) 345 ss. Ya Rhode (1876) 123, n. 1, había intuido el problema.

[127] Cfr. Calderón Dorda (1988) XL ss.

cia de obras antiguas, ya se trate de verdaderas lecturas, ya de simples testimonios personales. Papathomopoulos[128] sitúa a estos escoliastas en los años 350 y siguientes, al principio de la época bizantina, cuando el interés y el estudio de las obras clásicas renaciente en Constantinopla hacen que se copien en pergamino. Además de los autores señalados en los escolios, se encuentran en Antonino Liberal otras fuentes secundarias dentro de las leyendas (que se pueden atribuir al propio Antonino o a sus modelos), introducidas anónimamente con expresiones del tipo «dicen», «cuentan», etc.[129] El manuscrito contiene también dos índices de las leyendas[130].

El códice *Palatinus* fue llevado de Constantinopla al convento dominico de Basilea hacia 1437 por el cardenal Juan de Ragusa. En esta ciudad apareció la *Editio princeps* de las *Metamorfosis* por obra de Wilhelm Holzmann (Xylander), en 1568, aunque a la sazón el manuscrito se encontraba en la Biblioteca Palatina de Heidelberg (por cesión del impresor J. Froben, en 1553, a Ottheinrich, Elector del Palatinado). En 1623, Maximiliano I, Duque de Baviera, que conquistó el Palatinado, ofreció este códice (y toda la Biblioteca Palatina) al Papa Gregorio XV. Por exigencia de Napoleón en el tratado de Tolentino, pasó, junto a otros 37 *Palatini* del Vaticano, a la Biblioteca Nacional de París, en el año 1797. Por fin, en 1816 fue devuelto a Heidelberg, donde se conserva en la actualidad[131].

2.2. Antonino Liberal

Oculto tras perfiles temáticos tan bien delimitados como Nicandro y Beo y abundantes citas directas e indirectas de otros autores, la figura de Antonino Liberal aparece más y

---

[128] Papathomopoulos (1968) XIX.
[129] Véanse los capítulos 2, 7; 4, 1; 19, 1; 22, 2-3; 34, 5.
[130] Véase índice I.
[131] Sobre la historia del manuscrito, cfr. Papathomopoulos, *op. cit.,* XXV; Calderón Dorda (1988) XXX-XXXII.

más difusa. De él no sabemos con certeza nada más que su nombre[132].

Por razones de lengua, parece tratarse de un autor que vivió entre finales del siglo II y principios del III de nuestra era[133]. Tampoco sabemos qué intención llevó a Antonino a realizar la colección. Deudor de la tradición, cuenta sucintas leyendas de metamorfosis, con estilo sobrio y casi cortante, aunque a veces después de largas digresiones o introducciones que sugieren la utilización de algún manual mitográfico del tipo del de Apolodoro, el autor del siglo II a.C. Su obra ofrece, por su estilo, un valor literario limitado (aunque rico por la estructura metafórica de las leyendas) en el que aparecen, de vez en cuando, palabras raras o poéticas[134]. Desde el punto de vista mitográfico, sin embargo, resulta una obra de un gran interés: transmite algunas leyendas que nos son sólo por él conocidas, o que resultan la única fuente griega con la que contamos. Suponen, en todo caso, un rico caudal de noticias de ritos, creencias, folclore, etc., y aportan incluso un interés científico o sociológico dentro de su estructura mitológica.

3. BIBLIOGRAFÍA

Nota

Las fuentes literarias de autores y obras antiguos se citan, cuando se utiliza abreviatura, según el *DGE*. Para las siglas de revistas seguimos la convención de *L'Année Philologique*. Las obras de autores modernos se citan en nota a pie de página

---

[132] Su nombre aparece en el título de la obra (fol. 189r) y en el colofón (208v).

[133] Cfr. Saxius (*Onomasticon* I, p. 308). Bücheler (*ap*. Oder (1886) 56, n. 1) lo sitúa al principio del siglo III. Knaack (1890) 39 y Blum (1892) 26 ss., lo sitúan en el siglo II.

[134] Sobre la lengua de Antonino, véase Verheyk (1774) 290-304; Oder (1886) 30-41; Blum (1892) 1-38; Martini (1896) LII-LV, LXVII-LXXII.

por el apellido, seguido del año de publicación (entre paréntesis) y paginación. Cuando se señala traducción seguimos la
paginación de ésta. Estos datos remiten a la Bibliografía,
donde se encuentra la referencia completa.

Abreviaturas

CAF. *Comicorum Atticorum Fragmenta,* ed. T. Kock, Leipzig, 1880-1888.

DGE. *Diccionario griego-español,* ed. F. R. Adrados, varios
vols., Madrid, 1989 ss.

EGF. *Epicorum Graecorum Fragmenta,* ed. G. Kinkel, I,
Leipzig, 1877.

FGH. *Die Fragmente der griechischen Historiker,* ed. F.
Jacoby, Berlín, 1923-1958.

IG. *Inscriptiones Graecae,* Berlín, 1873 ss.

PMG. *Poetae Melici Graeci,* ed. D. L. Page, Oxford, 1967
(2.ª ed.).

RE. *Paulys-Realencyclopädie der classischen Altertumwissen-
schaft,* Stuttgart, 1896 ss.

SH. *Supplementum Hellenisticum,* ed. H. Lloyd-Jones y P.
Parsons, Berlín, 1983.

SUDA. *Suidae Lexicon,* ed. A. Adler, 5 tomos, Leipzig, 1928-
1938.

TGF. *Tragicorum Graecorum Fragmenta,* ed. A. Nauck (2.ª ed.)
Leipzig, 1889.

I. Las metamorfosis y Antonino Liberal

• A. Ediciones de la colección de Antonino Liberal

XYLANDER, G., Edición *princeps*, Basilea, 1568.
BERKEL, A., Leiden, 1674, [2]1677.
GALE, T., *Historiae Poeticae Scriptores Antiqui,* París, 1675,
pp. 403-480.
MUNCKER, T., Amsterdam, 1675.
VERHEYK, H., Leiden, 1774.
EDICIÓN ANÓNIMA [1790], aparecida en Leipzig, 1806.

TEUCHER, L. H., Leipzig, 1791.

KOCH, G. A., Leipzig, 1832; con notas, pp. 99-340.

WESTERMANN, A., *Mythographi graeci,* Brunswick, 1843, pp. 200-238.

SCHNEIDER, O., *Nicandrea,* Leipzig, 1856, pp. 42-70.

MARTINI, E., *Mythographi Graeci*, II, Leipzig, 1896, con índices del vocabulario de Antonino Liberal.

CAZZANIGA, I., *Metamorphôseon Synagogê,* con índices del vocabulario de Antonino Liberal por A. Crugnola, Milán, 1962.

PAPATHOMOPOULOS, M., *Antoninus Liberalis. Les Métamorphoses,* París, 1968; con notas, pp. 72-167.

• B. El texto de Antonino Liberal. (Conjeturas, estudios, recensiones).

BAST, F. J., *Lettre critique de F. J. Bast à Mr. J. F. Boissonade sur Antoninus Liberalis, Parthenius et Aristénète*, París, 1805; traducción al latín en Leipzig, 1809.

BETHE, E., «Die Quellenangaben zu Parthenios und Antoninos», *Hermes* 38 (1903), pp. 608-617.

BLUM, F., *De Antonino Liberali* (tesis doctoral), Estrasburgo, 1982.

CALDERÓN DORDA, E., «El problema del manuscrito único: a propósito de Partenio de Nicea y el cod. *Palatinus gr. 398*», *Myrtia* I (1986), pp. 93-105.

CASTIGLIONI, L., *Collectanea Graeca,* Pisa, 1911, pp. 77-101.

CAZZANIGA, I., «Dell'elisione di *dé, hypó, apó, katá*, ecc. nella prosa di Antonino Liberale *(Cod. Palatino)*», *Acme* 13 (1960), pp. 217-218.

—, «Spigolature critiche, VI: Antonino Liberale 23, 2 Battus», *PP* 15 (1960), pp. 446-449.

—, «Osservazioni critiche al testo di Antonino Liberale», *SCO* 9 (1960), pp. 100-105.

—, «Nuove osservazioni critiche al testo di Antonino Liberale», *RIL* 94 (1960), pp. 68-72.

— , (rec. al art. de Papathomopoulos, *RPh* 36, 2), *PP* 18 (1963), pp. 77-79.

CESSI, C., «Gli indici delle fonti di Partenio e di Antonino Liberale», *AIV* 81 (1921-1922), pp. 345-360.

COSTANZI, V., «Antonino Liberale XII», *RFIC* 48 (1920), pp. 351-353.

CHARITONIDOS, C., «*Sýmmeikta kritiká*», *Platon* 2 (1950), pp. 90-129.

EITREM, «De Ovidio Nicandri imitatore», *Philologus* 59 (1900).

ELLSWORTH, J. D., «Antoninus Liberalis 15. 2», *AJPh* 100, (1979), p. 515.

GIANGRANDE, G., «On the Text of Antoninus Liberalis», en *Athlon, in honorem F. R. Adrados*, II, Madrid, 1987, pp. 363-372.

HERCHER, R., «Zur Textkritik der Verwandlungen des Antoninus Liberalis», *Hermes* 12 (1877), pp. 306-319.

HOLLAND, R., «Mythographische Beiträge», *Philologus* 59 (1900), pp. 344-361.

KENNEY, E. J., (rec. a la edición de Papathomopoulos), *CR* 19 (1969), pp. 178-179.

KNAACK, G., (rec. a la tesis de Oder citada *infra*), *Wochenschr. f. Kl. Philol.* 7 (1890), col. 37-41.

—, (rec. a la edición de Martini), *Berl. Philol. Wochenschr.* 20 (1900), col. 710-712.

LASERRE, F., (rec. a la edición de Papathomopoulos), *AC* 38 (1968), p. 692.

LASSO DE LA VEGA, J. S., «Notulae», *Emerita* 28 (1960), pp. 125-142.

LUCK, G., (rec. a la edición de Papathomopoulos), *Gnomon* 43 (1971), pp. 6-9.

MEINEKE, A., «Kritische Bläter», *Philologus* 14 (1855).

MIHAILOV, G., (rec. a la edición de Cazzaniga), *PP* 18 (1963), pp. 75-76.

MYER, (rec. a la edición de Martini), *Revue critique d' histoire et de littérature* 43 (1897), pp. 346 ss.

NAUCK, A., *Mélanges Gréco-Romains tirés du Bull. de l'Acad. de St. Pétersbourg,* II, 1863, pp. 482 ss.

—, Conjeturas de Nauck *ap.* Martini, ed. Ant. Lib., 1863.

ODER, E., *De Antonino Liberali* (tesis doctoral), Bonn, 1886.

PAPATHOMOPOULOS, M., «Notes critiques au texte d'Antoninus Liberalis», *RPh.* 36, 2 (1962), pp. 245-251.
—, «Une édition récente d'Antoninus Liberalis», *RPh.* 37
   (1963), pp. 260-266.
PASQUALI, G., «I due Nicandri», *SIFC* 20 (1913).
SELLHEIM, R., *De Parthenii et Antonini fontium indiculorum
   auctoribus* (tesis doctoral), Halle, 1930.
VOLLGRAFF, C. G., «Ad Antonini Liberalis XXXI, 4», *Mnemosyne* (1905), p. 378 .
WULFF, H., «Notes critiques à Antoninus Liberalis», *Alek-
   sandriiskie Et.* (1892), pp. 116-124.

• C. Traducciones

Al latín: XILANDER, G., 1568, ed. cit. *supra.*
Al alemán: JACOBS, F., *Sammlung von Verwandlungen,* Stutt-
   gart, 1837.
   MADER, L., *Griechische Sagen: Apollodoros-Parthenios-
   Antoninus Liberalis-Hyginus,* Zúrich/Stuttgart, 1963.
Al francés: PAPATHOMOPOULOS, M., *Antoninus Liberalis. Les
   Métamorphoses,* 1968 (ed. cit. *supra*).
Al español: OZAETA, M. A., *Las Metamorfosis,* introd. E.
   Calderón, Madrid, 1989.
   SANZ MORALES, M., *Mitógrafos griegos,* Madrid, 2002
   (Antonino Liberal, pp. 129-188).
Al inglés: Celoria, F., *The Metamorphoses of Antoninus Libe-
   ralis,* traducción con comentario, Londres/Nueva York,
   1992.

II. Bibliografía mitológica y general

AA.VV., *Poétiques de la Métamorphose,* Publications de
   L'Université de Saint-Étienne, 1981.
ALLEN, T. W., HALLIDAY, W. R., y SIKES, E. E., *The Homeric
   Himns,* Oxford, 1936.
ÁLVAREZ DE MIRANDA, A., *La metáfora y el mito,* Madrid,
   1959 (reimpr. 1963).
ANTONETTI, C., *Les étoliens. Image et religion,* París, 1990.

ARNALDI, F., «L'episodio di Ifi nelle Metamorfosi di Ovidio e il IX libro di Apuleio» [1958], *Atti del Convegno Internazionale Ovidiano*, Sulmona/Roma, 1959, vol. 2, pp. 371-375.

ARRIGONI, G., «Le Meleagridi in Antonino Liberale e Nicandro», *Acme* 23 (1970), pp. 17-28.

ATALLAH, W., *Adonis dans la littérature et l'art grecs*, París, 1966.

BACHERLARD, G. [1942], *El agua y los sueños. Ensayo sobre la imaginación de la materia*, trad. I. Vitale, México, 1978.

BAILLY, A., *Dictionnaire grec-français*, París, 1950.

BEAUMONT, R. L., «Greek influence in the Adriatic Sea before the fourth century B.C.», *JHS* 56 (1936), pp. 159-204.

BÉRARD, J., *La colonisation grecque de l'Italie méridionale*, París, 1957.

BERNABÉ, A., Introducción y comentarios a la traducción de los *Himnos homéricos*, Madrid, 1978.

—, Introducción y comentarios a la traducción de los *Textos literarios hetitas*, Madrid, 1979.

—, «Designaciones de la cabeza en las lenguas indoeuropeas», en *Athlon, in honorem F. R. Adrados*, I, Madrid,1987, pp. 99-110.

BERGK, A., *Griechischen Literaturgesichte*, Berlín, 1872.

BODSON, L., «Hierà zoia». *Contribution à l'étude de la place de l'animal dans la religion grecque ancienne*, Bruselas, 1978.

BORGHINI, A., «Riflessioni antropologiche sopra un mito di proibizione: La ragazza alla finestra (Ovidio, *Met.* 14. 795-861, e Antonino Liberale, *Met.* 39)», *MD* 2 (1979), pp. 137-164.

BONNEFOY, I. (ed.) [1981], *Diccionario de las mitologías* (vol. II), trad. J. Pòrtulas y M. Solana, Barcelona, 1996.

BRAZDA, M. C., *Zur Bedeutung des Apfels in der antiken Kultur*, Bonn, 1977.

BRISSON, L., *Le mythe de Tirésias. Essai d'analyse structural*, Leiden, 1976.

BRUNEL, P., *Le mythe de la Métamorphose*, París, 1974.

BUBBE, W., *De Metamorphosibus Graecorum Capita Selecta* (tesis doctoral), Halle, 1913.

CALDERÓN DORDA, E., edición, introducción, traducción y notas de los *Sufrimientos de Amor* de Partenio de Nicea, Madrid, 1988.

CALVINO, I. [1992], *Por qué leer los clásicos,* trad. A. Bernárdez, Barcelona, 1992.

CANETTI, E. [1960], *Masa y poder,* trad. H. Vogel (2 vols.), Madrid, 1983.

CAPOMACCHIA, A. M. G. [1981], Adonis: *Relazioni del colloquio in Roma, 22-3 maggio 1981*, Roma, 1984.

CASSOLA, F., «I Cari nella tradicione greca», *PP* 12 (1957), pp. 192-209.

CASTELLANI, V., «Two divine scandals: Ovid *Met.* 2. 680 ff. and 4. 171 ff. and his sources», *TAPhA* 110 (1980), pp. 37-50.

CASTIGLIONI, L. [1906], *Studi intorno alle fonti e alla composizione delle* Metamorfosi *di Ovidio,* Pisa, reimpr. Roma, 1964.

CAZZANIGA, I., *La saga di Itis nella tradizione letteraria e mitografica greco-romana,* (2 vols.), Milán, 1950-1951.

CHANTRAINE, P. [1933], *La formation des noms en Grec ancien,* París, reimpr. 1979.

—, «Homérique *merópon anthrópon*», Mél. Fr. Cumont, París, 1936.

—, *Études sur le Vocabulaire grec,* París, 1956.

—, *Dictionnaire étymologique de la langue grecque. Histoire des mots* (4 vol.), París, 1968 ss.

CLAUSS, J. J., «The episode of the Lycians farmers in Ovid», *HSCP* 92 (1989), pp. 297-314.

CLAYMAN, D. L., «The meaning of Corinna' s Weroîa», *CQ* 28 (1978), pp. 396-397.

CROON, J. H., *The herdsman of the dead*, Utrecht, 1952.

COOK, A. B., *Zeus. A study in ancient religion*, Cambridge, 1914-40.

CORDIANO, G., «La saga dell'eroe di Temesa», *QUCC* 60 (1998), pp. 177-183.

CRISTÓBAL, V., «Anaxárete: de Ovidio a Jorge Guillén», *Exemplaria* 1 (1997), pp. 23-41.

CUENCA, L. A. DE., Introducción, traducción y notas de *Calímaco. Himnos, epigramas y fragmentos,* Madrid, 1980.

DAREMBERG, C. et alii, (1877 ss.), *Dictionnaire des antiquités grecques et romaines...,* París (reimpr. Graz 1969).

DAVY, M-M., *El pájaro y su simbolismo,* trad. I. G. Arteaga, Madrid, 1977.

DELCOURT, M., *Orestes et Alcmeon. Étude sur la projection légendaire du matricide en Grèce,* París, 1959.

— «Tydée et Mélanippé», *SMSR* 37 (1966).

DELATTE, A., *Le cycéon,* París, 1955.

DEROY, L., «Jeux de mots, causes de légendes», *AION* 1 (1959), pp. 23-34.

DETIENNE, M. [1972], *Los jardines de Adonis,* trad. J. C. Bermejo, Madrid, 1983.

DETIENNE, M. y VERNANT, J. P. [1974], *Las artimañas de la inteligencia. La Metis en la Grecia Antigua,* trad. A. Piñeiro, Madrid, 1988.

DÍAZ-REGAÑÓN, J. M., Introducción, traducción y notas de *Claudio Eliano. Historia de los animales,* Madrid, 1984.

DODDS, E. R. [1951], *Los griegos y lo irracional,* trad. M. Araujo, Madrid, 1986.

ELIADE, M. [1957], *Lo sagrado y lo profano,* trad. L. Gil, Barcelona, 1988.

—, [1963], *Mito y realidad,* trad. L. Gil, Barcelona, 1985.

—, [1964], *Tratado de historia de las religiones,* trad. A. Medinaveitia, (2 vols.), Madrid, 1974.

FALCÓN, C., FERNÁNDEZ GALIANO, E. y LÓPEZ MELERO, R., *Diccionario de la mitología clásica,* (2. vols.), Madrid, 1980.

FASCIANO, D., *La pomme dans la mythologie gréco-romaine. Mélanges d'etúdes anciennes à Maurice Lebel,* Québec, 1980, pp. 45-55.

FAURE, P., *Fonctions des cavernes crétoises,* París, 1964.

FAUTH, W., «Aphrodite Parakyptusa. Untersuchungen zum Erscheinungsbild der vorderasiatischen Dea Prospiciens», *Abh. Geites-u- Sozialwiss. Kl. d. Akadem. d. Wiss u. Lit.* 6, Mainz (1966), pp. 331-437.

FEYEL, M., *Smênai, RA* 15 (1946), pp. 5-22.

FONTENROSE, J., *Python. A study of Delphic Myth and its Origins,* Berkeley, 1959.

FORBES IRVING, P. M. C., *Metamorphosis in Greek Myths,* Oxford, 1992.

FRAZER, J. G. [1922], *La rama dorada. Magia y religión,* trad. E. y T. I. Campuzano, Madrid, 1995.

FRÄNKEL, H., *De Simia Rhodio* (tesis doctoral), Gotinga, 1915.

FRÉCAUT, J. M., «Humor et imaginaire dans un épisode d'Ovide: les paysans Lyciens (VI, 313-381)», *Latomus* 43 (1984), pp. 540-553.

GALLARDO LÓPEZ, D., *Manual de mitología clásica,* Madrid, 1995.

GALLINI, C., «Katapontismós», *SMSR* 34 (1963), pp. 61-90.

GARCÍA GUAL, C., «Tiresias o el adivino como mediador», *Emérita* 43 (1975), pp. 107-132.

—, *Introducción a la mitología griega,* Madrid, 1992.

GENNEP. A. VAN [1909], *Los ritos de paso,* trad. J. Aranzadi, Madrid, 1986.

GERNET. L., *Mariages des Tyrans,* Mél. Lucien Fèbvre, París, 1959.

GHALI-KAHIL, L. B., *Les enlèvements et le retour d'Hélène,* París, 1955.

GIANNELLI, G., *Culti e miti della Magna Grecia,* Florencia, 1936.

GIL, L. *Nombres de insectos en griego antiguo,* Madrid, 1959.

GÓMEZ ESPELOSÍN, F. J., PÉREZ LARGACHA, A. y VALLEJO GIRVÉS, M., *La imagen de España en la antigüedad clásica,* Madrid, 1995.

GOW, A. S. F. y SCHOLFIELD, A. F., *Nicander. The poems and poetical fragments* (ed.), Cambridge, 1953.

GRÉGOIRE, H., *Bacchos le taureau et les origenes de son culte,* Mél. Ch. Picard, 1949.

GRIFFITHS, J. G., «The fight of the gods before Typhon: An unrecognized Myth», *Hermes* 88 (1960), pp. 374-376.

GRIMAL, P. [1951], *Diccionario de la mitología griega y romana,* trad. F. Payarols, Barcelona, 1982.

GUARDUCCI, M., «Dyktinna», *SMSR* 2 (1935), pp. 187-203.

—, «Il cane di Zeus», *SMSR* 16 (1940), pp. 1-8.

GUERRA GÓMEZ, M., «La serpiente, epifanía y encarnación de la suprema divinidad telúrica: la Madre Tierra», *Burgense* 6 (1965), pp. 9-71.

GUTHRIE, W., «The resistance motif in Dionysiac mythology», *PCS* 179 (1946-1947).

HANI, J., «La fête athénienne de l'Aióra et le symbolisme de la balançoire», *REG* 91 (1978), pp. 107-122.

HARLAND, J. P., *Prehistoric Aegina*, París, 1925.

HEGEL, G. W. F. [1836-1838], *Lecciones de Estética,* trad. R. Gabás, 2 vols., Barcelona, 1989.

HOLLAND, R., *Die Heroenvögel in der griechischen Mythologie,* Leipzig, 1895.

—, «Britomartis», *Hermes* 60 (1925).

—, «Battos», *RhM* 75 (1926), pp. 156-184.

JAKOBSON, R. [1963], *Fundamentos del lenguaje II,* trad. C. Piera, Madrid, 1973.

JANNACONE, S., *La letteratura Greco-Latina delle «Metamorfosi»,* Mesina/Florencia, 1953.

JANNI, P., *Etnografía e mito: la storia dei Pigmei,* Roma, 1978.

JEANMARIE, H., *Dionysos. Histoire du culte de Bacchus,* París, 1951.

JIMÉNEZ, J., *Cuerpo y tiempo. La imagen de la metamorfosis,* Barcelona, 1993.

JUARISTI, J., *El bosque originario. Genealogías míticas de los pueblos de Europa,* Madrid, 2000.

KAKRIDIS, J. T., «Caeneus», *CR* 61 (1947), pp. 77-80.

KELLER, O., *Die antike Tierwelt*, (2 vols.), Berlín, 1909-1913 (reimpr. Hildesheim 1963).

KERÉNYI, K., [1994], *Dionisios. Raíz de la vida indestructible,* trad. A. Kovacksics, Barcelona, 1998.

KIRK, G. S. [1970], *El mito. Su significado y funciones en la antigüedad y otras culturas,* trad. T. de Lozoya, Barcelona, 1985.

— [1974], *La naturaleza de los mitos griegos,* trad. B. Mira de Maragall y P. Carranza, Barcelona, 1984.

KRAPPE, A. H., «Picus who is also Zeus», *Mnemosyne* 32 (1940-1941), pp. 241-257.

LAFAYE, G. [1904], *Études sur les* Metamorphoses *d'Ovide et leurs modèles grecs,* París (reimpr. Hildesheim, 1971).

LAMPRINOUDAKIS, V., «*Tà Ekdýsia tes Phaistou*», *AE* (1972), pp. 99-112.

LAUDIEN, A., «Zur mythographischen Quellen der *Metamorphosen* Ovids», *JPV* 3 (1915), pp. 121-132.

LAVOIE, G., «Sur quelques métamorphoses divines dans l'Iliade», *AC* 39 (1970), pp. 5-34.

LE BOEUFFLE, A., *Hygin. L'astronomie,* París, 1983.

LE GUERN, M., [1973], *La metáfora y la metonimia,* trad. A. de Gálvez-Cañero, Madrid, 1985.

LÉVÊQUE, P., *Agathon,* París, 1955.

LÉVY-BRUHL, L. [1927], *El alma primitiva,* trad. E. Trías, Madrid, 1985.

— [1935], *La mitología primitiva,* trad. R. Pochtar, Barcelona, 1978.

LÉVI-STRAUSS, C., [1962], *El totemismo en la actualidad,* trad. F.G. Arámburo, México, 1965.

— [1962 b], *El pensamiento salvaje,* trad. F. G. Arámburo, México, 1992.

LITTLEWOOD, A. R., «The symbolism of the apple in greek and roman literature», *HSCP* 72 (1967), pp. 147-181.

MAAS, E., Mythische Kurznamen, *Hermes* 23 (1888).

—, «Dictyna», *Hermes* 58 (1923).

MARCONI, H., «*Mélissa,* dea cretense», *Athenaeum* 18 (1940), pp. 164-178.

MARTÍN, R. y METZGER, H. [1976], *La religión griega,* trad. E. Ferreira, Madrid, 1977.

MATHEWS, V. J., «Panyasis of Halicarnassos. Text and commentary», *Mnemosyne.* Supl. 33 (1974), Leiden.

MCCARTNEY, E. S., *Greek and Roman Lore of Animal-nursed Infants,* vol. IV, Michigan, 1924.

MIHAILOV, G., *La légende de Terée. Annuaire de l'université de Sofia,* 50, 2, 1955, pp. 77-208.

MOORHOUSE, A. C., «The Etymology of *peristerá* and some allied words», *QC* 44 (1950), pp. 73-75.

MURR, J., *Die Pflanzenwelt in der griechischen Mythologie,* Innsbruck, 1890.

MYLONAS, G. E., «The Eagle of Zeus», *CJ* 41 (1945-1946), pp. 203-207.

NAGLE, B. R., «Byblis and Myrra. Two incests narratives in the *Metamorphoses*», *CJ* 78 (1983), pp. 301-315.

NIKITAS, D. Z., «Zur Leukippogeschichte», *Hellenica* 33 (1981), pp. 14-29.

NILSSON, M. P., *The Mycenaean Origin of Greek Mythology,* Cambridge, ²1932.

OBERHUMMER, E., *Akarnanien, Ambrakia, Amphilochien, Leukas im Altertum,* Múnich, 1887.

OTTO, R., [1917], *Lo Santo. Lo racional y lo irracional en la idea de Dios,* trad. F. Vela, Madrid, 1980.

PALLÍ BONET, J., traducción y notas de *Aristóteles. Investigación sobre los Animales,* Madrid, 1992.

PAPATHOMOPOULOS, M., *Antoninus Liberalis. Les Métamorphoses,* París, 1968.

PAPE, W.-BENSELER, G., [1911], *Wörterbuch der griechischen Eigennamen*, Braunschweig (reimpr. Graz, 1959).

PATON, W. R. y HICKS, E. L., *The inscriptions of Cos,* Oxford, 1891.

PEASE, A., «Some aspects of invisibility», *HSPh* 53 (1942), pp. 1-36.

PERRET, J., *Les origines de la légende de Rome,* París, 1942.

PESTALOZZA, U., «Letó Fytíe e le Ekdýsia», *MIL* 24-26 (1938), pp. 273-293.

PFEIFFER, R., *Callimachus,* I-II, Oxford, 1949-1953.

PITCHER, S. M., «The Anthus of Agathon», *AJPh* 60 (1939), pp. 145-169.

PLAENHN, *De Nicandro aliisque poetis Graecis ab Ovidio in Metamorphosibus Conscribendis adhibitis* (tesis doctoral), Halle, 1882.

POTTIER, E., «La chouette d'Athéné», *Bulletin de correspondence hellénique* 32 (1908).

POLLARD, J., *Birds in greek life and myth,* Londres, 1977.

POWELL, I. U., *Collectanea Alexandrina,* Oxford, 1925.

PROPP, V., [s. f.], *Edipo a la luz del folklore,* trad. C. Caro, Madrid, 1982.

RENNER, T., «A papyrus dictionary of Metamorphoses», *HSPh.* 82 (1978), pp. 277-295.

RIBICHINI, S. *Adonis: Aspetti «orientali» di un mito greco,* Roma, 1981.

RICHARSON, N. J. (ed.), *The Homeric Hymn to Demeter,* Oxford, 1974.

RICOEUR, P. [1975], *La metáfora viva,* trad. A. Neira, Madrid, 1980.

ROBERT, C. [1878], *Eratosthenis Catasterismorum Reliquiae,* Berlín (reimpr. 1963).

ROHDE, E., *Der griechische Roman und seine Vorläufer,* Leipzig, 1876

— [1894], *Psique. La idea del alma y la inmortalidad entre los griegos,* trad. W. Roces, México, 1948.

ROSCHER, W. H. (ed.), *Ausführliches Lexicon der griechischen und römischen Mythologie,* 6 vol., Leipzig, 1884-1937.

ROSE, H. J., *Mitología griega,* Barcelona, 1973.

RUIZ DE ELVIRA, A., Edición, introducción, traducción y notas de *Las Metamorfosis* de Ovidio, Madrid, 1964.

—, «Céfalo y Procris: Elegía y épica», *CFC* 2 (1972), pp. 97-123.

—, [1975], *Mitología clásica,* Madrid, (reimpr. 1984).

SAQUERO, P., «El ensueño de Biblis. Ovidio y Apolonio», *CFC* 3 (1972), pp. 193-200.

SAUSSURE, F. [1915], *Curso de lingüística general,* trad. A. Alonso, Madrid, 1987.

SCARPI, P., «Il picchio, le api, il miele e l'artigiano, Antonino Liberale. *Met.* 11», *AFLP* 3 (1978-1980), pp. 259-285.

—, *Il picchio e il codice delle api. Itinerari mitici e orizzonte storico-culturale della famiglia nell'antica Grecia: Tra i misteri di Eleusi e la città di Atene,* Padua, 1984.

SCHWARTZ, J., *Le tombeau d'Alcmène*, *RA* 1 (1958), pp. 76-83.

SÉCHAN, L., *Le sacrifice d'Iphigénie, REG* 44 (1931), pp. 368-426.

SHERWING-WHITE, S., *Ancient Cos*, Gotinga, 1978.

THOMPSON, D. W., «The Birds of Diomede», *CR* 32 (1918), pp. 92-96.

—, *A Glossary of Greek birds*, Oxford, 1936.

TRÍAS, E., *La edad del espíritu*, Barcelona, 1994.

TRUMPF, J., *Kydonische Aepfel, Hermes* 88 (1960), pp. 14-22.

USERER, H., «Milch und Honig», *RhM* 57 (1902), pp. 177-195.

VÁZQUEZ HOYS, A. M., «La serpiente en la Antigüedad: ¿genio o demonio?», en *Héroes, semidioses y daímones*, Madrid, 1992, pp. 81-134.

VERNANT, J.-P. [1965], *Mito y pensamiento en la Grecia antigua*, trad. J. D. López, Barcelona, 1983.

— [1999], *El universo, los dioses, los hombres*, trad. J. Jordá, Barcelona, 2000.

VIAN, F., *Le mythe de Typhée et le problème de ses origines orientales*, París, 1960.

—, *Les Origines de Thèbes: Cadmos et les Spartes*, París, 1963.

VIARRE, S., *L'image et la pensée dans les* Métamorphoses *d' Ovide*, París, 1964.

—, «L' image et le symbole dans la poésie d'Ovide. Recherches sur l'imaginaire», *REL* 52 (1974), pp. 263-280.

VÖGLER, G., «Der Begriff der «Metamorphose» bei Ovid. Am Beispiel der Erzählung von den Lykischen Bauern und von Philemon und Baucis», *Der alsprachliche Unterricht* 18 (1975), pp. 16-36.

WASSON, R. G., HOFMANN, A. y RUCK, K. A. P. [1978], *The road to Eleusis*, trad. F. Garrido, México, 1989.

WEBB, E. J. [1952], *Los nombres de las estrellas*, trad. F. González Arámburo, México, 1982.

WELLMANN, M., «Alexander von Myndos», *Hermes* 26 (1891).

WENDEL, C., art. *Mythographie, RE* (1935), pp. 1352-1374.

WEICKER, G., *Der Seelenvogel in der alten Literatur und Kunst*, Leipzig, 1902.

WHITE, H., «Partenius and the story of Byblis», *Corolla Londinensis* 2 (1982), pp. 185-192.

WILAMOWITZ, U., *Antigonos von Karystos*. Philologische Untersuchungen IV, Berlín, 1881.

WILLETTS, R. F., *Aristocratic society in ancient Crete*, Londres, 1955.

Wyss, K., «Die Milch im Kultus der Griechen und Römer», *Rel. Gesch. Vers. Vorarb.* 15, 2 (1914), pp. 39-50.

Young, A. M., «Of the Nightingale's Song», *CJ* 46 (1950-1951), pp. 181-184.

Zaganiaris, N. J., «Le mythe de Térée dans la littérature grecque et latine», *Platón* 25 (1973), pp. 208-232.

Zaffagno, E., «Il giuramento scritto sulla mela», *MCSN* 1 (1976), pp. 109-119.

Zambrano, M. [1955], *El hombre y lo divino,* México (reimpr. 1986).

Zanco, C. T., «Diomede "greco" e "Diomede italico"», *RAL* 20 (1965), pp. 270-282.

Zapata, A., «Procne y Filomela: La leyenda en las fuentes clásicas y su tradición en la Literatura española hasta Lope de Vega», *Est. Clás.* 92 (1987), pp. 23-58.

4. NUESTRA TRADUCCIÓN

Seguimos la edición de M. Papathomopoulos *Antoninus Liberalis. Les Métamorphoses,* París, 1986, que cuenta, además, con un verdadero arsenal de notas (pp. 71-167) a cuya autoridad remitimos frecuentemente al lector. Intentamos restringir al máximo las notas a pie de página, pero ofrecemos, anejos a cada leyenda, unos *comentarios* en los que se distinguen las fuentes mitográficas, se apunta el origen y estructura de las historias y se describe el valor simbólico y metafórico de los seres transformados, sin cuyas claves la lectura de las leyendas podría resultar algo desabrida. Para la confección de estos comentarios resulta una ayuda inestimable el libro de P. M. C. Forbes Irving *Metamorphosis in Greek Myths,* Oxford, 1992, cuyo catálogo de historias de transformaciones (pp. 197-319) ilustra eficazmente sobre las variantes interpretativas. El léxico de aves de D'Arcy (W.) Thompson, *A Glossary of Greek Birds,* Oxford, 1936 (reimpr. Hildesheim, 1966) aporta una información inestimable para las fuentes y para el estudio del valor simbólico y metafórico de las aves. Para los nombres y personajes mitológicos recurrimos a una excelente obra, de referencia imprescindible en los estudios mitográficos por su claridad de exposición y exhaustividad de fuentes; se trata de la *Mitología Clásica* de A. Ruiz de Elvira, Madrid, 1975[135].

Quiero agradecer a Jesús Herrero y Ruiz de Loizaga y a Miguel Temprano García las amistosas sugerencias a este trabajo.

---

[135] Resultan útiles, asimismo, el *Diccionario de mitología griega y romana*, de Grimal (1951); el *Diccionario de la mitología clásica,* de Falcón *et alii* (1980) y el *Manual de mitología clásica* de Gallardo (1995); véanse referencias completas en Bibliografía.

METAMORFOSIS

1

CTESILA

Nicandro cuenta esta historia en el libro III de
Las Metamorfosis

1. Ctesila, hija de Alcidamante, era natural de Ceos, de una familia de Yúlide[1]. Hermócares el ateniense la vio danzar en las fiestas Píticas en torno al altar de Apolo en Cartea[2], y la deseó; grabó unas palabras sobre la piel de una manzana y, acto seguido, se la arrojó en el templo de Ártemis. Ctesila la recogió y leyó las palabras. **2.** Tenía escrito un juramento por Ártemis: Que se casaría con el ateniense Hermócares[3]. En ese momento arrojó por pudor la manzana, y lo llevó muy a mal, como cuando Aconcio engañó a Cidipe[4]. **3.** El padre de Ctesila concedió el matrimonio a Hermócares, quien se lo había pedido, y juró por Apolo tocando el laurel[5]. Pero, tan pronto como se acabó el tiempo de las fiestas Píticas, Alcidamante olvidó por completo el juramento que había hecho y dio a su

---

[1] Una de las cuatro ciudades de la isla cíclada de Ceos.
[2] En esta ciudad se celebraba una fiesta popular de carácter local en honor del dios Apolo *(Pýthios)* que atraía a los habitantes de las ciudades vecinas, entre ellas, Yúlide.
[3] Se trata, si nos atenemos a otras versiones de la leyenda, de una lectura en voz alta. Al tratarse de una fórmula de juramento en primera persona, éste queda así formulado y reforzado en el momento en que se hace la lectura. De ello no puede deducirse, sin embargo, que la lectura en voz alta fuera la forma usual en la antigüedad; cfr. Ruiz de Elvira, (1975) 493-494.
[4] Personajes de una leyenda muy parecida; véase comentario.
[5] El laurel estaba consagrado a Apolo y por él se juraba, tomándose su valor simbólico como garantía.

hija a otro en matrimonio. **4.** Y ya ofrecía la joven el sacrificio en el templo de Ártemis[6], cuando Hermócares, desconsolado por el fracaso de sus pretensiones matrimoniales, corrió al Artemisio[7]. Ctesila, cuando le vio, quedó enamorada, por obra divina; y, tras haberlo urdido con la ayuda de las artimañas de su nodriza, navegó por la noche a espaldas de su padre con dirección a Atenas y llevó a término su matrimonio con Hermócares. **5.** Ctesila dio a luz, y gravemente indispuesta como consecuencia del parto, murió por voluntad divina: porque su padre había quebrantado su juramento[8]. Después de suministrar los cuidados oportunos al cadáver, se lo llevaban ya para tributarle los honores fúnebres; entonces, desde la yacija, salió volando una paloma en tanto que el cuerpo de Ctesila había desaparecido. **6.** Hermócares consultó el oráculo, y el dios le contestó que erigiera un templo en Yúlide que llevara el nombre de Ctesila. Extendió el mandato a los habitantes de Ceos, y ellos, hasta hoy en día, siguen haciendo sacrificios; los habitantes de Yúlide la invocan bajo el nombre de Afrodita Ctesila, y los restantes bajo el de Ctesila *Hecaerga*[9].

Comentario

Se nos han conservado algunos fragmentos de la leyenda de *Aconcio y Cidipe,* del poeta del siglo IV a.C. Calímaco[10], cuya referencia explícita en la leyenda de *Ctesila* puede deberse a Nicandro, que se habría inspirado en los *Aítia* de este autor[11], o al propio Antonino, que habría añadido, como filólogo, la cita erudita[12]. Pero el argumento de la historia de *Aconcio y Cidipe* nos es legible, princi-

---

[6] Se trata de un sacrificio prenupcial que las muchachas ofrecían a Ártemis, diosa de la virginidad; podía consistir en la ofrenda de la cabellera.

[7] Sobre este templo de Yúlide, véase *IG* XII, 5, 617-618.

[8] El perjurio podía generar un castigo transmisible, como una mancha, a la descendencia.

[9] Sobre este epíteto, véase comentario.

[10] Fr. 67-75, Pfeiffer.

[11] Cfr. Schneider (1856) 43; Castiglioni (1906) 333-334, n. 2.

[12] Papathomopoulos (1968) 71-72, n. 11.

palmente, por la carta I 10 de Arísténeto: Cídipe es una muchacha de
Naxos, de quien se enamora Aconcio, natural de Yúlide, cuando
ambos estaban en Delos, en los festivales de Ártemis. Aconcio, para
conseguir a la muchacha, arroja un membrillo en el templo de Ártemis con una inscripción que es un juramento en primera persona: *Juro
por Ártemis que me casaré con Aconcio*. La nodriza de Cídipe le
entrega a su señora la fruta, y ésta la lee en alto. La diosa, entonces,
hace que el juramento se cumpla: Cídipe cae enferma, por tres veces,
antes de la boda que sus padres habían concertado con un joven rico,
por lo que la ceremonia se aplaza, hasta que, finalmente, acaba casán-
dose con Aconcio[13]. La leyenda de *Ctesila* y *Hermócares* comparte,
pues, dos elementos con la versión calimaquea: el juramento escrito
en la manzana[14] y el infructuoso intento del padre de casar a su hija
con otro. Por lo demás, Yúlide es la ciudad natal común de Ctesila y
Aconcio. La versión de Calímaco, sin embargo, carece de metamorfosis y cuenta con un final feliz. Una vez supuesto el conocimiento de
Nicandro de la historia de Calímaco, la cuestión se centra en el tipo
de historia ante el que nos hallamos, si ante una versión local de la
leyenda o si ante una historia de imitación literaria.

La metamorfosis de Ctesila es el signo público del milagro de
su inmortalidad[15]. Es muy probable que Nicandro haya querido
transmitirnos mediante esta historia, ante todo, el *aítion* de un culto
local, el que se sigue de la muerte, desaparición[16] y transformación
de Ctesila. En la leyenda de otra sufrida heroína, *Aspalis* (de Nicandro, en Antonino Liberal, 13) encontramos además de éstos mismos
elementos esenciales, incluso, un mismo epíteto cultual, *Hecaerga*.
Su significado parece claro: derivado de *wekás*, «a lo lejos» y *érgon,*
«acción», «obra», viene a significar «la que actúa desde lejos»
(apartando, rechazando el peligro, y por ello), «la que protege»[17]. En

---

[13] Cfr. Ruiz de Elvira (1975) 492-495.
[14] Sobre este motivo, véase Zaffagno (1976) 109-119.
[15] Cfr. Forbes Irving (1992) 114-115.
[16] La desaparición *(aphanismós)* de un joven o una muchacha que constituye el *aítion* de un culto local en su honor, y la prueba de su inmortalización o deificación, aparece en otras leyendas nicandreas de Antonino Liberal (13; 25; 26; 32; 40). Véase Pease (1942) 1-36.
[17] Este epíteto era aplicado desde antiguo tanto a Ártemis como a su hermano Apolo. Cfr. *Ilíada* 1. 147.

ambos casos se trata de advocaciones locales de una misma divinidad. En efecto, el culto de *Hecaerga*, o más bien, de Ártemis *Hecaerga*, estaba extendido por todas las islas cícladas[18].

La advocación *Ctesila* aplicada a Afrodita por parte de los ciudadanos de Yúlide, por el contrario, nos es conocida tan sólo por el pasaje de Antonino Liberal. Pero ello no ha de resultar del todo extraño: Afrodita recibía culto en las islas Cícladas y tenía, probablemente, un templo en Cartea[19]. Si se acerca la leyenda de *Ctesila* además al ámbito del culto de la diosa Afrodita, los motivos de la manzana y la metamorfosis en paloma encuentran mayor claridad.

En efecto, el juramento del padre de casar a su hija con otro, causa principal del desenlace de la historia, deja fuera de lugar en la leyenda, o, al menos, hace que resulte redundante el juramento de Ctesila (por Ártemis[20]) escrito en la manzana. Las manzanas han de relacionarse más bien con Afrodita, por ser el fruto consagrado a la diosa y regalo de amantes[21]. Nicandro lo habría incluido en su versión, tomado de Calímaco, por su simbolismo: arrojar una manzana equivale a una declaración de amor o supone una pretensión erótica[22]. (Recordemos el mito de *Hipómenes y Atalanta,* que guarda concomitancias con el de *Ctesila y Hermócares:* Atalanta, mujer de extraordinaria belleza, había decidido ser compañera de caza de la diosa Ártemis y permanecer virgen. Su padre, sin embargo, deseaba el matrimonio para ella. Atalanta, para deshacerse de sus pretendientes, ideó una prueba para ellos: habían de vencerla en una carrera, en la que, si la triunfadora era ella, daría muerte a sus oponentes. Hipómenes, enamorado de Atalanta, se valió a su vez de una treta: arrojó a lo largo de la carrera sucesivamente tres manzanas, regalo de Afrodita, que Atalanta se detuvo a recoger. Así, mediante la seducción de las manzanas, consiguió el matrimonio[23]. Después Hipómenes se olvidó por completo de Afrodita, y la diosa castigó a

---

[18] Cfr. Papathomopoulos, *op. cit.,* pp. 72-73, n. 22.

[19] Cfr. Papathomopoulos, *op. cit.*, pp. 72-73, n. 19 y 22.

[20] El juramento por Ártemis era el habitual de las mujeres en la tragedia y la comedia.

[21] Cfr. Littlewood (1967) 147-181; Brazda (1977);

[22] Cfr. Fasciano (1980) 45-51.

[23] Cfr. Ruiz de Elvira, *op. cit.,* pp. 329-335.

ambos esposos haciendo que acabaran convertidos en leones[24]). Las manzanas (al igual que el membrillo) tenían, además, una función en los ritos nupciales[25], pues se les atribuían poderes afrodisiacos.

La paloma, ave en la que es convertida Ctesila «por obra de la divinidad» *(daímon)*, guarda también una relación especial con Afrodita: era el animal a ella consagrado[26]. (Higino[27], por ejemplo, cuenta cómo Venus, la llamada siria, nació de un huevo que, surgido del mar, empollaron unas palomas; estas aves componían el tiro de su carro, etc)[28]. La palabra para «paloma» en Antonino es *péleia*. Aristóteles[29] la distingue cuidadosamente de *peristerá*, la «paloma común», domesticable, cuyo nombre vendría a significar «ave que vive cerca o alrededor de la casa»[30]. El carácter de Ctesila, en efecto, se corresponde con la «paloma bravía» *(péleia)*, que –según Aristóteles– es ave migratoria[31] y no sometida a las leyes del hogar. Otros rasgos tradicionalmente asociados a la paloma están en consonancia con el carácter de la heroína, como su condición tímida y temerosa.[32] La metamorfosis de Ctesila en paloma se revela así, metafóricamente, como una manifestación del poder de la diosa Afrodita. Es evidente, en cualquier caso, que Nicandro ha combinado antiguos elementos de la leyenda de Calímaco con una historia etiológica acerca de un culto local relacionado con Afrodita[33].

Ovidio hace una breve referencia de la leyenda de *Ctesila* en sus *Metamorfosis:* En la amurallada ciudad de Cartea, Alcidamante se asombra de que del cuerpo de su hija Ctesila hubiera podido nacer una pacífica paloma[34]. También trata la leyenda de *Aconcio y Cidipe*[35].

---

[24] Cfr. Ovidio, *Met.* 10. 686-707.
[25] Cfr. Trumpf (1960) 14-22 y la leyenda del *Juicio de Paris.*
[26] Cfr. Pestalozza (1938) 275-276.
[27] Higino, *Fab.* 197.
[28] Cfr. Thompson (1936) 244-246.
[29] Aristóteles, *HA.* 544 b 2-5.
[30] Cfr. Moorhouse (1950) 73-75.
[31] Aristóteles, *HA.* 597 b 3.
[32] Cfr. Homero, *Il.* 5. 778; *Himno homérico a Apolo Delio,* v. 114.
[33] Cfr. Forbes Irving (1992) 232-233.
[34] *Transit et antiquæ Carthëïa moenia Ceae,*
    Qua pater Alcidamas placidam de corpore natae
    Miratus erat nasci potuisse columbam. (7. 368-370).
[35] En las *Heroidas* (XX y XXI); *A.A.* 1. 457; *Rem.* 381; *Tr.* 3. 10. 73. Cfr. *Carmina Priapea* 16. 5.

La leyenda de *Semíramis,* ambientada en el Oriente Próximo, puede compararse, en algunos aspectos, con la de *Ctesila.* Su nombre, en sirio, significa «que viene de las palomas», y, en efecto, fueron estas aves las que alimentaron a Semíramis cuando fue expuesta al nacer por su madre, la diosa Dérceto. Esta había concebido un amor por un joven en la ciudad siria de Ascalón, inspirado por Afrodita como un castigo, motivo por el que abandonó a su hija, fruto de su unión con el joven. Se cuenta que Semíramis, al final de una vida llena de peripecias, desapareció y se convirtió en paloma. Los sirios la honran como a una diosa[36].

[36] Cfr. Diodoro de Sicilia, 2. 4; Ovidio. *Met.* 4. 47; Luciano, *De dea syria,* 14.

2

LAS MELEÁGRIDES

Nicandro cuenta esta historia en el libro III de
Las Metamorfosis

1. Eneo, hijo de Porteo, hijo éste de Ares, reinó en Calidón[1], y tuvo de Altea, hija de Testio, a Meleagro, Fereo, Agé-
leo, Toxeo, Clímeno y Perifante; hijas suyas fueron Gorge,
Eurimede, Deyanira y Melanipe. **2.** Una vez, en un sacrificio,
ofrecía Eneo primicias en favor del país y se olvidó de Ártemis[2]. La diosa, presa de cólera, azuzó a un jabalí salvaje que
devastaba la región y mataba a muchos habitantes. Entonces,
Meleagro y los hijos de Testio[3] convocaron a los mejores de
Grecia para luchar contra el animal. Éstos acudieron y le dieron muerte. **3.** Meleagro, por su parte, cuando repartió el
cuerpo del jabalí entre los héroes, se reservó, como señal de
honor, la cabeza y la piel. Ártemis llegó a encolerizarse
mucho más cuando mataron al jabalí sagrado, y sembró la
discordia entre ellos. Así, los hijos de Testio y los demás
Curetes[4] pusieron sus manos en la piel y manifestaron que les
correspondía por derecho a ellos la mitad de las piezas de

---

[1] Capital de Etolia, en la Grecia occidental.
[2] Tema popular de la omisión u olvido de un sacrificio o práctica ritual
que, por error u obcecación, ofende a la divinidad y acarrea un castigo; cfr.
Antonino Liberal, 3. 2.
[3] Los hijos de Testio, tíos maternos de Meleagro, se llamaban Íficlo,
Evipo, Plexipo y Eurípilo. Cfr. Apolodoro, 1. 7. 10.
[4] Los Curetes eran súbditos de Testio, también etolios, que habitaban en
una ciudad vecina a Calidón llamada Pleurón; véase comentario.

honor del botín. **4.** Pero Meleagro les quitó la piel por la fuerza y mató a los hijos de Testio. A causa de esto se desencadenó una guerra entre los Curetes y los Calidonios. Meleagro, disgustado porque su madre había proferido una maldición contra él por causar la muerte de los hermanos de ella, no marchó a la guerra. **5.** Y ya estaban los Curetes a punto de tomar la ciudad, cuando su mujer, Cleopatra, persuadió a Meleagro para que luchara en favor de los Calidonios[5]. Meleagro se alzó contra el ejército de los Curetes y encontró su propia muerte, porque su madre quemó el tizón que le habían entregado las Moiras[6]; en efecto, la Moiras habían urdido que Meleagro viviera tanto tiempo cuanto durara el tizón. **6.** También murieron en el combate los restantes hijos de Eneo, y un inmenso dolor por Meleagro se apoderó de los Calidonios. Sus hermanas gemían incesantemente ante su tumba, hasta que Ártemis las tocó con una varita y las transformó en aves; las trasladó luego a la isla de Leros[7] y les puso el nombre de Meleágrides. **7.** Es fama que aún ahora, cada primavera, llevan consigo el duelo por Meleagro. Sin embargo, dicen que dos de las hijas de Altea, Gorge y Deyanira, no quedaron transformadas gracias a la bondad de Dioniso, porque Ártemis le concedió este favor[8].

Comentario

La genealogía de Meleagro remonta a Etolo, héroe legendario del Peloponeso, que, tras emigrar a la región del río Aqueloo, al norte del golfo de Corinto, sojuzgó a sus habitantes originales, los

---

[5] Cleopatra es hija de Marpesa y de Idas; cfr. Apolodoro, 1. 8. 2. En otras versiones la súplica proviene también de su madre Altea.

[6] Las Moiras son personificaciones del destino individual de los hombres, de la suerte que le corresponde a cada uno *(móros)*. Sus nombres son Átropo, Cloto y Láquesis; cfr. Antonino Liberal, 19. 3 y 29. 2. El destino de Meleagro estaba ligado a la suerte de un tizón: si éste se quemaba, la vida del héroe se extinguía.

[7] Una de las islas Espóradas, al SE del mar Egeo.

[8] Dioniso pasaba por ser el padre de Deyanira; cfr. Apolodoro 1. 8. 1; véase también Ruiz de Elvira, *op. cit.,* p. 319. No hay explicación para el caso de Gorge.

Curetes[9]; allí se asentó y dio nombre a la región, Etolia. Tuvo dos hijos, epónimos de las dos ciudades principales del país: Pleurón y Calidón. Una hija de éste (Epicasta) se casó con un hijo de Pleurón, de nombre Agénor. Hijos de este matrimonio fueron Portaón[10] y una hija, Demonice. De Portaón y Éurite nació Eneo; de Demonice y Ares, el dios de la guerra, Testio. Eneo se casó con Altea, hija de Testio (por tanto, sobrina segunda suya) y fueron padres de Meleagro. Hay, sin embargo, otra tradición, según la cual Meleagro es hijo de Ares[11]. Meleagro es el héroe etolio por excelencia. Su fama está asociada al episodio de la caza del jabalí de Calidón (su nombre significa, precisamente, «el que se cuida de la caza»[12]) pero también a la guerra y a su propia muerte.

En la leyenda de *Meleagro* confluyen dos tradiciones mitográficas que difieren, principalmente, en la forma en que muere el héroe[13]. Una de ellas remonta a Homero[14]: Fénix le cuenta a Aquiles la historia de *Meleagro* a fin de que vuelva de nuevo a la lucha. Le recuerda la guerra entre Curetes y Calidonios que se desata cuando acaba la cacería del jabalí, la maldición de la madre por la muerte de su hermano, la cólera de Meleagro, las súplicas de su esposa y de su propia madre ante la inminencia de la toma de la ciudad por parte de los Curetes y se sugiere (aunque no se señala explícitamente) la muerte del héroe tras su vuelta al combate (elementos paralelos se hallan en la *Ilíada:* la cólera y la negativa de Aquiles a combatir; la súplica de los suyos; el avance de los troyanos, que llegan a poner en peligro la flota griega; la vuelta a la batalla). Podemos leer esta versión, entre otros, en Apolodoro[15] y en la *Heroida*

---

[9] Cfr. Apolodoro, 1. 7. 6. También se denomina Curetes a los protectores de Zeus cuando nació en Creta (cfr. comentario a la leyenda de Antonino Liberal *Los ladrones,* n.° 19). C. Antonetti (1990) 64-68, establece una relación mítica entre ambos tipos de Curetes.
[10] Llamado Porteo en Antonino Liberal, 2. 1, donde es presentado como hijo de Ares.
[11] Estas genealogías se encuentran en Apolodoro, 1. 7. 7-10; 1. 8. 2. Véase una exposición detallada en Ruiz de Elvira (1975) 314-318.
[12] Cfr. Chantraine (1956) 44.
[13] Cfr. Ruiz de Elvira, *op. cit.,* pp. 318-329.
[14] *Ilíada,* 9. 529-599.
[15] Resumida al final de 1. 8. 3.

tercera de Ovidio[16]. La otra versión, atestiguada a partir de Frínico,
autor trágico de los siglos VI/V a.C.[17], está, entre otros, en Apolodoro[18] y en *Las Metamorfosis* de Ovidio[19]. En ella la vida del héroe
depende de un leño o tizón mágico. Este motivo, frecuente en los
cuentos populares, es conocido como «el alma exterior»[20]: Al dejar
Altea que el tizón se consuma, el héroe expira. Se ha querido inter-
pretar la actitud de la madre, en cualquier caso, como la consecuencia de una oposición de sentimientos, de «conflictos en que se
enfrentan la concepción arcaica de la familia ligada al *génos* de su
nacimiento (parentesco uterino) y el sistema posterior en el que es,
sobre todo, esposa de su marido y madre de sus hijos»[21]. En ambas
versiones, según diversos autores, tras la muerte de Meleagro, Altea
y la esposa del héroe se suicidan. Antonino Liberal hace una combinación de ambas tradiciones. De ello se deduce que siguió, más
que a Nicandro, algún manual mitográfico semejante al de Apolodoro[22].

Las aves *meleágrides* son las llamadas «pintadas» *(Numida
meleagris)*, un tipo de aves galliformes, precursoras de las gallinas
domésticas, que frecuentan las sabanas africanas. Emiten una especie de cacareo ronco que semeja un lamento. También son conocidas como «gallinas de Guinea». El primero que hace mención de
ellas es Sófocles[23] que las asocia con el ámbar (en la antigüedad no
se tenía una idea muy precisa de la procedencia del «ámbar», material considerado maravilloso) en un lugar fabuloso: «el ámbar»
–dice– «procede de más allá de la India, de las aves meleágrides que
entonan lamentos por Meleagro». Estos lamentos no presuponen
necesariamente una historia de metamorfosis, pero sería difícil de

---

[16] Ovidio, vv. 92-97.
[17] En Pausanias, 10. 31. 4 = *TGF* fr. 6.
[18] Apolodoro, 1. 7. 10 ss.
[19] Ovidio, 8. 445-525.
[20] Véase Frazer (1922) 752 ss. Para Ruiz de Elvira, *op. cit.,* pp. 322-323,
éste es el único caso en la mitología griega.
[21] Cfr. Delcourt (1959) 36 y 60-62; Papathomopoulos (1968) 75, n. 19;
en contra, Ruiz de Elvira, *op. cit.,* pp. 323 ss.
[22] Véase Papathomopoulos, *op. cit.,* 73, n. 1 y bibliografía, y Arrigoni
(1970) 17-28.
[23] *Ap.* Plinio, *HN.* 37. 40 = *TGF* fr. 219.

explicar entonces por qué entonan lamentos por el héroe. No podemos saber tampoco si esta especie de aves es independiente de la historia de *Meleagro*, porque no hay referencias a ellas anteriores a Sófocles; su denominación ha podido ser introducida en Grecia posteriormente. Es probable, incluso, que hubiera llegado a oídos de Sófocles el nombre de las aves «meleágrides» no como una especie doméstica, sino como una criatura fabulosa y mítica (quizá ya relacionada con el ámbar) cuyo carácter mágico y exótico, así como su nombre, las hizo apropiadas para esta leyenda[24]. Tampoco podemos saber con seguridad quiénes entonan la melodía lastimera con la que se compadecen del héroe: según las fuentes, son sus desconsoladas hermanas, a las que transforma Ártemis[25], las mujeres etolias en general[26], o sólo las que tenían un parentesco con Meleagro[27].

Se ha incluido la historia de las *Meleágrides* dentro de un tipo específico de leyendas de metamorfosis, las llamadas *hero birds*[28]. El punto de partida genérico de este tipo de historias es el duelo excepcional por la muerte de un héroe expresado por medio de animales u objetos de la naturaleza. En ellas puede establecerse una relación especial entre las aves y el mundo del Más Allá. Algunas cuentan cómo los compañeros o allegados del héroe son transformados en aves que lamentan su pérdida o, a veces, continúan junto a un templo a él dedicado al cuidado de su tumba[29]. Es posible que la leyenda de las *Meleágrides* se haya configurado a semejanza de las de *Faetón* y las *Helíades*:

(Faetón rogó a Helio [el Sol], su padre, que le permitiera conducir su carro; al perder el control de la conducción, cuando estaba a punto de quemar la Tierra, Zeus lo impidió fulminándole, haciendo que cayera al río Erídano [el Po]. Sus hermanas lloraron ante su tumba hasta que fueron convertidas en álamos para que olvi-

---

[24] Cfr. Forbes Irving (1992) 245.
[25] En Ovidio, *Met.* 8. 533-546 e Higino, *Fab.* 174; en ambos quedan excluidas Gorge y Deyanira. Según un autor anónimo, en Westermann (p. 345, 12-14) se llamaban Febe, Eurídice, Menesto, Érato, Antíope e Hipodamía.
[26] Apolodoro, 1. 8. 3.
[27] Eliano, *NA.* 4. 42.
[28] Cfr. Forbes Irving, *op. cit.*, pp. 116-122.
[29] Véase la leyenda de *Los Dorios*, sobre el héroe Diomedes, atribuida a Nicandro, en Antonino Liberal, 37 y comentario.

daran sus penas [o como castigo por haber permitido ellas que su hermano tomara las riendas del carro del Sol]. De estos árboles, en los márgenes del Erídano, fluyen lágrimas «y se endurece al sol el ámbar que gotea de las ramas recientes»[30]. Memnón, el hijo de la Aurora y rey de los etíopes, fue muerto por Aquiles en la guerra de Troya; su madre lloraba su muerte con gotas de rocío. Todos los años –dice Plinio[31]– unas aves [las *Memnónides*] vuelan desde Etiopía a Troya y allí, en torno a su tumba, en la desembocadura del río Esepo, junto al Helesponto, luchan divididas en dos bandos[32]. Se trata de las cenizas de Memnón, hechas así, en forma de aves, inmortales, o de los compañeros transformados del héroe, que lamentan así su muerte.)

Siguiendo su costumbre, Nicandro ha cambiado un final fabuloso por un *aítion* local: el de la morada de las aves meleágrides. Las palabras del texto de Antonino «Es fama que aún ahora, cada primavera, [las meleágrides] llevan consigo el duelo por *(epì)* Meleagro» deben interpretarse, según Castiglioni[33], «sobre la tumba de Meleagro» *(epì [tōi táphōi] toû Meleágrou)*. Este dato, según el autor italiano, se referiría a la migración anual de las meleágrides desde Leros, a donde fueron llevadas por Ártemis, hasta la tumba de Meleagro, en Etolia, según el modelo de otras *hero birds* que acuden anualmente en bandadas junto a las tumbas de sus héroes[34]. Plinio[35], tras hablar de las *Mnemónides,* dice a continuación que las aves de Meleagro luchan *simili modo* junto a la tumba del héroe que las ha hecho famosas, pero sitúa este lugar en Beocia; este dato puede deberse más a una imitación del motivo de las aves migratorias en la leyenda de *Memnón,* con la que explícitamente se com-

---

[30] La leyenda está en Ovidio, *Met.* 2. 364-365; trad. Ruiz de Elvira (1964).

[31] Plinio, *HN,* 10. 74.

[32] Cfr. Ovidio, *Met.* 13. 576-672; Eliano *NA,* 5.1. La historia de las *Memnónides,* como la de las *Meleágrides,* es anterior a Ovidio, y tiene su origen en aves quejumbrosas de carácter luctuoso localizadas en oriente; véase Forbes Irving, *op. cit.,* p. 247.

[33] Castiglioni (1906) 347, n. 1.

[34] Cfr. las leyendas de *Memnón, Aquiles, Cicno o Diomedes,* las dos últimas en Antonino Liberal 12 y 37, ambas de Nicandro.

[35] Plinio, *loc. cit.*

para, que a una verdadera explicación acerca de la localización de la tumba de Meleagro. La variación de lugares que proponen otros autores como sede de estas aves hace difícil de aceptar que la ubicación de la isla de Leros remonte a Sófocles y sea la forma original de la historia[36]. En efecto, un discípulo de Aristóteles, Clitio el Milesio, habla de un templo situado (como en Nicandro) en la isla de Leros, en el que se consideraban sagradas a las pintadas; describe a estas aves como crueles para con sus hijos[37]. En la misma isla sitúa Eliano a estas quejumbrosas aves; allí no era piadoso comerlas –dice– ni siquiera por hambre; hasta las rapaces se abstenían de hacerles daño[38]. El léxico *SUDA*[39] las sitúa en Lerna y las supone compañeras de Yocalis, una divinidad virgen análoga a Ártemis. Es difícil saber si se trata de otra leyenda de metamorfosis. Estrabón[40], por su parte, recoge escéptico una tradición según la cual habitaban en las llamadas «Islas del ámbar». Según Plinio[41], éstas estaban junto a la desembocadura del río Erídano, en el Adriático[42].

---

[36] Forbes Irving, *op. cit.,* pp. 245-246.
[37] *Ap.* Ateneo, 655 C-F.
[38] Eliano, *NA.* 4. 42; 5. 27.
[39] *s. v. Meleágrides.*
[40] Estrabón, 5. 1. 9.
[41] Plinio, *HN.* 4. 103.
[42] Cfr. *Pseudo Aristóteles,* 81, donde se relacionan con *Faetón* y las *Helíades.*

3

HIÉRAX

Beo cuenta esta historia en la Ornithogonía

1. Hiérax, hombre justo e ilustre, vivió en la tierra de los mariandinos[1]. Erigió santuarios en honor de Deméter y de su mano recibió muchísimos frutos[2]; **2.** pero, como los teucros[3], llegado el momento, no cumplieron con los sacrificios debidos a Posidón, sino que, al contrario, los dejaban pasar por despreocupación, el dios, irritado, se dedicó a destruir los frutos de Deméter y les azuzó un monstruo funesto salido del mar. **3.** Impotentes los teucros para hacer frente al monstruo y al hambre, enviaban mensajes a Hiérax suplicando que les salvara de la plaga; y Hiérax les proporcionó cebada, trigo y otros víveres. **4.** Pero Posidón, encolerizado porque Hiérax acababa con el castigo impuesto por él, lo convirtió en ave, precisamente la que hoy en día aún se llama halcón, y al tiempo le cambió su manera de ser haciendo que desapareciera de entre los hombres: en efecto, hizo que el que era muy amado por los hombres fuera muy odiado por la aves, y que él, que impidió que perecieran muchos hombres, causara la muerte de muchísimas aves.

---

[1] Pueblo de Bitinia, en la costa septentrional del Asia Menor.
[2] Deméter es la diosa de la tierra cultivada, y especialmente de su fruto, el trigo.
[3] Descendientes de Teucro, antepasado de la familia real de Troya.

Comentario

La leyenda de *Hiérax,* que nos es conocida únicamente por Antonino Liberal, guarda algunos elementos comunes con la del rey troyano *Laomedonte*[4] y puede ser, incluso, su punto de partida[5]. (Laomedonte cometió una ofensa contra el dios Posidón, quien, en castigo, envió un monstruo marino que, en medio de una gran inundación, causó estragos en la población y anegó los bienes de sus súbditos).

Algunas de las cualidades del halcón (que en griego se dice *hiérax*) tales como la rapacidad, fuerza y rapidez, además de su majestuosa presencia, eran proverbiales expresiones de poder desde los tiempos homéricos, y servían para establecer comparaciones que se aplicaban a hombres y dioses[6]. También Hesíodo se refiere a su poder en la fábula del *Halcón y el ruiseñor*[7]. A veces es presentado como un ave próxima y amiga del hombre, con quien convive y colabora[8].

Nos son conocidas varias metamorfosis de castigo de hombres en seres que, en su nuevo estado, atraen el odio de sus congéneres[9]; se trata, especialmente, de aves rapaces, nocturnas o carroñeras. Pero el cambio de *éthos* en la metamorfosis de Hiérax resulta extraño. Los rasgos de carácter de aquellos suelen estar asociados a procesos degradantes de quienes cometen delitos monstruosos. Es la filantropía de Hiérax, por el contrario, la que causa una catástrofe para él y para sus semejantes. Esta paradoja es lo que parece querer expresar la leyenda mediante una metamorfosis de castigo: la caída de Hiérax no resulta buena para nadie. A causa de esta desgracia el mundo se vuelve del revés: sus iguales son ahora su presa y, (en palabras de Ovidio referidas a la conversión de Dedalión en gavilán) «en su dolor, causa el ajeno»[10].

---

[4] Sobre este personaje, véase Ruiz de Elvira (1975) 227-230.
[5] Según Forbes Irving (1992) 242.
[6] Cfr. *Ilíada*, 16. 581-583 y 13. 62-65.
[7] Hesíodo, *Op*. vv. 201-214.
[8] Cfr. Eliano, *NA*. 2. 42.
[9] Cfr. Papathomopoulos (1968) 77 n. 8.
[10] *Et nunc accipiter, nulli satis aequus, in omnes / saeuit aues aliisque dolens fit causa dolendi. (Met.* 11. 344 s.).

CRAGALEO

Nicandro cuenta esta historia en el libro I de
Las Metamorfosis *y* Atanadas *en la Historia de Ambracia*

1. Cragaleo, hijo de Dríops, habitaba en la Dríope[1], junto a los *Baños de Heracles*[2], los que, según cuentan, Heracles hizo brotar tras golpear con su maza en las piedras de pizarra de la montaña. **2.** Cragaleo era ya un anciano que se había ganado entre sus conciudadanos una reputación de hombre justo y juicioso. A él, mientras apacentaba sus bueyes, se le acercaron Apolo, Ártemis y Heracles para tomarlo como juez que decidiera acerca de Ambracia, en el Epiro[3]. **3.** Apolo decía que esa ciudad estaba emparentada con él mismo porque Melaneo, que fue rey de los dríopes y que conquistó en una guerra todo el Epiro, era hijo suyo: Melaneo engendró a Éurito y Ambracia (de esta última toma nombre la ciudad); **4.** también decía que él mismo había favorecido mucho a esta ciudad: en efecto, los sisífidas[4], bajo sus órdenes, llegaron y llevaron a término, de manera eficaz, la guerra que tenía lugar entre los ambraciotas y los del Epiro. Tam-

---

[1] El país de los dríopes, antiguo nombre de la Dóride, región de la Grecia central.

[2] Fuente de las Termópilas, en el desfiladero del monte Eta, en Tesalia.

[3] El Epiro es una región montañosa del NO de Grecia, junto a la costa del mar Adriático.

[4] Es el nombre poético de los corintios, que alude a Sísifo, rey de Corinto en sus orígenes (cfr. Nicandro, *Al.* 606)

bién decía Apolo que Gorgo, hermano de Cípselo, siguiendo
sus oráculos, condujo un pueblo de colonos proveniente de
Corinto hacia Ambracia, y asimismo, por sentencia oracular
suya, los ambraciotas se alzaron contra Faleco, a la sazón
tirano de la ciudad; en esta revuelta murieron muchos compañeros de Faleco. En suma, que él mismo, Apolo, había aca-
bado muchas veces en la ciudad con la guerra civil, la discordia
y la disensión, y que, en su lugar, había reestablecido la buena
ley, el derecho y la justicia[5], por lo que aún ahora se le honra
entre los ambraciotas como Salvador Pitio[6] en las fiestas y banquetes.

5. Ártemis, por su parte, refrenaba su contienda contra
Apolo, pero creía lícito poseer Ambracia con el consentimiento del dios, y, en efecto, aspiraba a la posesión de la ciudad por la siguiente razón: cuando Faleco era tirano de la ciudad, nadie se atrevía, por miedo, a matarle. Ártemis hizo
entonces que apareciera ante él, mientras se encontraba de
caza, un cachorro de león, y al levantarlo con sus manos, surgió del bosque su madre, se arrojó sobre él y desgarró el
pecho de Faleco. Así, los ambraciotas, porque se libraron de
la esclavitud, consagraron un culto a Ártemis *Soberana y
Guía*[7]. También le modelaron una estatua como Cazadora y a
su lado colocaron una figura en bronce de la fiera.

6. Heracles, en fin, intentaba demostrar que Ambracia y
todo el Epiro eran suyos alegando que celtas, caones, tesprotos[8] y todos los epirotas en general, pueblos que le habían
hecho la guerra, habían sido derrotados por él cuando concu-
rrieron con la intención de robarle las vacas de Gerión[9], y

---

[5] Tríada de virtudes que alude a las divinas Horas: estas eran, según la
versión más común, Eunomía, Dike y Eirene (La Buena Ley, la Justicia y la
Paz), hijas de Temis, el Derecho.

[6] Epíteto que alude al dios Apolo en cuanto vencedor de la serpiente
Pitón que habitaba en Delfos.

[7] En griego, *Hegémone*. Este era el nombre de una antigua divinidad
agraria convertida en un epíteto de advocación a Ártemis.

[8] Caones y tesprotos eran dos tribus del Epiro; más cuestionable es la
presencia de los celtas en esta región.

[9] Gigante de triple cuerpo que habitaba en Eritía; véase comentario.

también porque, un tiempo después, llegó un pueblo de colonos desde Corinto que expulsó a los que estaban allí antes y fundó Ambracia, **7.** siendo así que todos los corintios descienden de Heracles[10]. Después de escuchar atentamente estas razones, Cragaleo reconoció que la ciudad era de este último. Apolo, llevado por la ira, tocó a Cragaleo con su mano y lo convirtió en piedra, justamente allí donde estaba en pie. Los ambraciotas hacen sacrificios a Apolo *Salvador* pero, por costumbre, consideran que la ciudad es de Heracles y sus hijos. A Cragaleo, hasta el presente, le ofrecen víctimas en sacrificio después de la fiesta de Heracles.

Comentario

El historiador del siglo III a.C. Atanadas trató, en su *Historia de Ambracia,* acerca de esta ciudad del Epiro en una obra perteneciente al ciclo de las fundaciones y sus *aítia*[11]. La leyenda de *Cragaleo*, tal y como la conocemos por Antonino Liberal, resulta una combinación de historia y mitología. Cragaleo es presentado en la leyenda como hijo de Driops *(Drýops).* Un personaje del mismo nombre aparece en otra leyenda de Antonino *(Dríope,* n.º 32, de Nicandro) donde se ofrece su genealogía: era hijo de Esperqueo (un dios-río relacionado con las ninfas)[12] y de Polidora, una hija de Dánao. Reinó en la región del monte Eta, donde su hija Dríope *(Dryópē),* que guardaba sus rebaños, fue convertida en ninfa. El nombre del padre es, seguramente, el epónimo del pueblo de los dríopes[13]. (La Driópide era una región situada entre Tesalia [en concreto, la región de la Mélide] y la Fócide. El pueblo que la habitaba era considerado uno de los más primitivos de la Península Griega. Esta región fue llamada posteriormente Dóride por el héroe epónimo Doro, el hijo de Helén y Orseis y nieto de Deucalión, quien, según la tradición, la

---

[10] Según esta pretensión, los reyes y nobles del Peloponeso descendían de Heracles.

[11] Cfr. *FGH* 303 F 1.

[12] Cfr. Antonino Liberal, 22. 4.

[13] Aunque, según Esteban de Bizancio (*s. v. Dríope),* fue su hija quien dio nombre a los dríopes.

conquistó e hizo que sus habitantes se dispersaran antes de empren-
der él su expedición de conquista del Peloponeso. Ésta, y otras
leyendas, son reflejo de un hecho histórico, la llamada «migración
doria», que tuvo lugar hacia 1100 a.C, extendiéndose desde las
regiones del Epiro y centro de la Península Helénica hacia el Peloponeso, por lo que esta región es considerada tradicionalmente patria
originaria de los dorios)[14].

Cragaleo, cuyo nombre sólo es mencionado por Antonino, es el
epónimo de los «cragalidas», pueblo que habitaba la parte meridional
de la Fócide. Hasta el siglo VI a.C. dominaron Delfos en alianza con la
cercana ciudad de Crisa. Según Hesiquio[15], los reyes de Crisa recibían
la denominación de «cragalidas» y su territorio estaba dedicado a Apolo
Delfio. El culto de Cragaleo que se sigue de la leyenda de Antonino
quiere conmemorar la prehistoria de Ambracia uniendo esta ciudad,
fundada por colonos de Corintio, con un pasado más remoto situado en
la Dríópide[16]. La leyenda sigue un modelo de tipo tradicional: el arbi-
traje de un mortal acerca de cuestiones divinas. Es inevitable la comparación con el juicio de otro pastor, Paris, el hijo del rey Príamo de Troya,
que también tuvo que dirimir la disputa de una tríada divina.

Los discursos reivindicativos de Ártemis, Apolo y Heracles
acerca de la primacía de sus derechos sobre la ciudad de Ambracia
quedan enfocados desde distintos puntos de vista; los de los dos últimos se centran, especialmente, en la referencia a los orígenes y en
los méritos de conquista y colonización.

Apolo guarda una relación especial con la Dríópide: En este
país, sobre el monte Eta, recibía culto[17]. La pretensión del dios sobre
Ambracia queda justificada míticamente en la leyenda de Antonino
Liberal por el derecho de conquista del Epiro de su hijo Melaneo,
rey de los dríopes[18]. Según otra tradición que cuenta Eliano[19], el

---

[14] Cfr. Heródoto 1. 56, 3; 8. 31.
[15] *S. v. Kragalídai.*
[16] Cfr. Forbes Irving (1992) 293.
[17] Cfr. Antonino Liberal 32. 2. El culto que recibía era bajo la advocación de *Agraios*, «el que preside la caza»; cfr. Pausanias, 1. 41. 6.
[18] Sobre la instalación de dríopes en el Epiro desde el punto de vista histórico, véase Oberhummer (1887) 61 y 64 y Miller (1905) *RE, s. v. Dríopes,*
1748, 4.
[19] Eliano, *NA.* 11. 2.

dios Apolo recibía también culto en el Epiro, donde se encontraba un bosque a él consagrado dentro del cual había un recinto circular poblado de serpientes. (Las serpientes tienen una especial relación con Apolo desde que el dios dio muerte a la llamada Pitón. Ésta era hija de la Tierra y guardaba un oráculo en Delfos. Apolo la mató a flechazos y se apropió del oráculo[20]. Se ha considerado que el mito de la serpiente Pitón guarda una huella de la llegada histórica de los pueblos indoeuropeos a la primitiva Grecia: al conquistar a esta población, los indoeuropeos habrían impuesto formas religiosas nuevas: la serpiente Pitón, relacionada simbólicamente con la Gran Diosa aborigen, habría quedado entonces desplazada por la nueva religión de Apolo, el nuevo amo de la tierra)[21]. Eliano[22] añade: «los epirotas dicen que las serpientes (del recinto consagrado a Apolo en el Epiro) son descendientes de la Pitón de Delfos». Las serpientes están ligadas simbólicamente a los poderes secretos de la tierra. Las religiones locales conservan rasgos de un antiguo naturalismo al situarlas junto a los lugares sagrados como genios benefactores y protectores[23]. Pero además, según una creencia común, las serpientes eran «autóctonas», nacían directamente de la tierra, motivo que justificaba la posesión de un lugar *ab origine*[24]. En el relato de Eliano encontramos sin duda presentado como autóctono el culto de Apolo sobre el Epiro. Pero, el hecho de que las serpientes sean descendientes de la vencida en Delfos nos revela una «autoctonía de conquista», lo que no deja de ser una contradicción en términos. Es, sin embargo, en la parte del relato de Apolo referente a la colonización de Corinto donde se rastrean los elementos más históricos de la leyenda. En esta ciudad, tras el derrocamiento de la oligarquía de los nobles Baquíadas (*c.* 657 a.C), Cípselo, perteneciente a la aristocracia doria, instauró una tiranía que fue continuada por su hijo legítimo Periandro hasta el 585 a.C. Junto a su hijo Gorgo (sólo en Antonino se les considera hermanos), fundó Ambracia, una colonia

---

[20] Sobre este mito, véase Fontenrose (1959)

[21] Cfr. Vázquez Hoys (1992) 93 y 103-104.

[22] Eliano, *loc. cit.*

[23] Cfr. Pottier, en Daremberg (1877), *s. v. Draco*, pp. 406-409.

[24] Sobre el motivo de la «autoctonía», véase Vián (1963) 162-164; 169-171, y Juaristi (2000) 25-65.

con fuerte vinculación política con la metrópolis. La tríada de virtudes que fue para Corinto, después de la tiranía, garantía de protección y fundamento de la ciudad[25], fue asumida también –como señala explícitamente la leyenda de Antonino– por los habitantes de Ambracia y su instauración atribuida a Apolo[26].

Ártemis supera en méritos a Apolo –dice en la leyenda la propia diosa– por ser la causante de la muerte del tirano Faleco. Su relato contiene un fuerte sabor tradicional: las leyendas en donde aparece el león en la literatura y el folclore de Grecia son reflejo de la presencia real del rey de los animales, especialmente en las regiones del noroeste y del Epiro[27]. La asociación de Ártemis con las fieras (bajo el epíteto de *Cazadora*) evoca el poder religioso y sagrado del mundo agreste. Recuerda a la *Pótnia therôn,* la «Señora de los Animales Salvajes» de la religión minoica[28]. Eliano[29] cuenta brevemente la misma historia que Antonino; en ella, el tirano recibe el nombre de Failo[30]. La leyenda de Antonino parece responder a una motivación etiológica: el intento de explicación de una estatua de león forjada en bronce que tendría como función rechazar eventuales peligros[31].

Las actividades de Heracles, héroe superior de los griegos, abarcan un campo muy amplio, aparentemente contradictorio. G. S. Kirk[32] encuentra en su vasta leyenda, sin embargo, un núcleo que aglutina sus distintas actividades: se trata de la dialéctica entre Naturaleza y Cultura, principios que intervienen en su figura mítica.

---

[25] Cfr. Píndaro, *O.* 13. 6-8.

[26] Cfr. Papathomopoulos (1968) 78-79, n. 20.

[27] Cfr. Aristóteles, *HA.* 579 b 6. Sobre el león y el Epiro, véase Calímaco, *Himno a Deméter,* 51.

[28] Cfr. Homero, *Il.* 21. 470 s; Papathomopoulos, *op. cit.,* p. 79, n. 25 y bibliografía.

[29] Eliano, *NA.* 12. 40.

[30] Conocemos los nombres de Faleco y Failo, padre e hijo pertenecientes a una familia focidia en el s. IV a.C; estos nombres han podido llevar a la confusión (cfr. Papathomopoulos, *op. cit.,* p. 78, n. 18).

[31] Cfr. Papathomopoulos, *op. cit.,* p. 79 n. 26. Sobre el broce y su función apotropaica, véase la leyenda de *Los ladrones,* de Beo, en Antonino Liberal 19, y comentario. Sobre una estatua de un perro con la misma función, la leyenda de *Pandáreo,* seguramente de Nicandro, en Antonino Liberal, 36 y comentario.

[32] Cfr. Kirk (1974) 144-172, esp. pp. 164-172.

A su dimensión «natural» (e incluso «salvaje»), pertenecen actividades como los combates humanos[33] y las matanzas de monstruos (en su lucha contra los poderes malignos que pueblan la tierra, Heracles –puede decirse– se revela además como un enemigo de la autoctonía: es famoso su trabajo en el que da muerte a la Hidra, una serpiente marina de múltiples cabezas que habitaba en la tierra pantanosa de Lerna, en la que confluían fuentes subterráneas[34]; o su combate contra el gigante Anteo, el hijo de la Tierra)[35]. En su dimensión «cultural», se muestra, por el contrario, como un fundador de ciudades o de altares junto a las aguas termales. Ambos aspectos de su leyenda pueden vislumbrarse, de manera articulada, en el mito de «Heracles y Gerión»: Según J. H. Croon[36], apoyándose en la leyenda de *Cragaleo* en Antonino Liberal, Gerión pertenecería originariamente a la región de las Termópilas, cuyas fuentes de agua caliente relaciona, por sus vapores sulfurosos, con el mundo subterráneo: se trataría de entradas al reino de los muertos. En tal sentido, Gerión participaría, de alguna forma, del mundo subterráneo. Quizá su figura no sea sino la de un «Pastor de los Muertos». Heracles es un vencedor de seres subterráneos (recordemos su captura del perro Cerbero, guardián del Hades), y a menudo es presentado como sucesor de las divinidades ctónicas, patronas de la tierra y del agua. A la muerte de Gerión pudo seguir la fundación del altar que, según Heródoto[37], Heracles tenía en la fuente de las Termópilas, junto a los dríopes. Después –dice Croon– la figura de Gerión habría ido trasladándose en la leyenda cada vez más hacia occidente[38]. Según una tradición, Gerión era rey del Epiro[39] y habría sido desde esta tierra

---

[33] Por ejemplo, según una tradición que ofrece Apolodoro (2. 7. 7), Heracles venció a los dríopes y mató a uno de sus reyes.

[34] Cfr. Ruiz de Elvira (1975) 219-220.

[35] Cfr. Ruiz de Elvira, *op. cit.,* pp. 234-235.

[36] Croon (1952) 62 ss.

[37] Heródoto, 7. 176.

[38] Sobre la localización de la leyenda en Caonia, cfr. Croon, *op. cit.,* pp. 21, n. 33; en el Epiro, pp. 14 y 49-52.

[39] Cfr. Hecateo *FGH* 1 F 26; Scylax, *Per.* 26; Arriano, *Anábasis,* 2. 16. Eliano, (*NA.* 3. 33 y 12. 11) dice que las vacas del Epiro son muy fecundas en leche, y que tanto tesprotas como epirotas llaman a los toros de Caonia, en la ribera del Epiro, «engordados»; los consideran descendientes de los bueyes de Gerión.

desde donde Heracles se habría llevado las vacas. La versión más
elaborada del mito[40], sin embargo, es ésta: el rey Euristeo había
mandado al héroe, como trabajo expiatorio, que le llevase las vacas
de Gerión, un gigante monstruoso de triple cuerpo. Heracles consiguió robar el ganado al tiempo que dio muerte al gigante, que habitaba en Eritía, «el país de la puesta del sol». Este país acabó por
situarse, según fueron avanzando los conocimientos geográficos a
causa de la colonización griega hacia el oeste, en el extremo europeo occidental, seguramente en la Península Ibérica[41].

Por otro lado, la fundación de la ciudad de Ambracia forma
parte de un ciclo autónomo de leyendas del héroe conocido como
«El regreso de Heracles con el rebaño de Gerión»: en su viaje de
regreso con las vacas, Heracles hubo de enfrentarse con una serie de
personajes y pueblos que intentaron robárselas. A este ciclo legendario se fueron añadiendo relatos acerca de fundaciones de distintas
ciudades. Se trata de leyendas tardías que reivindican la figura civi-
lizadora de Heracles, de quien las ciudades se sienten dependientes,
a fin de justificar su posesión (por esta razón puede explicarse que
los celtas, que no son nunca mencionados entre los habitantes del
Epiro, aparezcan en la leyenda de Antonino, ya que este pueblo des-
empeñó un papel importante en la leyenda del retorno de Heracles
con las vacas)[42]. La otra razón esgrimida por Heracles para reivin-
dicar su patronazgo sobre Ambracia obedece a una tradición legendaria de propaganda política de gran arraigo, según la cual, los reyes
y nobles del Peloponeso descendían de Heracles. En efecto,
mediante el mito conocido como «El retorno de los Heraclidas», los
dorios quisieron legitimar su ocupación del Peloponeso combinando
la autoctonía y la conquista, al considerarse descendientes de Heracles, cuyo origen era tirintio: tras la muerte de Heracles, sus hijos,
los llamados «Heraclidas», fueron perseguidos por el rey de Tirinto
Euristeo[43], pero finalmente consiguieron vencerle y «regresar» efec-
tuando así la «reconquista» de su tierra originaria, donde se encuentra la ciudad de Corinto, metrópoli de la ciudad de Ambracia.

---

[40] Cfr. Ruiz de Elvira, *op. cit.*, pp. 231-234.
[41] Cfr. Gómez Espelosín –Pérez Largacha– Vallejo (1995) 93 ss.
[42] Papathomopoulos, *op. cit.*, pp. 79-80, n. 27.
[43] Cfr. Antonino Liberal, 33.

Ovidio trata brevemente la leyenda; habla, sin dar el nombre, del juez petrificado, y sitúa la roca en Ambracia[44]. La metamorfosis de castigo que sufre Cragaleo se ajusta, por lo demás, a un simbolismo genérico muy conocido: aquel que va muy lejos con sus palabras, queda convertido en piedra inmóvil y silente[45].

---

[44] [...] *certatam lite deorum / Ambraciam uersique uident sub imagine saxum/ iudicis.* (*Met.* 13. 713-715).

[45] Cfr. la leyenda de *Bato,* de Nicandro, en Antonino Liberal, 23.

5

EGIPIO

Beo cuenta esta historia en el libro I de la Ornithogonía

1. Egipio fue hijo de Anteo, el hijo de Nomíon. Habitaba en el límite de Tesalia[1]; los dioses le amaron por su piedad, y los hombres porque era magnánimo y justo. **2.** Egipio vio a Timandra y se enamoró de ella. Sabedor de que era viuda, después de haberla tentado con dinero, frecuentaba su casa y yacía con ella. Neofrón, el hijo de Timandra, de la misma edad que Egipio, lo llevaba a mal y maquinó un engaño contra éste: **3.** le dio muchos regalos a Búlide, la madre de Egipio, –así la sedujo– y la llevó a su casa, donde se acostó con ella. Enterado de antemano de la hora en que Egipio solía visitar a Timandra, Neofrón, valiéndose de un pretexto cualquiera, se llevó a su propia madre de su casa, y, en su lugar, llevó allí consigo a la de Egipio dando a entender que volvería de nuevo junto a ella; así engañó a madre e hijo. **4.** Egipio, sin sospechar nada de lo que Neofrón había maquinado contra él, se acostó con su madre creyendo que era Timandra. Pero, una vez que el sueño se apoderó de él, Búlide reconoció a su propio hijo. Cogió una espada, y ya estaba decidida a arrancarle los ojos y darse muerte a sí misma, cuando, por voluntad de Apolo, el sueño dejó libre a Egipio, y al darse cuenta del tipo de treta que Neofrón había maquinado contra él, alzando sus ojos al cielo,

---

[1] Región del NE de Grecia.

pidió que todos desapareciesen con él[2]. **5.** Zeus los transformó en aves. Egipio y Neofrón se convirtieron en buitres que tienen estos mismos nombres, si bien distintos en plumaje y tamaño, pues Neofrón resultó un tipo de buitre más pequeño. Búlide quedó convertida en un *póygx*[3], y Zeus le asignó como sustento, no un alimento criado por la tierra, sino ojos de peces, de aves o de serpientes, porque había estado a punto de arrancar los ojos de su hijo. A Timandra la convirtió en un paro. Estas aves jamás han vuelto a aparecer juntas en el mismo lugar.

Comentario

Antonino Liberal da el único testimonio de esta leyenda, si bien Ovidio[4] habla de Menefrón, que, en Cilene, iba a acostarse con su madre *saeuarum more ferarum*, e Higino[5], citando a quienes tuvieron relaciones incestuosas sitúa, junto a Yocasta y su hijo Edipo y otros personajes, a «Menefrón con su hija Cilene, en Arcadia, y con su madre Blíade». Puede tratarse en ambos casos de un duplicado de la historia de *Egipio* con un cambio de nombres (Menefrón por Neofrón; Blíade por Búlide) y de papeles en la trama[6].

Se pueden establecer comparaciones entre la historia de *Egipio* y la de *Edipo*. La selección y las distintas combinaciones de motivos que encontramos en ésta (la profecía, el abandono del niño, la subida al trono, el asesinato del padre, el incesto, etc.) han ido configurando a lo largo del tiempo distintos argumentos. Estos, a su vez, han encontrado el molde de su forma en distintos géneros (cuento, leyenda, canción épica, tragedia, drama, etc.). En la leyenda de *Egipio,* la trama se centra en el motivo del incesto, pero si lo comparamos con la versión trágica de Sófocles, sin duda su modelo, podemos constatar diferencias significativas. En efecto, la «inconsciencia en el incesto», que se encuentra en ambas historias, no tiene el mismo significado. En el *Edipo* se consuma un oráculo que el héroe conoce y contra el que lucha

---

[2] Cfr. Antonino Liberal, 6. 3 y 34. 4.
[3] Seguramente, el «alcaraván»; véase comentario.
[4] Ovidio, *Met.* 7. 386-387.
[5] Higino, *Fab.* 253.
[6] Cfr. Papathomopoulos (1968) 81, n. 5.

en vano: el que profetiza el asesinato de su padre y las relaciones ilíci-
tas con su madre: «Precisamente en esto consiste la tragedia: *en una
toma de conciencia*»[7]. La inconsciencia del incesto en la historia de
Egipio, por el contrario, es fruto del «engaño», y éste es un recurso
propio del cuento. Por ello, a diferencia de la tragedia, «en la conciencia del héroe del cuento no se percibe el hado que le amenaza»[8]. Otros
elementos de la tragedia como el «autocastigo de Edipo», que se
arranca los ojos, y el «suicidio de Yocasta», considerados por Propp
como «temas poéticos de circunstancia» sin relieve sustancial en la
trama[9], no tienen la misma función que sus reflejos distorsionados en
la historia de *Egipio.* En ésta, Búlide está a punto de suicidarse y también de arrancar los ojos de su hijo (acciones ambas impedidas por
Zeus, que se compadece ante las súplicas[10]), intentos que resultan
vanos, y, sin embargo, esenciales en la historia de metamorfosis.
Recordemos que otra diferencia fundamental entre mito (trágico) y
cuento es que en éste hay un final feliz, o, al menos, una solución del
problema. La transformación de los personajes de la historia de *Egipio*
parece ser, sin duda, el núcleo más antiguo de la leyenda[11].

Además del tema del «engaño» hay otros elementos que acercan
la historia de *Egipio* al género de los cuentos: por ejemplo, «los
nombres parlantes»: Neofrón significa «que tiene los sentimientos o
el carácter de un joven», Timandra, «varón de estima o valor»;
mediante el nombre de Búlide se establece una relación con la idea
de «intención», o «decisión»[12]. (Sobre Egipio, cfr. *infra.)* También
encontramos otros motivos tradicionales: «el intento de seducción
por dinero»[13], «el descubrimiento del amante en la oscuridad»[14], fre-

---

[7] Cfr. Propp (1982) 134.

[8] Propp, *op. cit.,* p. 94.

[9] Propp, *op. cit.,* p. 134.

[10] El mismo ruego encontramos en las leyendas 6, 21 y 34 de Antonino
Liberal.

[11] Cfr. Forbes Irving (1992) 223.

[12] Quizá haya una explicación implícita del nombre en el texto cuando se
dice que Búlide «estaba decidida» *(eboúleuen)* a arrancar los ojos de su hijo.

[13] Cfr. Antonino Liberal, 41. 2-3 y la leyenda de *Failo,* de Partenio de
Nicea 25, con la que comparte otro elemento: la conducta violenta de un hijo
motivada por celos de los amores de su madre.

[14] Cfr. Antonino Liberal, 37. 4 y el cuento de *Eros y Psique.*

cuentes ambos en las historias de amor helenísticas. Por lo demás,
la trama de la leyenda se sitúa en un contexto burgués, donde se desarrolla un melodrama de intriga sexual que llega a un clímax insólito
en este tipo de creaciones[15].

La transformación en aves como consecuencia de un delito relacionado con el incesto nos es conocida por leyendas como las de
Harpálice o *Aedón*[16]. Las aves resultantes de tales metamorfosis,
normalmente nocturnas, de presa o carroñeras, suelen expresar simbólicamente, mediante su género de vida o su conducta, el recuerdo
de una afrenta, una culpa o un delito que pervive en su nuevo modo
de vida. Los seres en que son transformados los personajes de la
leyenda de *Egipio* hacen patente la oposición establecida entre el
mundo del orden familiar civilizado y el mundo salvaje, viniendo a
simbolizar la metamorfosis en aves carroñeras (que comen lo que no
han matado) el paso del uno al otro[17].

El *aigypiós* es una especie de buitre del que ya hace mención
Homero[18] al comparar el llanto de Ulises y Telémaco con el grito
lastimero que emiten estas aves cuando los labradores les roban sus
crías. Por lo demás, ésta era la denominación macedonia del águila.
Eliano[19] considera esta especie un cruce de águila y buitre. Aunque
el águila es depredadora y el buitre carroñero, en la antigüedad no
había una percepción clara de sus diferencias[20]. Thompson[21] compara la etimología de *aigypiós* (de *aíx-aigós*, «cabra» y *gýps-gypós*,
«buitre») con el compuesto alemán *Lämmergeier* (de *Lamm*, «cordero» y *Geier*, «buitre»), «el buitre de los rebaños», nombre con el
que se denomina al «quebrantahuesos»[22]. En ambos casos se
sugiere un «buitre depredador», o un «depredador carroñero». Aristóteles[23], por su parte, distingue las dos especies que señala la
leyenda: uno pequeño y más blanco, otro grande y ceniciento. Para

[15] Cfr. Forbes Irving, *op. cit.,* p. 223.
[16] En Partenio de Nicea, 13 y Antonino Liberal, 11, respectivamente.
[17] Cfr. Forbes Irving, *op. cit.,* p. 111.
[18] Homero, *Od.* 16. 215-218.
[19] Eliano, *NA.* 2. 46.
[20] Cfr. *Schol. Il.* 7. 59.
[21] Thompson, *s. v. aigypiós.*
[22] Sobre el «quebrantahuesos», véase Antonino Liberal, 6, y comentario.
[23] Aristóteles, *HA.* 592 b 7.

Thompson[24] se trata del «buitre egipcio o blanco» *(Neophron perc-nopterus)*, en español, «alimoche», y del «buitre común» *(Gyps fulvus)*, respectivamente.

El *póygx* es un nombre onomatopéyico de ave que Aristóteles[25] identifica con la llamada *híbris,* (nombre que quiere decir «insolencia»), ave que «no aparece por el día porque no ve bien, por lo que caza por la noche». Se trata seguramente del «alcaraván» *(Burhinus oedicnemus),* pues esta ave tiene una particularidad que está en correspondencia con la actitud de Búlide en la leyenda: «Es la que más tendencia tiene a devorar ojos»[26]. La actitud depredadora de la madre de Egipio queda así, tras la metamorfosis, reafirmada en el aspecto carroñero de esta ave.

El *aigíthallos,* el ave en que queda convertida Timandra, la única que no comete incesto ni inducción a él, es un «paro» o «carbonero»[27]; no se trata de un ave de presa ni de una carroñera, sino de un pequeño pájaro que se alimenta de semillas e insectos. Aristófanes lo menciona como pájaro metamorfoseado[28]. La conversión de grupos familiares enteros en aves es una característica de las historias de Beo.

[24] Cfr. Thompson (1936) 26.
[25] Aristóteles, *HA.* 615 b 11.
[26] Aristóteles, *ibid.,* 617 a 8.
[27] *DGE. s. v.*
[28] Aristófanes, *Aves,* v. 887.

6

PERIFANTE

1. Perifante, que era autóctono[1], vivió en su Ática natal antes de que apareciera Cécrope[2], el hijo de la Tierra. Reinó sobre los hombres de antaño y fue justo, rico y piadoso; ofreció muchísimos sacrificios a Apolo; arbitró muchos pleitos y ningún hombre le hizo reproches, **2.** sino que reinaba con el consenso de todos. Por la excelencia de sus obras, los hombres cambiaron los honores de Zeus y los reconocieron como propios de Perifante, al que dedicaron santuarios y templos allí mismo y lo denominaron Zeus *Salvador, Epopsio*[3] y *Miliquio*[4]. **3.** Zeus se irritó y quiso fulminar a toda la casa de Perifante con su rayo, pero, como Apolo le había pedido que no matara a Perifante, quien había caído completamente en desgracia, ya que a él le honraba de manera excelente, Zeus le concedió esta gracia a Apolo: fue a casa de Perifante, donde lo encontró yaciendo

---

[1] Sobre la condición de «autóctono», e. e., «nacido de la tierra», véase comentario.

[2] Cécrope es un rey mítico del Ática; véase comentario.

[3] «El que lo ve todo», «el observador de lo justo y de lo falso», y de ahí, «el que vela por los hombres», «el garante de los suplicantes» y «el vengador de los actos impíos».

[4] «Dulce como la miel», y como epíteto de algunos dioses, «que recibe sacrificios expiatorios», «que atiende a los que lo invocan», «propicio»; también, «que ofrece calma, sosiego».

con su mujer[5], lo apretó con ambas manos y lo convirtió en
águila; a su mujer, que le había suplicado que la convirtiera
también en ave, la transformó en quebrantahuesos, ave asociada a Perifante. **4.** Y por la piedad que había manifestado
entre los hombres le otorgó a Perifante honores: en efecto, le
hizo rey de todas las aves, y le concedió, para que lo cuidase,
el cetro sagrado[6], y que se acercara junto a su propio trono. A
la mujer de Perifante, a quien convirtió en quebrantahuesos,
le otorgó que apareciera ante los hombres antes de cualquier
empresa que fuera favorable para ellos.

Comentario

La leyenda de Perifante comienza con una alusión a su condición de autóctono («nacido de la tierra»), y a su existencia anterior
a la del mítico primer rey de Atenas, Cécrope. Éste era un personaje con rasgos teriomórficos: la parte superior de su cuerpo era
humana, y la inferior de serpiente. Era creencia común que la serpiente nacía de la tierra[7]. Se dice también de Cécrope que introdujo
entre los hombres la construcción de ciudades y el modo de ente-
rrar a los muertos. Según Pausanias[8], erigió altares a Zeus Hípato
(«supremo») y prohibió sacrificarle criaturas vivas, sustituyéndolas
por tortas de cereal *(pélanoi)*. Estos hechos presentan al legendario
rey como un fundador de la sociedad humana, como un introductor
de la cultura frente a la naturaleza salvaje. El rey autóctono del
Ática Perifante parece ser un doble de Cécrope: como él es piadoso: «ofreció muchísimos sacrificios a Apolo», y también, civilizador, pues «arbitró muchos pleitos» y «reinaba con el consenso de
todos».

La historia de *Perifante,* a quien sus conciudadanos llegan a
considerar un dios, se asienta, según algunos críticos, en el sustrato

---

[5] Detalle que refleja el gusto helenístico por los hechos de la vida coti-
diana. También pudiera hallarse aquí una débil huella del motivo del matrimonio sagrado (hierogamia). Cfr. Papathomopoulos (1968) 83, n. 13.

[6] El cetro es un atributo distintivo de Zeus.

[7] Cfr. Guerra Gómez (1965) 9-71.

[8] Pausanias, 8. 2. 4-5.

de antiguas creencias religiosas. A. B. Cook[9] ofrece una interpretación evemerista de la leyenda: evocaría una época en que los reyes
eran vistos como dioses. Se creía que, cuando los reyes morían, sus
almas tomaban forma de águila, y además, transmitían su poder
regio a sus sucesores por medio de cetros con la forma de estas
aves[10]. Tiempo después, estas pretensiones acerca de los reyes
ancestrales serían vistas como impías, motivo por el que surgieron
las leyendas de castigo. Según otra forma de evemerismo (el llamado inverso), los héroes no serían sino el resultado de una degradación de la creencia en los dioses, que, por olvido o malentendido,
con el tiempo, pasaron a ser considerados mortales. Desde esta
perspectiva, Userer[11] piensa que Perifante era, en su origen, el propio Zeus. Forbes Irving[12], sin embargo, encuentra débiles los dos
argumentos evemeristas: porque no hay constancia –dice– de un
rey legendario de Atenas de nombre Perifante, ni evidencia del epíteto «perifante» referido a Zeus (los demás epítetos son convencio-
nales o irrelevantes y parecen haber sido inventados para la
leyenda). Por lo demás, el motivo del ave perteneciente a un dios
que en tiempos fue enemigo o rival suyo es de sobra conocido[13].
Nos hallamos más bien –concluye Forbes– ante una leyenda etiológica del águila.

Homero llama al águila «el ave de poder más excelso» y «la
rapaz más amada de Zeus»[14]. Tradicionalmente, el águila era considerada el ave sagrada del padre y rey de los dioses. El simbolismo
en que se asienta esta estrecha relación es fácilmente inteligible: El
águila habita en lo alto, cerca del sol; goza de un altísimo rango
entre las aves, comparable al de un rey con respecto a sus súbditos.
Atributos suyos como la rapidez, la agilidad, el alto vuelo, así como
su capacidad para dominar a las demás aves a ella sometidas; su vista
aguda y extensa, su fuerza, su habilidad para hacer presa, etc., manifiestan su inmenso poder. No resulta pues extraño que Píndaro[15] la

---

[9] Cook (1914-40) II, 11-27.
[10] En contra, Pollard, *AJP.* 69 (1948) 353-376.
[11] Userer, *Kleine Schriften* (Leipzig, 1913), IV. 66-7.
[12] Cfr. Forbes Irving (1992) 237.
[13] Cfr. Antonino Liberal 15, *Merópide,* de Beo.
[14] *Il.* 24. 310; cfr. Mylonas (1945-6) 203-207.
[15] Píndaro, *I.* 6. 50.

llame «la reina de las aves»[16] ni que Platón[17], al hablar de la transmigración de las almas, considere apropiada un águila para la del rey Agamenón[18].

El ave llamada *phḗne* es fácilmente identificada con el «quebrantahuesos» *(Gypaetus barbatus)*. Se trata de una especie de buitre de gran tamaño y porte majestuoso; luce una especie de mostacho y tiene un plumaje gris y anaranjado. Aunque carroñera, no tenía la consideración negativa propia de este tipo de aves, sino, más bien, la consideración noble del águila. Quizá este hecho pueda explicarse por la posición fronteriza que ocupan ambas aves en algunos aspectos de su naturaleza. Cuando el quebrantahuesos divisa una cabra, o a un cuadrúpedo en general, al borde de un precipicio, se abalanza sobre él como un depredador y lo hace despeñarse. Acto seguido, desciende al fondo del barranco, donde desgarra a su presa para comer la médula de sus huesos rotos (por ello se le llama *ostoklastḗs*, «rompedor de huesos» y *ostokórax*, «cuervo de los huesos»[19]). Mediante esta actitud se muestra como un verdadero carroñero. La confusión entre ambas aves alcanza, incluso, a su denominación científica: *Gypaetus* es un nombre compuesto de «buitre» y «águila»; vulgarmente es conocido por «águila barbada» y por «buitre barbudo».

A lo largo de la leyenda se adivina un juego etimológico entre los antropónimos Perifante y Fene y la raíz del verbo *phaínō:* «brillar», «resplandecer», y también «mostrar(se)», «manifestar(se)» y «aparecer(se)»[20]. El nombre de Perifante puede significar «visible para todos»[21] o «muy brillante»[22], y, en efecto, para algunos autores, la aparición del águila no es sólo claramente visible, sino también «resplandeciente»: Píndaro[23] la llama *aíthōn,* «brillante»,

---

[16] Cfr. Nicandro, *Th.* 448.
[17] Platón, *R.* 10. 620 b.
[18] Véase comentario a la leyenda 15 de Antonino Liberal acerca del rey Mérops convertido en águila.
[19] Cfr. Thompson, (1936) 303.
[20] Cfr. Chantraine (1968) *s. v. phaínō.*
[21] Cfr. Bailly, *s. v. períphantos: visible à tous.*
[22] *Sehr gläzender,* según Pape-Benseler (1911), *s. v. Períphas,* p. 1177.
[23] Píndaro, *N.* 3. 80-84.

Aristófanes[24], «portadora de fuego» *(pyrphóros)* y Eliano[25] le atribuye un origen luminoso e incandescente: el fuego. El nombre de
Fene significa «clara», «brillante»[26]. Al final de la leyenda se nos
dice que el quebrantahuesos se aparece *(epiphaínesthai)* a los hombres, como signo de buen augurio[27] y –hemos de suponer– con tanto
esplendor como una epifanía de Zeus, de quien es, al igual que el
águila, su heraldo.

Es interesante señalar, en consonancia con la leyenda, la tradición según la cual las parejas de águilas se guardan una gran
fidelidad durante toda su vida. Aristóteles[28] presenta a las aves de
la leyenda asociadas: el quebrantahuesos –dice– cría tanto a sus
retoños como a las crías del águila. En una breve alusión, Ovidio
presenta a ambos esposos metamorfoseados en aves que vuelan
juntas[29].

Aunque la leyenda de *Perifante* carece de una cita explícita, su
autoría parece remitir también a Beo. Así lo han señalado distintos
estudiosos atendiendo a ciertos rasgos comunes que se pueden relacionar con otras leyendas de este autor en la colección de Antonino
Liberal[30].

---

[24] Aristófanes, *Aves,* 1248.

[25] Eliano, *NA.* 2. 26.

[26] Derivado de la misma raíz con un adjetivo en *–no* sustantivado; cfr.
Chantraine (1968) 119 s.

[27] También el águila, desde tiempos de Homero (*Il.* 13. 812), es considerada *dexiós,* «favorable».

[28] Aristóteles, *HA.* 619 b 34. Plinio, *NH.* 10. 13.

[29] [...] *iustissima Phene, / teque, senex Peripha, pariter uolantes.* (*Met.*
7. 399-400).

[30] Schneider (1856) 43, atribuye la leyenda de *Perifante* a Beo por el papel
augural que manifiestan las aves en la leyenda, característica de este autor; cfr.
Oder (1886) 51 s. Wulff (1892) 116-124, lo hace en función de las semejanzas
que encuentra en la forma de metamorfosis que se operan en esta leyenda y
otras de atribución cierta a Beo: en éstas, la intervención de Zeus (o Hermes)
está motivada por la piedad y/o justicia de los héroes de la leyenda; la metamorfosis suele ejecutarse por contacto, sobre un grupo, y acaba con una descripción detallada de las aves. Userer (*Kallone, Rh. M.* 23 [1868] 357), Castiglioni (1906), 48 s., y Forbes Irving (1992), 237, se centran en la ausencia de
un *aítion* de tipo nicandreo para decantarse por la autoría de Beo. A favor de
una autoría nicandrea, Wellmann, *Hermes* 26 (1891) 507, n. 2.

ANTO

Beo cuenta esta historia en el libro I de la Ornithogonía

1. De Autónoo, el hijo de Melaneo, y de Hipodamía, fueron hijos Erodio, Anto, Esqueneo y Acanto; también tuvieron una hija, Acántide, a quien los dioses concedieron una hermosísima figura. **2.** Autónoo llegó a tener una gran manada de caballos que llevaban a pacer su mujer Hipodamía y sus hijos. **3.** Como, a pesar de tener una gran extensión de tierra, Autónoo no recibía ningún fruto de ella por el abandono de los campos de cultivo (el terreno no le reportaba sino cardos y juncos), por ello, puso a sus hijos los nombres de Acanto, Esqueneo y Acántide, y al mayor Erodio, porque la tierra le había abandonado[1]. **4.** Este último amó mucho la manada de yeguas que apacentaba en el prado. Pero, una vez, Anto, el hijo de Autónoo, las expulsó de allí, y ellas, privadas de alimento, se desbocaron; se dirigieron contra Anto y se disponían a devorarlo; mientras, él suplicaba con grandes gritos a los dioses para que las apartaran. **5.** El padre, aturdido por el dolor, tardó en expulsar a las yeguas, y también tardó el sirviente del hijo; su madre, por el contrario, luchaba con tesón contra las yeguas, si bien, por la falta de fuerza de su cuerpo, no pudo evitar la desgracia. **6.** Lloraban a Anto, muerto de esta manera, sus familiares, cuando Zeus y Apolo, compade-

---

[1] Los nombres de los hijos aluden a cardos y espinos. Más oscura es la significación de Erodio y el sentido del pasaje; véase comentario.

ciéndoles, los convirtieron a todos ellos en aves: a Autónoo
en garza estrellada, porque, aunque era padre de Anto, fue
lento en ahuyentar a las yeguas[2]; a su madre en cogujada[3],
porque sus cabellos se le encrespaban cuando luchaba contra
las yeguas para salvar a su hijo. **7.** El propio Anto, Erodio,
Esqueneo, Acanto y Acantílide[4] también fueron transformados en aves y los dioses hicieron que fueran conocidas con
los mismos nombres con los que antes de cambiar de forma
se les llamaba, y, por lo que toca al sirviente de Anto, lo convirtieron, como a Erodio, el hermano del niño, en una garza,
pero no igual, pues es considerablemente más pequeña que la
cenicienta; este tipo de garza no se junta con el *ánthos;* de
igual modo, el *ánthos* tiene aversión al caballo, ya que Anto
sufrió muchos males por culpa de los equinos. **8.** Aún ahora,
cuando oye a un caballo relinchar, huye al tiempo que imita
el relincho.

Comentario

Se ha querido ver en la leyenda de *Anto* la trama argumental de
una tragedia perdida del poeta trágico Agatón (siglo V a.C.), el *Anto*
o *Anteo*, obra en la que, según Aristóteles[5], todos los nombres de los
personajes habían sido inventados y prefiguraban el desarrollo posterior de la acción[6]. Según Levêque[7], se trataría de un antiguo
cuento romántico lleno de elementos folclóricos y –a pesar de ser
ésta la única leyenda de la colección de Antonino Liberal completamente imprecisa en este sentido– de carácter local.

La leyenda de *Anto* y su familia presenta –acorde con el gusto
de los poetas helenísticos por la etimología popular– nombres pro-

---

[2] Juego de palabras: La garza estrellada recibe el sobrenombre de *óknos,*
que significa «lentitud», «negligencia», «vacilación».

[3] En griego *kóridos.* El nombre alude a *kórys,* «casco» o «yelmo», normalmente con un penacho, y recuerda la cresta que este tipo de alondra luce
en su cabeza.

[4] Diminutivo de Acántide.

[5] Aristóteles, *Poética.* 1451 s.

[6] Cfr. Pitcher (1939) 145-169.

[7] Lévêque (1955) 109 s.

pios parlantes, nombres que pueden cumplir distintas funciones en el relato: unos resultan en la trama, irónicamente, lo contrario de aquello que significan; otros sirven para denotar algunos aspectos de la leyenda (p. e. Acanto significa «cardo»; Esqueneo, «junco», etc.); pero, a la vez, pueden indicar y adelantar en el relato el nombre de aquellos seres en que acaban convertidos los personajes, por ser éstos –metonímicamente– las denominaciones de algunas aves (Acanto significa «jilguero», Esqueneo, «avefría», etc.), aves que, por lo demás, comparten un mismo hábitat estéril: cardos, espinos y juncos.

Autónoo, cuyo nombre significa «que piensa por sí», «que tiene autocontrol», irónicamente, duda y tarda en actuar a la hora de salvar a su hijo cuando es presa de los caballos. Queda convertido en un tipo de garza –la llamada «estrellada»– que es fácil de identificar (Aristóteles, en efecto, distingue tres variedades de «garza real», a las que denomina *pellós*, «cenicienta», *leukerṓidios*, «blanca», y *asterías,* esto es, «estrellada»[8]). Antonino Liberal se refiere a la *asterías* bajo la denominación de *óknos,* sobrenombre que, en otro pasaje, Aristóteles se detiene a explicar: «La garza estrellada –dice– también llamada «perezosa» (*óknos*) nació –según la leyenda– hija de esclavos y se la supone la más holgazana de las aves»[9]. Eliano[10] dice que si alguien la insulta llamándola perezosa o haciendo referencia a su origen servil, se irrita.

El sirviente de Anto queda convertido –dice expresamente Antonino– en una garza más pequeña que la llamada «cenicienta»[11]. Se trata, sin duda, de la «garceta blanca» *(Egretta garzetta),* en griego, *leukerṓidios*[12].

Más oscuro es el juego etimológico en torno al nombre de Erodio, con el que Autónoo nombra a su hijo –dice Antonino– «porque la tierra le había abandonado». Es posible que el verbo *erṓéō,* que significa «rechazar», «abandonar [en sus esperanzas]», se refiera a la decepción que Autónoo sentía hacia su tierra estéril y ayuna de

---

[8] Aristóteles, *HA.* 609 b 21; cfr. Pausanias. 10. 29; Plinio. *HN* 10. 164.
[9] Aristóteles, *HA.* 617 a 5-7; cfr. *Schol. B. Il.* 10. 274.
[10] Eliano, *NA.* 5. 36.
[11] En griego, *pellós.* Ésta es, seguramente, la denominada *Ardea cinerea.*
[12] Cfr. Aristóteles, *HA.* 609 b 21 y 593 b 3.

frutos (sobre el sentido del pasaje, cfr. *infra*). Pero, además, la raíz del verbo *erṓéō* puede relacionarse con el sustantivo *hélos,* «pantano», «laguna», «marisma», y, a la vez, con *erōidiós,* el nombre genérico de la garza en que es convertido, ave que tiene su hábitat en estos parajes estériles[13]. En esta leyenda, poblada de garzas, se halla implícitamente presente una característica de un tipo de garza, la llamada «bueyera» *(Ardea bubulcus)* que se alimenta de insectos atraídos por el ganado, por lo que acompaña a las vacas y a los caballos en los prados[14]. Esta característica está en consonancia con el personaje de Erodio, quien, según Antonino, gustaba de acompañar a los caballos a pastar.

El nombre de Anto también tiene un significado bivalente: es el nombre de la «flor silvestre», pero también el de un ave que habita en las marismas, ave que puede ser tanto un tipo de garza –quizá la «bueyera» o «boyera»–, como un pájaro de pequeño tamaño, el llamado «aguzanieves» o «lavandera boyera» *(Motacilla flava)*[15]. Ya sea una ciconiforme, ya sea una paseriforme, hay un dato referido al *ánthos* que se ajusta a la leyenda: su enemistad con los caballos. Aristóteles[16] dice que «el caballo lo echa del pastizal, pues esa ave se nutre de hierbas [...]; imita el relincho del caballo y volando sobre él lo espanta y lo echa de su sitio; pero el caballo lo persigue y cuando lo coge lo mata; el citado aguzanieves habita cerca de los ríos y lagunas»[17]. La misma información encontramos en Eliano[18]: «Aborrece [...] la garcilla bueyera *(ánthos)* al caballo». Y también «La garza bueyera remeda el relincho del caballo»[19]. Igualmente leemos en Plinio[20]: *Equorum quoque hinnitus anthus [...] imitatur.* Estas coincidencias hacen suponer con verosimilitud una tradición mitológica común a Beo, Aristóteles, Eliano y otros. La leyenda de *Anto* podría tener su origen en este tema popular que se refleja en las obras de *Historia Natural:* la legendaria enemistad entre el «anto» y los caballos[21].

---

[13] Cfr. Aristóteles, *HA.* 593 b.
[14] Cfr. Thompson (1936) 103 s.
[15] Cfr. Thompson, *s. v.*
[16] Aristóteles, *HA.* 609 b 14-19.
[17] Así traduce J. Pallí (1992).
[18] Eliano, *NA.* 5. 48.
[19] *Ibid.,* 6. 19. Así traduce Díaz-Regañón (1984).
[20] Plinio, *HN.* 10. 116.
[21] Cfr. Forbes Irving (1992) 225.

Hipodamía, «la que doma a los caballos», es vencida, catastróficamente, por ellos. En recuerdo de su lucha queda convertida en un ave que tiene su hábitat en terrenos pedregosos. Se trata de una variedad de la familia *Alaudida,* quizá la llamada «cogujada» *(Galerida cristata),* parecida a una alondra pero con una larga cresta de forma cónica muy visible, recuerdo, según la leyenda, de su lucha, aunque hay otras fábulas etiológicas sobre la cresta[22].

El *ákanthos* es tanto una planta espinosa, el «acanto» *(Acanthus mollis)* como un ave que, según Eliano[23] toma su nombre de la planta. Se trata, sin duda, de un fringílido, quizá el «jilguero» *(Carduelis carduelis),* quizá el «lugano» *(Carduelis spinus)*[24]. Es enemigo del asno, porque vive de cardos y éste los ramonea cuando están tiernos[25].

El nombre de Acantílide es, en la leyenda, el diminutivo de Acántide. Éste, el *akanthís,* es el nombre del «cardo borriquero»[26]. Su diminutivo –*akanthyllís*– corresponde a la denominación de un ave, el «mito» *(Aigithalus caudatus),* un pequeño pájaro que vive entre cardos y espinos[27].

En cuanto a Esqueneo, su nombre, *schoineús,* derivado de *schoînos,* «junco», presenta dificultades de identificación similares a las del *ánthos.* Aristóteles[28] se refiere, bajo la forma *schoinílos,* a un ave zancuda que habita en las orillas de lagunas y ríos, probablemente el «avefría» *(Vanellus vanellus);* nidifica en el suelo, en campo abierto, por lo que sus nidos quedan expuestos a la devastación del ganado. También se refiere[29], bajo la forma *schoiníon,* a un ave de pequeño tamaño –quizá el «escribano palustre» *(Emberiza schoeniclus)*–, ave que frecuenta zonas húmedas como pantanos, cañaverales, marismas y carrizales.

Además de la enemistad entre volátiles y equinos, hay constancia de la relación amor-odio establecida entre algunas aves de la

---

[22] Cfr. Esopo, *ap.* Aristófanes, *Av.* 471-475; Eliano, *NA.* 16. 5.
[23] Eliano, *NA.* 10. 32.
[24] Cfr. Aristóteles, *HA* 592 b 30.
[25] Cfr. Aristóteles, *loc. cit.* 610 a 5.
[26] Cfr. *DGE. s. v.*
[27] Cfr. Aristóteles, *HA.* 593 a 13; 616 a 5; Plinio, *NH.* 10. 96.
[28] Aristóteles, *HA.* 593 b 4.
[29] *Ibid.* 610 a 8.

leyenda: la cogujada está en guerra con la garza[30] y con el jilguero[31], pero es amiga del escribano[32]. Enemigos son el aguzanieves y el jilguero[33]. Este tipo de relaciones ha podido contribuir a la formación de la leyenda.

Forbes Irving[34] encuentra en la historia de *Anto* una interpretación simbólica: la leyenda expresaría la oposición entre el mundo de la naturaleza (salvaje) frente al de la cultura (el hogar familiar). La granja en la que habita la familia de Autónoo puede considerarse una figura de mediación: es el hogar familiar y civilizado, pero está situado en un lugar próximo a la naturaleza. Los caballos son animales, y en tal sentido, pertenecen a la naturaleza; pero se trata de animales domesticados, que viven en la granja. La despreocupación de los prados por parte de Autónoo hace que triunfe la parte salvaje de la naturaleza, lo cual queda expresado, por una parte, por el paso de los caballos a este ámbito: Anto es devorado por ellos, precisamente, cuando intenta, impotente, expulsarlos de su prado. (Recordemos en este sentido otras leyendas en las que los equinos devoran a los humanos, como la de Diomedes, rey de Tracia, cuyo carácter salvaje le llevó a criar unas yeguas a las que enseñó a alimentarse de la carne de sus huéspedes. En uno de sus trabajos, Hércules dio muerte a Diomedes entregándolo a sus yeguas, que lo devoraron[35]. En otra leyenda de Antonino Liberal, *Clinis*[36], unos asnos devoran a unos hijos de carácter salvaje y también son convertidos en aves). Desde esta perspectiva, que podemos llamar del triunfo de la naturaleza, puede cobrar sentido el pasaje oscuro antes aludido: Autónoo puso el nombre de Erodio a su hijo «porque la tierra le había abandonado» *(autòn ērṓēsen),* pero también se nos dice que no recibía frutos por el propio abandono de Autónoo, por su descuido o negligencia *(kat' oligōrían ergōn).* La tierra de cultivo acaba siendo anegada por la maleza y en este inhóspito hábitat viven las aves en que son convertidos los personajes. Sus metamorfosis recuerdan así el paso del mundo civilizado al salvaje.

---

[30] Cfr. Aristóteles, *HA.* 609 b 27.
[31] Eliano, *NA.* 4. 5.
[32] Aristóteles, *HA.* 610 a 28.
[33] Cfr. Aristóteles, *HA.* 610 a 6 y Eliano, *NA.* 10. 32.
[34] Forbes Irving (1992) 111.
[35] Cfr. Ruiz de Elvira (1975) 225-226.
[36] De Beo, n.º 20.

LAMIA O SÍBARIS

Nicandro cuenta esta historia en el libro IV de
Las Metamorfosis

1. Junto al pie del Parnaso, mirando frente al sur, cerca de Crisa, hay una montaña que se llama Cirfis[1]; en ella hay, aún hoy, una cueva enorme en la que moraba una fiera grande y portentosa a la que unos llamaban Lamia y otros, Síbaris. **2.** Esta fiera hacía incursiones diarias y arrebataba los rebaños de los campos y a los hombres. Los habitantes de Delfos deliberaban ya sobre la huida del país y consultaban al oráculo hacia qué región se dirigirían, cuando el dios les indicó el modo de liberación de la calamidad: habían de quedarse allí y estar dispuestos a exponer a un joven elegido entre los ciudadanos junto a la cueva. **3.** Éstos actuaron como el dios les dijo. Celebrado un sorteo, la suerte recayó en Alcioneo, hijo de Díomo y Meganira, un joven sin hermanos, de natural bello, tanto de aspecto como de carácter. **4.** Y ya los sacerdotes, tras coronarlo[2], conducían a Alcioneo hacia la cueva de Síbaris, cuando, he aquí que, Euríbato, hijo de Eufemo, del linaje del río Axio[3], joven y noble, se encontró, por obra divina, cuando venía del país de los curetes[4], con Alcioneo, en el momento en

---

[1] El monte Cirfis estaba junto Delfos y Crisa, ciudades de la Fócide.

[2] Alcioneo coronado es presentado como una víctima expiatoria.

[3] El Axio es un río que atraviesa Tracia (Peonia) y Macedonia. En la *Ilíada* (21. 157 s.) aparece personificado.

[4] Es decir, de Etolia. Sobre los Curetes, cfr. Antonino Liberal, 2, n. 4.

que era conducido. **5.** Herido de amor, se informó de la razón por la que marchaban, y se revolvió ante la idea de no defender al joven en la medida de sus posibilidades y consentir que encontrara la muerte miserablemente. **6.** Le quitó entonces a Alcioneo las coronas y se las puso en la cabeza él mismo; después solicitó que le guiaran a él en vez de al joven. Una vez que los sacerdotes lo condujeron a la cueva entró en ella corriendo, y tras arrebatar a Síbaris, la sacó de su guarida a la claridad y la arrojó desde lo alto de las rocas. **7.** Síbaris, despeñándose, pegó con su cabeza cerca de las estribaciones de Crisa, y al estrellarse, desapareció. De aquella piedra brotó una fuente a la que la gente del lugar llama Síbaris[5]. En recuerdo de esta fuente los locrios fundaron en Italia la ciudad de Síbaris[6].

Comentario

Hay una relación clara entre el nombre *Lámia* y el adjetivo *lamyrós* cuyo significado es «profundo», y también «voraz»[7]. Lamia era una especie de monstruo mitológico femenino conocido bajo diversos nombres[8]. Era antropófaga y personificaba a la muerte devastadora[9]. Quizá en su origen se tratara de una figura legendaria marina análoga a Escila (que a veces pasaba por ser su madre), el monstruo que en su cueva atraía y engullía a los marineros, y semejante a las sirenas y a las harpías, seres híbridos con forma de mujer

---

[5] Fuente situada cerca de la Lócride y la Fócide, en la Grecia central, sobre el golfo de Corinto.

[6] La homonimia entre la fuente cercana al monte Parnaso y la ciudad y el río de Italia despiertan en Antonino (o Nicandro) una curiosidad etiológica. Síbaris, no obstante, era una colonia aquea, no locria.

[7] Cfr. Chantraine (1933) 231; Hild, en Daremberg (1877), *s. v. Lámia*, p. 908, afirma que el nombre de Lamia está en relación, precisamente, con la idea de «abismo devorador». Recordemos que la palabra *laimós*, de la misma raíz, significa «garganta», «gaznate».

[8] Por ejemplo, Empusa, Gorgo, Gelo, Mormolice, Mormo, Carco, Aco, Alfito y Strinx (cfr. Fontenrose [1959] 116-119). A veces se identifica con Gérana o Énoe (sobre estos dos nombres, véase la leyenda 16 de Antonino Liberal y comentario).

[9] Cfr. Delcourt (1966) 140.

y animal. Sobre su origen se cuenta una historia de metamorfosis:
Lamia era una muchacha de la casa real de Libia de la que Zeus se
había enamorado; el dios acabó uniéndose a ella. Hera, entonces,
por celos, hizo que devorara a sus hijos, o bien que éstos murieran
al nacer. Lamia entonces se ocultó en una cueva y allí acabó convertida en un monstruo ávido de sangre que, privada del sueño, envi-
diaba a las madres, a las que robaba a sus hijos para devorarlos. Su
imagen monstruosa y fantasmal pasó, en la superstición popular, a
cumplir la función del Coco que asusta a los niños[10]. Se llamaban
lamias, asimismo, a los genios femeninos que sorbían la sangre de
los jóvenes. También se ha relacionado el nombre de Lamia con el
latino *Lemures*[11], que, en la religión romana, eran los fantasmas de
los muertos con poder para retornar al mundo de los vivos y ejercer
sobre éstos su influencia maléfica. Eran conjurados en las fiestas llamadas *Lemuria*.

La versión de la leyenda de *Lamia* en Antonino Liberal se
encuadraba dentro de los llamados «mitos de combate» (de un dios
o un héroe contra un monstruo[12]). Guarda una estrecha relación
–pasaje a pasaje– con la del héroe *Eutimo*: en la ciudad cercana a
Locros llamada Témesa, situada en la Lucania, al sur de Italia, un
héroe (el espíritu de un extranjero, antiguo compañero de Ulises,
que había sido lapidado por los habitantes de la ciudad como venganza por la violación que había cometido contra una muchacha)
requería, para ser aplacado, el sacrificio anual de la doncella más
hermosa del lugar. Eutimo (cuyo nombre quiere decir «valiente») de
Locros, un atleta vencedor en el pugilato, cuando se enteró de que
la muchacha iba a ser sacrificada, por amor y compasión hacia ella,
eliminó al espíritu maligno arrojándolo al mar, en cuyas aguas desapareció. Así devolvió la paz a la comarca. Después se casó con la
doncella, y tras una larga vida, en vez de morir, un día desapareció
misteriosamente[13]. Según Erwin Rhode[14], en la época en que se

[10] Cfr. Eitrem, art. *Sybaris*, *RE* 4 A (1931) 1002; Hild, en Daremberg, *ibid.*
[11] Cfr. Chantraine, *op. cit.,* p. 98.
[12] Cfr. Fontenrose, *op. cit.,* pp. 44 y 102 s; Vian (1963) 94-106.
[13] Cfr. Pausanias, 6. 6. 4-11; Zenobio, 3. 175; Estrabón, 6. 1. 5; Eliano, *VH.*
8. 18; Calímaco, fr. 98-99. Véase también Cordiano (1998) 177-183. Sobre la
desaparición como preludio de una inmortalización, Pease (1942) 12 ss.
[14] Rhode (1894) 97-99.

crean este tipo de leyendas, los dioses parecen hallarse ya lejos de
la vida de los hombres. Pero los espíritus de los héroes (es decir, los
de los hombres muertos *convertidos* en seres con vida eterna y
poder) estaban aún cerca de las creencias de los vivos, y su influencia –benigna o maligna– seguía actuando sobre ellos, como nos
revelan las creencias populares[15]. Los protagonistas de estas leyendas,
al vencer a estos espíritus malignos, acaban con frecuencia convertidos en espíritus tras su muerte, y, como premio a sus obras, elevados
ellos mismos al rango de héroes. De esta manera –concluye Rhode–,
«en los cuentos y mitos del pueblo, nacidos de los acontecimientos de
su propio presente, fue formándose el elemento sobrenatural sin cuya
intervención ni la vida ni la historia tienen ningún encanto, ninguna
importancia para la mentalidad ingenua y candorosa»[16].

La historia de *Lamia* guarda también semejanzas con la de *Aspalis*, también de Nicandro[17]. En este tipo de leyendas, el agua desempeña un papel importante: cuando Lamia desaparece, en su lugar
brota una fuente; el cuerpo del monstruo perseguidor de Aspalis
–Tártaro– es arrojado a un río que recibe por ello su nombre. También el héroe de Témesa desaparece en el mar. Se ha considerado el
elemento acuático como el lugar de proscripción de los genios del mal.
Arrojarlos al agua supone la consideración de este elemento como un
medio purificador, y el hecho de que allí acaben refleja una necesidad
que opera más allá de la misma muerte, considerada en sí misma insu-
ficiente si no va acompañada de esta forma de desaparición[18].

---

[15] Gelo, por ejemplo, era el «fantasma» de una mujer de la isla de Les-
bos que murió joven. Se decía que volvía del más allá para robar a los niños.
Cfr. *SUDA, s. v. Gelloûs paidophilotéras;* Hesiquio, *s. v. Gelló*; Escolio a
Teócrito, 15. 40.

[16] Rhode, *op. cit.,* p. 97.

[17] En Antonino Liberal, 13.

[18] Cfr. Papathomopoulos (1968) 102, n. 14. Véase también la leyenda de
Dirce, convertida en la fuente que lleva su nombre (en Apolodoro, 3. 5. 5).

9

EMÁTIDES

Nicandro cuenta esta historia en el libro IV de
Las Metamorfosis

1. Zeus se unió con Mnemósine[1] en Pieria[2] y engendró a las Musas. En este tiempo reinaba en Ematia[3] Píero, un autóctono[4], que tuvo nueve hijas. Éstas formaron un coro para competir con las Musas y tuvo lugar un certamen de canto en el Helicón[5]. **2.** Entonces, cada vez que se ponían a cantar las hijas de Píero, todo se oscurecía y no se prestaba ninguna atención al coro; sin embargo, al son de las Musas permanecían quietos cielos y astros, mar y ríos, y el Helicón, embelesado, creció lleno de placer hacia el cielo[6] hasta que, por orden de Posidón[7], Pegaso[8] lo paró golpeando la

---

[1] Mnemosine es una Titánide. Su nombre significa «Memoria».

[2] Región de Tracia, al NO de Tesalia y SO de Macedonia, donde se encuentra el monte Olimpo.

[3] O Emacia, región central de Macedonia y su antiguo nombre, por Emato, hijo de Macedón y hermano de Píero, epónimo éste de la Pieria. A veces se confunden la Ematia y la Pieria.

[4] Sobre la «autoctonía», véase Antonino Liberal, 6. 1 y comentario.

[5] Monte de Beocia.

[6] Este hecho expresa tal vez una personificación del monte (que crecería por el elogio de las Musas; cfr. Papathomopoulos [1968] 88, n. 11) o, tal vez, se trata de una exageración helenística sobre la simpatía de los elementos de la naturaleza, o de una reliquia de una primitiva visión animista; cfr. Forbes Irving (1992) 31.

[7] Posidón es el dios principal del Helicón (cfr. *Il.* 20. 404) y patrón de Beocia y sus juegos hípicos. El dios tenía un carácter ctónico y ello se manifiesta en sus relación con los caballos (cfr. Lavoie [1970] 5-17).

[8] Pegaso es un caballo alado nacido de la Tierra y de la sangre de

cima con su pezuña[9]; **3.** Y así, por haber provocado ellas, unas mortales, una disputa con las diosas, las musas cambiaron sus formas y las convirtieron en nueve aves. Aún hoy son llamadas entre los hombres colimbo, torcecuellos, *kenchrís*[10]*,* arrendajo, verderón, jilguero, ánade, pico y *drakontís*[11].

Comentario

Hesíodo, en los primeros versos de la *Teogonía*, habla de las «Musas Heliconíades» («habitantes del monte Helicón»); sin embargo, en el primer verso de *Los trabajos y los días,* invoca a las «Musas de Pieria», y en otro verso[12] aplica a éstas el epíteto *Piérides* con el fin de dar cuenta de su pertenencia a este lugar. La leyenda de *Las Emátides* (o *Piérides*) parece tener su punto de partida en el intento de explicación de la pertenencia de las Musas a estos dos lugares distintos[13]. En su creación ha podido desempeñar un papel importante la confusión del epíteto *Piérides* con un patronímico que designaría a las «Hijas de Píero»[14], posibilitando así la existencia de un doble de las Musas, las hijas de Píero[15]. Así, es posible asociar, como hace Antonino Liberal,

---

Medusa, o de Posidón y Medusa. Su nombre se relaciona con *pégē*, «fuente» y, en efecto, en su leyenda intervienen distintos manantiales.

[9] Según Ovidio (*Met.* 5. 256-263) y otros, de este golpe surgió la fuente Hipocrene («Fuente del caballo») de la que habla Hesíodo (*Th.* V. 6). Sobre una fuente surgida de un golpe de Heracles, cfr. Antonino Liberal, 4. 1.

[10] Ave no identificada.

[11] El *drakontís* es un ave desconocida.

[12] En *Escudo*, v. 206; cfr. *Teogonía*, v. 53.

[13] Cfr. Forbes Irving (1992) 238-239.

[14] El sufijo –*is,* gen. *-idos,* suministra derivados femeninos (cfr. Chantraine [1933] 335-348). Su función es indicar «origen» (así, *Piérides,* significaría «procedentes de Pieria»); pero la indicación de un «origen» está próxima a la idea de «relación» propia de los patronímicos (ej. *Chryseís,* «hija de Crises»). Es así como pudo entenderse *Piérides* como «hijas de Píero». Epicarmo, cómico del siglo v a.C, ya considera a Píero padre de las Musas (*CAF,* fr. 41). Sobre una lectura parecida en Antonino Liberal (con respecto al nombre Átrace), véase comentario a la leyenda 17.

[15] Pausanias (9. 29. 4), en un intento racionalista, dice que el rey Píero tuvo nueve hijas que tomaron el nombre de las Musas; los hijos de éstas –añade– son, en realidad, hijos de las Piérides.

cada grupo a un lugar: Zeus –dice– engendró *(egénnēsen)* a las Musas en Pieria (donde la tradición establece su nacimiento), y en este mismo lugar, nacieron *(egénonto)* las nueve hijas de Píero, suplantadoras de las diosas. Después, estas muchachas, llamadas Emátides, acudieron al monte Helicón (la morada tradicional de las Musas) para enfrentarse a ellas. Hay, a partir de Ovidio, un tercer valor del epíteto *Piérides* aplicado a las Musas para designar a las «vencedoras de las hijas de Píero», sobrenombre que adoptaron las Musas a partir de su victoria. Aunque conocemos historias de Nicandro que presentan asociados al culto de un dios epítetos de personajes que en tiempos pasados fueron sus enemigos o rivales suyos[16], éste, sin embargo, no parece ser el caso de las *Emátides,* pues no hay constancia de una existencia de éstas anterior al mito que las presenta como rivales de las diosas[17].

Es muy probable que Antonino Liberal nos ofrezca en esta leyenda un relato abreviado de Nicandro: no dice expresamente, por ejemplo, que del golpe de la pezuña de Pegaso nació la *Fuente Hipocrene,* y es difícil suponer que Nicandro haya pasado por alto un *aítion* local. El hecho de que Ovidio tampoco hable de ello en su relato de las *Piérides*, sino un poco antes[18], puede explicarse, sin embargo, por su interés en enlazar, a modo de bisagra, con la leyenda de *Perseo,* en la que interviene el caballo alado[19].

Ovidio[20], que trata en *Las Metamorfosis* la rivalidad entre las Musas y las Piérides, aplica la técnica de la «vuelta atrás» para insertar historias de metamorfosis dentro de historias de metamorfosis, y conseguir, mediante este encadenamiento, una mayor intensidad del relato: Las Piérides –cuenta– cantaron en el concurso la *Tifonomaquia* y las distintas metamorfosis de los dioses para huir de Tifón[21]. Las Musas, por su parte, cantaron las metamorfosis de Cíane, las hijas de Aqueloo, Aretusa, Linco y Ascálabo[22].

---

[16] Cfr. la leyenda de *Perifante*, en Antonino Liberal, 6.

[17] Cfr. Forbes Irving, *loc. cit.* Este valor del epíteto lo adoptan, especialmente, autores latinos.

[18] Ovidio, *Met.* 5. 256-263.

[19] Cfr. Papathomopoulos (1969) 89, n. 15.

[20] Ovidio, *Met.* 5. 294-317 y 663-678.

[21] Tema de la leyenda 28 de Antonino liberal, de Nicandro (libro IV).

[22] Esta última la encontramos también en Antonino Liberal, 24, de Nicandro (libro IV).

El castigo que se opera a través de la metamorfosis se debe a la
insolencia *(hýbris)* que las hijas de Píero cometieron al rivalizar en el
concurso con las Musas (Antonino Liberal) o a los insultos que contra ellas profirieron tras su derrota (Ovidio). En cualquier caso, el
castigo por haber rivalizado con las divinidades es un *tópos* común
de la poesía clásica y helenística[23]. También hay diferencia en el tipo
de metamorfosis que reciben las Piérides en las versiones de Nicandro, Antonino y Ovidio: éste unifica la condena moral en una sola
metáfora: la conversión de las malhabladas muchachas en urracas,
que conservan así, en su nueva forma, su charlatanería[24]. Antonino
Liberal, sin embargo, diversifica el castigo de las Emátides en nueve
aves que sólo se enumeran, cuyo rasgo común parece ser el tipo de
sonidos que emiten, considerados un remedo torpe de la voz humana,
su conducta ruidosa o su aspecto más o menos ridículos.

El *kolymbás* o *kolymbís,* del denominativo *kolymbáō,* «saltar en
el agua», es un ave palmípeda que habita en ríos y lagunas, algún
tipo de «colimbo».

El «torcecuellos» *(íynx torquilla)* pertenece al orden de las pici-
formes. Eliano[25] habla de su habilidad para imitar sonidos, que recuerdan una flauta travesera; emite pequeños chillidos agudos con su lengua, parecida a las de las serpientes, con las que también puede
compararse por tener un cuerpo de extrema agilidad[26]. El *íynx* es, sin
duda, un ave seductora, por su voz y sus movimientos. Puede además
–como el eco– imitar voces. Un epigrama atribuido a Luciano[27] llama
al torcecuellos precisamente así, «la imagen sonora de todo tipo de
voces». Sobre el *íynx* hay otro mito de metamorfosis que cuenta cómo
Íynx, la hija de Peithó (la Persuasión) o de la ninfa Eco, hechizó a Zeus
para que se uniera con ella. La metamorfosis de castigo que opera Hera
contra Íynx en venganza por el intento de seducción de su marido presenta dos formas: o bien la transforma en un ave del mismo nombre, o

[23] Cfr. Píndaro, *O.* 2. 86 ss.; véase también la leyenda de *Aedón,* en Antonino Liberal 11, de Beo o la del sátiro *Marsias.* El motivo del concurso de las
Piérides habría sido inventado en época helenística (cfr. Forbes, *loc. cit.*).

[24] *Garrulitas studium inmane loquendi* (v. 678).

[25] Eliano, *NA.* 6. 19.

[26] Píndaro, *P.* 4. 214; Aristóteles, *HA.* 504 a 12-19; *P.A.* 4. 12, 695 a 24;
Nicandro, *Th.* 400. Véase también Thompson (1936) 124-128.

[27] Número, 29. 3, Jacobitz.

bien, en una piedra muda e inmóvil[28]. El nombre de *íynx* es también el de un instrumento al que se le atribuían virtudes de atracción amorosa. M. Detienne[29] ha estudiado el ave, el instrumento y el personaje mítico dentro de un estudio general sobre la seducción.

Mayores dificultades de identificación presenta el *kenchrís,* nombre tal vez derivado de *kénchros,* «mijo», viniendo a ser un pájaro «comedor de mijo» (lat. *Miliarius).* Thompson[30] lo identifica con el «escribano hortelano» *(Emberiza hortulana).* También podría tratarse del «triguero» *(Miliaria calandra),* pájaro de canto breve y chirriante.

El *kíssa* o *kítta,* cuyo primer componente es onomatopéyico, puede ser el «arrendajo» *(Garrulus glandarius).* Según Eliano[31] se trata de un pájaro muy hábil en la imitación de sonidos, pero sobre todo de la voz humana. También dice de él que es muy parlanchín *(lalísteros).* Aristóteles habla de la diversidad de su voz: «En efecto, se puede decir que cada día emite un sonido diferente»[32]. Puede identificarse también con la «urraca».

El *chlorís* es el llamado «verderón»[33] *(Carduelis choris).* Se trata de un pajarillo de color verde oliva dotado con una voz llamada «de vuelo» a veces con notas trinantes.

El *akalanthís* es el jilguero *(Carduelis carduelis)*[34].

El *nêssa* es el ánade (lat. *Anas),* nombre relacionado con la raíz *na,* «nadar». Era de frecuente aparición entre los cómicos[35].

El *pipó* es una especie de «pico» *(Picus major* o *minor)* pájaro que se caracteriza por el ruido característico que hace al golpear con su pico las maderas[36].

Por último, el *drakontís* es una especie de ave fabulosa desconocida[37]. Nicandro[38] habla de «palomas dracontíadas».

---

[28] Cfr. Calímaco, fr. 685, Pfeiffer; *Suidas* y Focio, *s. v. Íynx.*

[29] M. Detienne (1972) 186 ss.

[30] Thompson *op. cit., s. v.*

[31] Eliano, *NA.* 6. 19.

[32] Aristóteles, *HA* 615 b 19; cfr. *Antología Palatina,* 9. 280 y 7. 191.

[33] Cfr. Aristóteles, *HA.* 615 b 32 ; 616 a 4; Eliano, *NA.* 3.30; 4. 47.

[34] Según *DGE, s. v.;* cfr. Aristófanes, *Av.* 872.

[35] Cfr. Aristóteles, *HA.* 593 b 16; Eliano, *NA.* 5. 33.

[36] Cfr. Aristóteles, *HA.* 593 a 4-10; 614 b 10; Eliano, *NA.* 1. 45. Aparece en otra leyenda de Antonino Liberal, 14. 3, *Múnico,* atribuida a Beo.

[37] Cfr. Thompson, *op. cit.,* p. 91.

[38] *Ap.* Ateneo, 9. 395 C = fr. 73, Schneider.

10

LAS MINÍADES

Nicandro cuenta esta historia en el libro IV de
Las Metamorfosis *y también Corina*[1]

1. Leucipe, Arsipe y Alcátoe fueron hijas de Minias[2], el hijo de Orcómeno[3], y resultaron desmesuradamente aficionadas al trabajo. Hacían reiterados reproches a las demás mujeres porque abandonaban la ciudad y celebraban los cultos báquicos en los montes[4], hasta que Dioniso, tras tomar la figura de una muchacha, les aconsejó que no dejaran de cumplir el culto o los misterios del dios. **2.** Pero ellas no hacían caso. En vista de esto, Dioniso, irritado, en lugar de muchacha se convirtió sucesivamente en toro, león y pantera, y de los pies del telar brotaron en su honor néctar y leche. **3.** Tras estos prodigios, el miedo sobrecogió a las muchachas, y acto seguido, después de echar las suertes en un vaso, lo agitaron las tres[5]. El destino recayó en Leucipe, quien prometió ofre-

---

[1] Poetisa de la ciudad beocia de Tanagra. Se cree que vivió *ca.* v a.C.; cfr. Antonino Liberal, 25 y comentario.

[2] Epónimo de los minias, nombre que se les daba a los habitantes de la ciudad beocia de Orcómeno en época homérica.

[3] Fundador de la ciudad del mismo nombre.

[4] Rituales en honor del dios Dioniso. Las mujeres que participaban en ellos, las llamadas *Báchai,* huían enloquecidas a los montes para rendir culto al dios; cfr. las *Bacantes* de Eurípides *(passim);* en Ovidio (*Met.* 3. 702 s.) se especifica el monte Citerón.

[5] La revelación del destino por medio del sorteo *(sortiaria)* está ya atestiguada en Homero (*Il.* 3. 316; 23. 816, etc.); cfr. Antonino Liberal, 8, 3.

cer una víctima al dios, y después despedazó, con la ayuda
de sus hermanas, a su propio hijo Hípaso. **4.** Abandonaron
entonces la casa de su padre y se convirtieron en bacantes en
los montes[6]; pacían yedra, enredadera y laurel, hasta que
Hermes las tocó con su bastón y las transformó en aves. De
ellas surgieron el murciélago, la lechuza y el búho. Las tres
huyen de la claridad del sol.

Comentario

A pesar de la cita de Corina[7] del escoliasta de Antonino Liberal,
se entiende que la fuente principal de la historia de las *Miníades* es
Nicandro.

Dioniso es un dios que cambia de forma. Sus metamorfosis pueden servir para huir[8], pero más frecuentemente son la manifestación
de su inmenso poder, especialmente ante aquellos que lo niegan. En
las *Bacantes* de Eurípides[9] el dios es invocado para que se manifieste bajo la forma de una tríada de animales: toro, serpiente y león.
Tal vez este hecho manifieste una huella de la tradición órfica que
presenta al dios como *triphyḗs,* «dotado de una triple naturaleza»[10].
En uno de los *Himnos homéricos a Dioniso* encontramos al dios en
forma de toro, «lanzando estrepitosos mugidos»[11]. Esta misma
forma adopta ante Penteo, en *Las Bacantes*[12]. En muchas representaciones artísticas podemos encontrar además a Dioniso montado en
una pantera, animal que pertenece al ciclo báquico (el dios tuvo una
pantera como nodriza). La metamorfosis de Dioniso en león la
encontramos en otro *Himno*[13]: cuando el dios es raptado por unos
piratas tirrenos bajo la figura majestuosa de un joven varón, se con-

---

[6] Se trata de la *oreibasía* o abandono de los hogares para rendir culto a
Dioniso en las montañas.

[7] *PMG,* fr. 665.

[8] Cfr. Antonino Liberal, 28. 3.

[9] *Bacantes*, vv. 1017 s.

[10] Cfr. Papathomopoulos (1968) 91, n. 12.

[11] *Himno* I, fr. 3.

[12] Eurípides, *Ba.*, vv. 920 s. Cfr. Grégoire (1949) I, 401-405.

[13] *Himno* VII, vv. 44 s.

vierte ante las temerosas miradas de sus raptores en un león, y a su vez, ejecuta las metamorfosis de sus enemigos –como en la leyenda de Antonino– en medio de asombrosos prodigios:

> «Pero bien pronto se mostraron ante sus ojos sucesos prodigiosos. Lo primero, por la rauda nave negra comenzó a borbollar un oloroso vino dulce de beber y emanaba un aroma de ambrosía. De los marineros todos hizo presa el estupor cuando lo vieron.
>
> En seguida, por lo más alto de la vela comenzó a crecer una viña de parte a parte y de ella pendían numerosos racimos. En torno al mástil se enredaba, negra, una hiedra cuajada de flores. Lleno de encanto brotaba sobre ella el fruto. Todos los escálamos tenían guirnaldas. Ellos, al verlo, exhortaban ya entonces al timonel a que acercara la nave a tierra.
>
> Pero el dios se les transformó en un león [...] dirigiéndoles torvas, terribles miradas. [...] Mas de repente el león, de un salto, hizo presa en el capitán. Los demás, cuando lo vieron, para librarse de su funesto destino, saltaron todos a la vez por la borda, hacia la mar divina, y se tornaron en delfines»[14].

Encontramos la leyenda de las *Miniades* también en Eliano[15], Plutarco[16] y Ovidio[17]. Las tres versiones tienen en común el hecho de presentar a tres hermanas tejiendo en casa mientras el resto de las mujeres recorren la ciudad como bacantes. Según Eliano, el motivo de la rehúsa al dios de estas mujeres[18] es la búsqueda de maridos; pero, de manera contradictoria con esta motivación, despedazan al hijo de la última y se unen a las bacantes en el monte. Ovidio, en su tratamiento, ofrece una adaptación muy libre en la que, mediante el recurso del encadenamiento de historias contadas por las Miniades[19], retrasa el clímax de la leyenda, su conversión en murciélagos

---

[14] *Himno* VII, vv. 34-54; trad. Bernabé (1978).
[15] Eliano, *VH.* 3. 42.
[16] Plutarco, *QG.* 38.
[17] Ovidio, *Met.* 4. 32-42; 389-415.
[18] Arsipe, Alcítoe y Leucipe son sus nombres.
[19] Ofrece los nombres de Leucone y Alcítoe, pero omite el tercero.

(vespertilones) dentro de la casa, por obra del propio Dioniso[20]. La acción se sitúa en Beocia. Omite el despedazamiento de la criatura (quizá por haber hablado poco antes del despedazamiento de Penteo). En el relato de Eliano, además de hiedras y pámpanos, surgen serpientes que rodean los taburetes de los telares, mientras el techo destila leche y miel. En Ovidio aparecen sonidos, olores, luces y fuegos misteriosos. Todos estos elementos realzan la presencia de Dioniso[21].

Plutarco menciona el delito de las Miniades, pero no la motivación ni la metamorfosis de las tres mujeres[22], que, enajenadas, tuvieron deseo de carne humana. Hace de la leyenda el *aítion* de un rito de la ciudad beocia de Orcómeno, en que las mujeres, consideradas descendientes de Minias, expiaban las faltas de las hijas de éste en la fiesta llamada *Agrionia*. En ella, las mujeres, llamadas *oleîai* u *oloaí* (e.e. «criminales», de *óllymi*, «matar», «destruir»), una vez al año, eran perseguidas por un sacerdote de Dioniso, que, espada en mano, estaba capacitado para matar a aquellas a quienes capturara[23]. Sus maridos no tomaban parte activa en la fiesta, pero el nombre que recibían, *psolóeis* («cubiertos de hollín», «enlutados»), manifiesta una inequívoca señal de duelo. El nombre de *Agrionia* alude al carácter salvaje del ritual por derivación del epíteto de Dionisos *agriõnios* («cruel», «salvaje»)[24].

Dioniso, dios de la locura teléstica (e.e., ritual, que no nace de enfermedad humana, sino de una transposición divina que hace salir al hombre de su estado habitual)[25] inflige a veces a los hombres la locura como castigo divino. La leyenda de las *Miniades* se inserta, dentro del ciclo báquico, en el motivo de la resistencia al dios, y de la locura y posterior castigo de los incrédulos. A este tipo de leyendas pertenecen las de *Penteo, Licurgo, Las Prétides* o *Butes*[26]. Con-

---

[20] Ovidio, *Met.* 4. 389-415.
[21] Cfr. Userer (1902) 177-195; Wyss (1914) 39-50. Sobre la hiedra, Kerényi (1994) 57-60.
[22] Del mismo nombre que las de la versión de Eliano.
[23] Plutarco refiere el caso de Zoilo, quien dio muerte, en sus días, a una mujer.
[24] Cfr. Eitrem, art. *Minýades, RE* 15 (1932) 2012 ss.; Jeanmaire (1951) 64-72; 202 ss.
[25] Cfr. Platón, *Fedro*, 265 s.
[26] Cfr. Guthrie (1946-7) 14-15; Kerenyi (1994) 99-136.

secuencia del no reconocimiento del dios podía resultar el despedazamiento *(diasparagmós)* de una víctima humana por parte del ena-
jenado, con frecuencia el hijo único del detractor. Este hecho podría
explicar el ritual de la *Agrionia:* en épocas antiguas se ejecutaría y
despedazaría a un hombre o a un niño para sacrificarlo a Dioniso
Agrionio, rememorando así el mito de Dioniso despedazado por los
Titanes y simbolizando así la muerte aparente de la naturaleza en
invierno; después se sustituirían las víctimas por un rito simbólico
donde estaría ya fuera de lugar la muerte real, lo que explicaría el carácter excepcional de ésta en el relato de Plutarco[27]. Se ha intentado explicar la leyenda a partir de este despedazamiento, y también como *aítion*
de un ritual de fuga y persecución en las montañas, la *oribasía*[28].

Forbes Irving[29] busca otra vía de interpretación de la leyenda: el
culto a «Dioniso liberador» *(Eleuthérios, Lýsios)* exige una liberación y una transgresión del orden, de las ocupaciones cotidianas y
de sus servidumbres. La liberación que ofrece el culto a Dioniso ha
de superar así la oposición esencial entre el cerrado mundo del
orden doméstico asignado a las mujeres (y simbolizado en la actividad de tejer) y la vida libre de la naturaleza salvaje; entre la casa
oscura y el luminoso espacio abierto. Por ello, como castigo a su
renuncia, el amor de estas mujeres al hogar queda transferido,
mediante la metamorfosis, a unas aves frecuentadoras de las casas y
la oscuridad, hasta cierto punto ajenas al mundo de la naturaleza. Su
odio a las luces se torna en amor a las sombras. La común fotofobia
de estas tres aves adquiere de esta manera un valor dramático que
recuerda la *hýbris* de las mujeres. Puede considerarse también el
símbolo de algo más importante: la privación de la luminosidad que
habita –según la religión dionisiaca– en la condición tenebrosa de
los hombres.

El *býxa*, una especie de búho, aparece en compañía de la lechuza
en la leyenda *Meropis,* de Beo, en Antonino liberal, 15. 4[30].

---

[27] Cfr. Saglio, en Daremberg (1877) *s. v. Agrionia.*
[28] Cfr. Dodds (1951) 251 ss.
[29] Forbes Irving (1992) 253.
[30] Sobre el modo de vida del murciélago y la lechuza, véase Aristóteles,
HA. 488 a 25. Sobre el carácter ominoso de estas aves, véase el comentario
a la leyenda 15 de Antonino Liberal.

11

AEDÓN

Beo cuenta esta historia en la Ornithogonía

1. Pandáreo habitaba en tierra de Éfeso[1], allí donde se encuentra el pico escarpado que hay ahora junto a la ciudad. Deméter le concedió como don no tener nunca pesado el estómago, a pesar de los alimentos que comiera, fuera cual fuera la cantidad que hubiera ingerido[2]. **2.** Pandáreo tenía una hija, Aedón. La tomó por esposa Politecno el carpintero, que habitaba en Colofón[3], en Lidia, y durante mucho tiempo ambos gozaron de su convivencia. Tuvieron un único hijo, Itis. **3.** Mientras honraban a los dioses, eran felices; pero cuando dejaron escapar una afirmación sin razón, a saber: que ellos se amaban más que Zeus y Hera, ésta reprobó tales palabras y les envió a la Discordia[4], quien puso disensión en sus trabajos. Como a Politecno le faltaba ya poco para acabar de construir un asiento de carro y a Aedón para acabar de tejer un tela, se habían puesto de acuerdo en que, quien acabara más pronto la tarea, habría de obtener una sirvienta pro-

---

[1] En Antonino Liberal, 36. 2, 3. aparece otro personaje llamado Pandáreo relacionado con una localidad de Asia Menor. Puede tratarse del mismo.

[2] Comer mucho se consideraba una señal de superioridad o un don divino. Deméter actúa en su condición de dispensadora de todo alimento, como diosa de la Tierra nutricia.

[3] Ciudad de la región de Lidia, en el Sur del Asia Menor.

[4] Eris, la Discordia, es madre de Neikos, el Odio; cfr. Antonino Liberal, 2. 3; 9. 3; 31. 4.

porcionada por el otro. **4.** Aedón acabó su tejido antes –Hera la ayudaba–, y Politecno, agraviado por la victoria de Aedón, fue a casa de Pandáreo y simuló que le había envíado Aedón para llevarse a su hermana Quelidón. Pandáreo, sin sospechar nada malo, se la entregó para que se la llevara. **5.** Politecno tomó a la muchacha y la violó en el bosque; la vistió con otra ropa, le cortó los cabellos y la amenazó con la muerte si alguna vez contaba a Aedón algo de esto. **6.** Politecno llegó a su casa y entregó a Aedón, según lo convenido, a su propia hermana como si fuera una sirvienta. Aedón la destrozaba a trabajos, hasta que un día la pequeña Quelidón[5] se puso a gemir incesantemente junto a la fuente a la que llevaba un cántaro de agua. Aedón escuchó su lamento. Las hermanas se reconocieron, se abrazaron y se pusieron a deliberar una venganza contra Politecno. **7.** Despedazaron al hijo de Aedón, y tras poner los trozos en un caldero, los cocieron. Aedón mandó a un vecino suyo decir a Politecno que se diera un banquete con la carne; mientras, ella se marchó con su hermana a casa de su padre Pandáreo, a quien reveló la clase de desgracia que habían sufrido. Politecno, cuando supo que había comido la carne de su hijo, fue en persecución de ambas hasta la casa de su padre. Los criados de Pandáreo lo prendieron y ataron con una cuerda de la que no se podía librar, porque había ultrajado la casa de Pandáreo, y tras untarle el cuerpo con miel, lo arrojaron a los majadales. **8.** Las moscas, posadas en Politecno, le infligían un suplicio. En tanto, Aedón, compadecida en razón de su antiguo amor, apartaba las moscas de Politecno. Cuando su padre y su hermano se enteraron, la aborrecieron e intentaron matarla. **9.** Pero Zeus, antes de que recayera en la casa de Pandáreo una desgracia aún mayor, se compadeció y los convirtió a todos en aves. Unas volaron hasta el mar, otras hacia el cielo. Así, Pandáreo se convirtió en águila marina y la madre de Aedón en alción; al punto quisieron arrojarse hacia el mar[6], pero Zeus lo impidió.

---

[5] En griego aparece el nombre Quelidónide, diminutivo de Quelidón; cfr. Antonino Liberal, 7. 7, Acantílide.

[6] Cfr. Antonino Liberal, 12. 8 (y comentario) y 40. 4.

10. Estas aves aparecen indicando un buen presagio a los que navegan. Politecno, tras cambiar su forma, se convirtió en pájaro carpintero, porque Hefesto le había dado un hacha cuando era carpintero. Y este pájaro es de buen agüero para los que tienen este oficio. El hermano de Aedón se convirtió en abubilla, ave de buen presagio tanto para los navegantes como para los caminantes, sobre todo cuando aparece en compañía del águila marina o del alción. **11.** En cuanto a Aedón y Quelidón[7], la primera llora junto a los ríos y espesuras a su hijo Itis, mientras que la pequeña Quelidón llegó a ser convecina de los hombres, por voluntad de Ártemis, porque obligada a perder su virginidad no dejaba de invocar a la diosa.

Comentario

La referencia más antigua de la leyenda de *Aedón* se remonta a Homero[8] y se centra en el tema del parricidio de Aedón, hija de Pandáreo y esposa de Zeto, cometido en la persona de su hijo Itilo de un modo inconsciente, por equivocación. Esta circunstancia acerca la leyenda al género del cuento popular[9]. Zeus convierte a Aedón en un ruiseñor de canto armonioso.

La leyenda de *Aedón* se halla cruzada, en numerosas versiones, con la de las hijas de Pandión, *Procne* (o *Progne*) y *Filomela*. En esta versión, la llamada megaroática, el parricidio se ejecuta como venganza por la violación (o adulterio) del marido de Procne-Aedón en la persona de Filomela. Esta versión es también muy antigua, y común a otros lugares de la cuenca mediterránea[10], con diversos elementos folclóricos según las distintas tradiciones locales[11]. Aparece ya, en sus rasgos esenciales, en Hesíodo[12], y en la tragedia de Sófocles *Tereo*[13] adquiere la modelación más o menos definitiva de sus

[7] Fueron convertidas en ruiseñor y golondrina, respectivamente; véase comentario.

[8] *Odisea*, 19. 518 s; cfr. Eustacio *ad hoc;* Ferécides, *FGH.* 3 F 124.

[9] Cfr. Ruiz de Elvira (1975) 363.

[10] Cfr. Cazzaniga (1950-1951).

[11] Cfr. Mihailov (1955) 194-195.

[12] Hesíodo, *Trabajos y días*, 568; cfr. fr. 312 M-W.

[13] *TGF*, Frs. 581-595.

elementos esenciales: la boda de Procne con Tereo, rey de Tracia; la violación y la mutilación; la delación o el reconocimiento; la venganza y la metamorfosis. Un desarrollo plenamente literario lo encontramos en Ovidio[14]. La tradición mitográfica de la leyenda de *Aedón* es extensísima[15].

Aunque con algunas variantes de detalle, la leyenda de Beo, en Antonino Liberal, guarda puntos comunes con la de *Procne y Filomela:* en ambas, los personajes principales tienen un hijo único, Itis (o Itilo); en ambas el marido emprende un viaje que acaba en una violación, hecho que desencadena los acontecimientos posteriores; es común a ambas la venganza de las hermanas, que tras su crimen huyen y son metamorfoseadas. Pero en la versión de Beo pueden apreciarse algunos elementos nuevos de tipo novelesco que nos recuerdan los *Cuentos milesios*[16]. Para Cazzaniga[17], son los siguientes: la felicidad del amor conyugal que dura mientras los esposos honran a los dioses y que acaba tras un acto de soberbia: la pretensión de ser superiores a la divinidad. Otros motivos novelescos son: el *aprosdokéton* o «engaño inesperado»; la conversión de Quelidón en esclava; la revelación del delito y el reconocimiento en la fuente; la intervención de un vecino en la acción; el castigo de Politecno, consistente en el suplicio de las moscas; la reconciliación de los esposos; el intento de venganza del padre y la intervención del hermano de Aedón.

Se ha sugerido que la leyenda de *Aedón* tiene su origen en la creencia popular de que el ruiseñor llora por sus hijos perdidos, y es, en efecto, en el trino luctuosos de las aves donde hay que buscar el origen de la leyenda[18]. Hay un fragmento de Píndaro[19] que relaciona las tres aves que aparecen en la historia bajo una característica común, la tristeza de sus cantos: «Los alciones sobre las olas, las golondrinas en los tejados [...] y bajo los árboles el ruiseñor». Según Eustacio[20] el contraste entre el melodioso gorjeo del ruiseñor y el

---

[14] Ovidio, *Met.* 6. 424-674.
[15] Cfr. Ruiz de Elvira, *op. cit.,* pp. 359-363; Zaganiaris (1973) 208-232; Zapata (1987) 223-233; Forbes Irving (1992) 248-249.
[16] Cfr. Papathomopoulos (1968) 95-96, n. 24.
[17] Cazzaniga, *op. cit.* I, p. 79 s.
[18] Cfr. Young (1950-1951) 181-184.
[19] Píndaro, fr. 62. 34, *ap. Schol. A.R.* 1. 1086.
[20] Eustacio, *ad. Od.* 19. 518.

desentonado y entrecortado trino de la golondrina estaría en el origen de la leyenda. Pero es más verosímil que se encuentre en la onomatopeya que sugiere el nombre de Itis, al que parece invocar tanto el canto de la golondrina como el del ruiseñor[21]. La revivificación de las quejas y gemidos de Aedón por su hijo Itis en las melodías del ruiseñor (en griego, *aēdón,* de *aédō,* «cantar») se encuentra ya en Homero[22]. A esta ave compara el poeta a Penélope a la hora de expresar el tono de sus cuitas nocturnas por la ausencia de Ulises. El color rojo de parte de las plumas de la golondrina es además susceptible de evocar la sangre, hecho éste que ha podido favorecer también el desarrollo de la leyenda al recordar la sangre vertida en el parricidio como un elemento añadido al canto teñido de melancolía. En la leyenda de Beo-Antonino los nombres del ruiseñor y de la golondrina se presentan, metonímicamente, como la metamorfosis de Aedón y Quelidón, los nombres de las dos hermanas, y al tiempo, la denominación de las aves.

El interés de la leyenda, sin embargo, no se agota en su carácter etiológico. Según Forbes Irving[23], la historia de *Aedón* hace patente un juego de oposiciones entre distintos seres humanos y sus relaciones. Opone, en primer lugar, el mundo del marido y su dominio frente al de la esposa y la familia de ésta (la muerte del hijo a manos de su madre es una venganza que se sustenta en la creencia de que el hijo pertenece al padre, en tanto que la venganza del suegro contra su yerno supone que el crimen cometido contra su hija es, en primer lugar, un crimen contra él y su casa). La violación de la hermana de Aedón por parte de Politecno rompe el equilibrio entre los dos ámbitos y confunde sus relaciones. Las aves en que son convertidos los personajes de la leyenda delimitan y subrayan los dos contornos: Politecno y Aedón, así como Quelidón, que ha sido arrastrada violentamente al ámbito del marido, quedan convertidas en aves terrestres; Pandáreo y su esposa vienen a ser aves acuáticas, así como también el hijo de éstos, porque, aunque convertido en abubilla, gusta de frecuentar, como dice expresamente la leyenda, la compañía de éstas.

Las metamorfosis en aves hacen patente también la oposición establecida entre el orden familiar y civilizado del hogar matrimo-

[21] Cfr. Thompson (1936) 17-18.
[22] *Odisea,* 19. 518.
[23] Forbes Irving (1992) 99-107.

nial (el nombre de Politecno significa «que domina muchas técnicas artesanales»; su esposa es experta en el manejo del telar, labor civilizada por excelencia) frente al mundo de lo salvaje. La ruptura de este mundo se produce también por la violación de Quelidón, que rompe el equilibrio matrimonial. Consecuencia de ello es la metamorfosis de estos personajes en aves que simbolizan, en su nueva vida, lo contrario de aquello que representaban en la humana: La golondrina ronda junto a los aleros de las casas, cuyos hogares parece querer reconstruir y habitar. Por el contrario, aquellos que representaban el mundo civilizado del hogar acaban convertidos en seres de conducta y hábitat salvajes: el ruiseñor vive en montes y lugares agrestes, donde hace su nido, y también el «pájaro carpintero». Éste es el llamado *pelekâs* (del verbo *pelekaô*, «cortar», «hendir con el hacha») así llamado por el parecido de su pico con un hacha, que recuerda la profesión de Politecno. Pero es en la versión megaro-ática donde se aprecia mejor la metáfora de la animalidad salvaje de Tereo. Éste, convertido en abubilla *(Upupa epops)* habita en rocas elevadas o lugares solitarios; su carácter antisocial le lleva a fabricar su nido con excrementos para alejar a los hombres, y es legendario su aborrecimiento por el sexo femenino. Por lo demás, el penacho de su cabeza también recuerda un hacha, aquella con la que quiso dar muerte a Procne y Filomela tras el parricidio de su hijo[24].

Una de las aves acuáticas de la leyenda es el «águila marina» *(Pandion haliaetus)* rapaz de gran tamaño que vive en acantilados y que se alimenta de peces; según Plinio[25] goza de una extraordinaria agudeza visual. El «alción» es un pájaro fluvial y marino, más conocido como «martín pescador» *(Alcedo attis)*. De su canto luctuoso (se suponía que la hembra, cuando quedaba separada del macho emitía un sonido de queja) habla ya Homero[26]: Cleopatra, esposa de Meleagro, era llamada Alcíona por sus padres, por los gemidos que emitía su madre cuando el dios Apolo la raptó. Está asociada a otra leyenda de metamorfosis, *Alcione y Ceix*[27].

---

[24] Cfr. Sófocles, fr. 581; Aristóteles, *HA.* 559 a 8; 616 a 35; Eliano, *NA.* 3. 26.

[25] Plinio, *HN.* 10.8.

[26] *Ilíada*, 9. 563.

[27] Cfr. Ovidio, *Met.* 11. 410-491.

12

CICNO[1]

Nicandro cuenta esta historia en el libro III de
Las Metamorfosis *y Areo de Laconia en el poema* Cicno

1. De Apolo y Tiria, la hija de Anfínomo[2], nació un hijo, Cicno. Éste era de aspecto distinguido, aunque de carácter desagradable y áspero; era extraordinariamente aficionado a la caza. Habitaba en el campo, a mitad de camino entre Pleurón y Calidón[3]. Muchos fueron quienes se enamoraron de él a causa de su belleza. **2.** Cicno, no obstante, llevado por su orgullo, no aceptaba a ninguno de ellos. Muy pronto fue odiado y abandonado por sus enamorados; sólo Filio permaneció a su lado, pero también con éste se insolentó de un modo poco comedido. Pues bien, en aquel tiempo apareció un caso muy notable: un león que en Etolia causaba estragos entre los habitantes y los rebaños. **3.** Cicno, entonces, ordenó a Filio que lo matara sin espada. Filio se lo prometió y se deshizo de él mediante la siguiente treta: Sabedor de la hora en que iba a acercarse el león, llenó su estómago de gran cantidad de alimentos y de vino y, una vez que la fiera se aproximó, Filio vomitó la comida. **4.** El león, por hambre, comió este alimento y se amodorró por efecto del vino[4];

---

[1] Cicno, en griego, significa «cisne».
[2] Anfínomo es un nombre acarnanio o etolio; cfr. Antonino Liberal, 37. 3.
[3] Pleurón y Calidón son dos ciudades de Etolia; cfr. Antonino Liberal, 2 y comentario.
[4] Los antiguos pensaban, tradicionalmente, que los animales no podían soportar el vino.

entonces, Filio, enrollando en su brazo el vestido que llevaba obstruyó la boca del león; después lo mató, y tras montarlo sobre sus hombros, se volvió al lado de Cicno y fue renombrado entre la multitud por tan extraordinaria hazaña. **5.** Cicno, sin embargo, le impuso otra prueba aún más insólita: había en esa tierra –cosa admirable– unos buitres, ejemplares extraordinarios, que mataban a muchos hombres. Cicno le ordenó que los capturara vivos y que se los trajera valiéndose de cualquier maña. **6.** Filio se hallaba en un gran apuro ante esta prueba, mas, he aquí que, por obra de la divinidad, un águila que había apresado una liebre[5] la arrojó medio muerta desde el cielo a sus pies en vez de llevarla a su nido. Filio desgarró la liebre, y tras embadurnarse él mismo con la sangre del animal, se quedó tumbado a la espera sobre la tierra. Las aves, entonces, se precipitaron sobre él como si se tratara de un cadáver, y Filio agarró a dos buitres por la parte más baja de las patas, los retuvo y se los llevó a Cicno. **7.** Éste, sin embargo, le ordenó una tercera prueba todavía más difícil: le mandó traer con sus manos un toro de unas manadas hasta el altar de Zeus. Filio no sabía qué estratagema utilizaría para este encargo; por ello, le pidió a Heracles que le socorriese. Y ante esta súplica, aparecieron dos toros encelados entre ellos por una vaca que, a fuerza de cornearse mutuamente, acabaron cayendo a tierra. Y Filio, cuando ya estaban abatidos, sujetó a uno por la pata y lo llevó hasta el altar. Pero, por voluntad de Heracles ∗∗∗[6] que no obedecería más los mandatos del joven. **8.** Entonces, a Cicno, despreciado para sorpresa suya, le sobrevino una idea funesta, pues, descorazonado, se arrojó al lago llamado Canope[7] y desapareció. Ante su muerte, también Tiria, su madre, se lanzó al mismo lago que su hijo, y, por voluntad de Apolo, ambos se convirtieron en aves en el agua. **9.** Después de que ellos desaparecieran, el lago cambió de nombre, y vino a ser *El lago de los Cisnes*. En tiempo

---

[5] Sobre el águila hostil a la liebre, cfr. Esquilo (*A.* 119) y Ovidio (*Met.* 6. 516 s.).

[6] Laguna textual.

[7] En Etolia, tal vez el moderno estanque de Angelocastro, cerca de la antigua ciudad de Canope.

de labranza muchos cisnes hacen allí su aparición. Cerca se encuentra la tumba de Filio.

Comentario

Antonino Liberal es la única fuente griega de esta leyenda, pues del poema *Cicno* de Areo de Laconia[8] sólo contamos con la noticia del escolio. Ovidio ofrece un breve relato de la leyenda[9] que contiene leves variantes en el desarrollo y una mayor atención al *aítion* final: Cicno se convierte en cisne en el curso de su caída haciendo así famosa a la Tempe[10] que lleva su nombre; su madre, de nombre Hirie, a fuerza de llorar se licúa y forma un lago que conserva su propio nombre. De ello podemos deducir que Ovidio se ha valido del poema de Areo, o bien, que sigue a Nicandro de manera más fiel que Antonino, especialmente en el final etiológico. La metonomasia del lago Hirie, cercano a la ciudad de Canope, la encontramos también en un testimonio independiente, en Estrabón[11].

Según Forbes Irving[12], en la leyenda se combinan el motivo popular del «amante duro de corazón», acorde con el gusto helenístico[13] (encarnado en el prototipo del «joven cazador rebelde al amor»[14]) y el del «perseguidor del amor que ha de arrostrar múltiples penalidades». Heracles se vislumbra como el prototipo del héroe que ha de superar las pruebas, trasunto del cual es el personaje de Filió. Las pruebas a que ha de someterse éste nos recuerdan los trabajos de Heracles bajo el mandato del rey Euristeo[15]. Se hallan incluso resonancias de dos de sus trabajos, «el estrangulamiento del león de Nemea» y el 'traslado del toro de Creta a Micenas». Encontramos

---

[8] Knaack, *RE* 2 (1896) 2861, identifica a Areo con Arío, poeta desconocido, que también habría tratado leyendas etolias.

[9] Ovidio, *Met.* 7. 371-381.

[10] La Tempe de Cicno es el valle del río Peneo, que corre por Tesalia entre los montes Olimpo y Osa.

[11] Estrabón, 10. 2. 22.

[12] Forbes Irving (1992) 257.

[13] Cfr. la leyenda de *Arceofonte,* en Antonino Liberal, 39.

[14] El personaje de Hipólito, de la tragedia de Eurípides del mismo nombre, sería su modelo (cfr. Gallini [1963] 78).

[15] Cfr. Nilsson (1932) 212.

además otros elementos tradicionales: las pruebas, en número de tres, de creciente dificultad[16] y la caza de animales salvajes (reflejo, sin duda, del deseo que sienten los héroes en épocas muy remotas por este tipo de actividad, un rito quizá impuesto a los efebos en ciertas fiestas[17]).

Especialmente interesante resulta el trabajo de la captura de los buitres. M. Detienne[18] ha prestado su atención a este pasaje, que incluye dentro de los llamados «mitos de caza-recolección». En tales mitos suele expresarse una mediación. En efecto, dentro del juego de categorías y oposiciones que actúan en las historias maravillosas, expresan la mediación entre opuestos tales como «el mundo de lo alto» frente al «mundo de abajo» o el cielo y la tierra. En ellos, un ave de las alturas (águila y/o buitre) y la carne cruda se revelan como las figuras mediadoras. Detienne aduce como ejemplo paralelo de la caza de Fileo el de la caza de águilas por parte del pueblo del norte de América conocido como Hidatsa: «El cazador del águila se esconde en una fosa, mientras el ave es atraída por un cebo colocado encima. Cuando se aproxima para cogerlo, el cazador la atrapa con sus manos limpias»[19]. Por los métodos que se utilizan en la caza, los protagonistas se revelan como anticazadores: se trata de cazadores astutos e ingeniosos desarmados en el mundo inferior frente a aves armadas de las alturas. En ellos, una caza primaria condiciona una caza secundaria; la primera es sangrienta, la segunda incruenta. No se captura además a los animales vivos para comerlos, sino para utilizarlos como adorno o regalo. El cazador captura a la presa haciendo a la vez el papel de cebo; en el caso de los Hidatsa yaciendo en el suelo como una víctima; en el de Fileo, fingiendo una metamorfosis, de un modo parecido al que Menelao utiliza escondido entre las focas[20]. La originalidad del mito de Fileo viene dada, no obstante, por el desdoblamiento que ofrece del ave de las altu-

---

[16] Cfr. Papathomopoulos (1968) 99, n. 11.

[17] Este motivo lo encontramos, por ejemplo, en la leyenda de «Teseo y el toro de Maratón», en la que el joven héroe ateniense lucha contra un toro que asolaba la ciudad del Ática. Según algunas versiones se trataba del toro que Heracles había traído desde Creta. Cfr. Plutarco, *Teseo*, 14. 1. Sobre este motivo, véase Papathomopoulos, *op. cit.*, pp. 99-100, n. 14.

[18] Detienne (1972).

[19] Cfr. Detienne, *op. cit.*, p. 78.

[20] Cfr. *Odisea*, 4. 349 ss.

ras, el elemento intermediario: por una parte es un águila que se comporta como un depredador: hiere a una liebre (aunque no la mata), pero también actúa como un carroñero al renunciar a llevarse la presa a su nido; por otra parte es un carroñero que actúa atraído por lo que cree carne muerta, pero sabemos que guarda características de rapaz: se nos dice que habían matado a algunos hombres (la línea divisoria entre depredador y carroñero no estaba claramente delimitada en la consideración de algunas aves en la antigüedad)[21]. En la leyenda, el águila mata a medias a una liebre, pero es Fileo quien remata la caza primaria. Acto seguido, lo destroza y se mancha de sangre convirtiéndose así en presa. El engaño de Fileo consiste en cambiar al viviente-muerto (así dice Antonino expresamente de la liebre, *hēmithnḗs*, «medio muerta») por un muerto-*(nekrós)*-viviente (Fileo) que atrae al ave carroñera, lográndose así que el ave que se cree cazadora sea cazada.

El motivo de arrojarse al mar como consecuencia de una frustración amorosa se encuentra también en las leyendas de *Hero*, *Safo*, etc. Se ha visto en estas historias de ahogados el reflejo mítico de un rito iniciático de inmersión, que ha sido interpretado de distintas maneras: como un rito de inmortalización, de purificación por medio del aire y del agua, de iniciación, o incluso, una ordalía[22].

El cisne es una ave asociada a Apolo: en el momento de nacer el dios, una bandada de cisnes dio siete vueltas alrededor de su isla natal, Delos. Fueron también los cisnes quienes condujeron al dios al país de los Hiperbóreos, en el extremo septentrional. Numerosos poetas han señalado los rasgos apolíneos que evoca el cisne, especialmente la belleza y armonía de su canto. Siempre ha existido una relación entre el ave y el dios Apolo, comparable a la que podemos apreciar en la India con Brahma[23]. Así, en el *Himno homérico a Apolo*[24], el canto del cisne y el movimiento de alas que lo acompaña son comparados a la forminge de un aedo que entona una melodía

---

[21] Véanse los comentarios a las leyendas de *Egipio* y *Perifante*, leyendas 5 y 6 de Antonino Liberal, donde puede verse cómo el «buitre» y el «quebrantahuesos» cruzan la divisoria entre «carroñero» y «depredador».

[22] Cfr. Papathomopoulos, *op. cit.*, p. 162, n. 11 y bibliografía. Véanse también las leyendas de *Aedón* y de *Britomartis*, ambas en Antonino Liberal, 11. 9 y 40. 4, respectivamente.

[23] Cfr. Thompson (1936) 184.

[24] *Himno XXI*, vv. 1-4.

en honor del dios. Eliano[25] habla de bandadas de cisnes que cantan al unísono para rendir culto a Apolo. Puede suponerse que esta relación explica el papel del dios en la leyenda.

Gastón Bachelard, en su libro *El agua y los sueños,* ofrece una interpretación metafórica del cisne. Según el filósofo francés, en la imagen de esta ave se reconoce su hermafroditismo: «El cisne es femenino en la contemplación de las aguas luminosas; es masculino en la acción»[26], pero también es masculino por su largo cuello, de carácter fálico, y femenino por su cuerpo blanco, redondeado y sedoso. El adjetivo «hermafrodita» nos remite a la figura mitológica del hijo de Afrodita y Hermes, Hermafrodito[27], con quien Cicno guarda algunos elementos parecidos. Hermafrodito era un joven de gran belleza, a quien la ninfa Sálmacis, que se había enamorado apasionadamente de él, le declaró su amor junto a un hermoso lago de Caria. Pero él la rechazó. Cuando el joven se bañaba en el lago de la ninfa, ésta lo estrechó entre sus brazos y pidió a los dioses que nunca separasen ambos cuerpos: «Una vez que sus miembros se soldaron en apretado abrazo, no son ya dos sino una forma doble, y no podría decirse que es una mujer ni un muchacho; ninguna de las dos cosas y las dos cosas parecen»[28]. Cicno, encerrado en su autosuficiencia, también desprecia los amores ajenos, por lo que desaparece en las aguas y es metamorfoseado en un cisne de aspecto hermafrodita. Pueden compararse también ambas leyendas, en algunos aspectos, con la de Narciso, el hijo de la ninfa Liríope y del río Cefino, el bellísimo joven que despreció a distintos pretendientes: a la ninfa Eco[29], o (en la versión beocia) al joven Aminias. Por este motivo se ahogó al querer abrazar su propia figura, de la que se había enamorado, reflejada en las aguas de un hermoso lago; fue convertido en la flor que lleva su nombre. Estas tres figuras mitológicas rechazan el amor de otros, y sus suertes se suceden en las aguas. Este hecho puede sugerir un simbolismo común a las tres historias: el agua expresaría la sed inapagable e inalcanzable de los amantes[30].

---

[25] Eliano, *NA.* 11. 1.

[26] Bachelard (1942) 62.

[27] Sobre su leyenda, véase Ovidio, *Met.* 4. 271-388.

[28] Ovidio, *loc. cit..* vv. 377-379; trad. Ruiz de Elvira (1964).

[29] Cfr. Ovidio, *Met.* 3.339-510.

[30] Así lo sugiere, para la leyenda de Narciso, J. Carlier, en Bonnefoy (1981) 415.

13

ASPALIS

Nicandro cuenta esta historia en el libro II de
Las Metamorfosis

1. De Zeus y de la ninfa Otreide nació el niño Meliteo. Su madre lo dejó expuesto en el bosque por temor a Hera[1], porque Zeus se había unido amorosamente con la ninfa. El niño no pereció –por voluntad de Zeus– sino que, alimentado por unas abejas, creció. Fagro, hijo de Apolo y de la ninfa Otreide, la que dio a luz a Meliteo, el niño nacido en el bosque, se encontró con él de manera casual mientras apacentaba ganado. **2.** Asombrado por el tamaño del niño, y más aún, ante el hecho de que se hallara a la vista de las abejas, lo recogió y se lo llevó a su casa, donde lo crió con muchos cuidados; le puso por nombre Meliteo, porque fue alimentado por las abejas[2]. Le vino a las mientes entonces el oráculo en el que, una vez, la divinidad le predijo que salvaría a un niño de su misma madre alimentado por unas abejas. **3.** El niño se convirtio en un hombre rápidamente, un varón excelente que gobernó muchos territorios vecinos y fundó, además, una ciudad en Ptía[3], a la que puso por nombre Mélita.

---

[1] Hera es esposa de Zeus.
[2] Etimología popular que hace derivar el nombre de Meliteo de *mélitta,* «abeja». Zeus, el padre de Meliteo, también fue alimentado por las abejas (cfr. Antonino Liberal, 19, 1); Sobre el simbolismo que este hecho encierra, véase el comentario correspondiente.
[3] En la región de Tesalia.

En esta ciudad vivía un tirano violento y soberbio a quien ni siquiera los del país llamaban por su nombre. Los forasteros le llamaban Tártaro[4]. Si se propagaba que alguna virgen destacaba en belleza entre las del lugar, se la llevaba y la forzaba con violencia antes de su boda. **4.** Pues bien, en cierta ocasión, mandó a sus sirvientes que condujeran ante su presencia a Aspalis, la hija de Argeo, uno de los hombres distinguidos. Pero la joven, cuando conoció la amenaza, se ahorcó por voluntad propia antes de que los que habían de llevarla la alcanzaran. Y aún no se había difundido este hecho, cuando el hermano de Aspalis, Astígites, juró que el tirano lo pagaría antes de que el cadáver de su hermana fuera descolgado. **5.** Se vistió rápidamente con las ropas de Aspalis y escondió una espada en el costado izquierdo; y así pasó inadvertido (téngase en cuenta que apenas era un jovencito). Cuando llegó a la casa del tirano, lo mató, porque se encontraba desarmado y sin guardia. **6.** Los habitantes de Mélita ciñeron una corona a Astígites y lo llevaron en procesión en medio de peanes[5]; el cadáver del tirano lo arrojaron a un río que, desde entonces, siguen llamando Tártaro[6]. El cuerpo de Aspalis lo buscaron por todos los lugares para celebrar con solemnidad honras fúnebres, pero no pudieron encontrarlo; había desaparecido por obra divina, aunque en su lugar apareció una estatua junto a la de Ártemis. **7.** Esta estatua se conoce entre los habitantes del país como la de Aspalis, *Amileta, Hecaerga*[7]. Y en ella, cada año, las jóvenes vírgenes cuelgan en su honor una cabrilla que no ha sido aún montada por el macho, porque Aspalis, que también era virgen, se colgó.

---

[4] El Tártaro es la región más profunda que se halla debajo de la Tierra, por debajo del Hades. Era un lugar temido por los propios dioses. El nombre del tirano conlleva por ello una maldición, por referirse a este lugar tenebroso.

[5] El peán es un canto de acción de gracias a los dioses, un canto jubiloso que celebra la liberación de una calamidad.

[6] El moderno Skorisorevna.

[7] Amileta tiene un sentido oscuro; véase el epíteto *Hecaerga,* referido a Ctesila, en Antonino Liberal, 1, 6 y comentario.

Comentario

Antonino Liberal ofrece el único testimonio de esta leyenda, precedida de un largo preámbulo con el que Nicandro, seguramente, engarzaba sus historias de metamorfosis[8]. El esquema esencial en el que se asienta la historia de *Aspalis* es de sobra conocido:«Un monstruo devorador es vencido por un héroe»[9]. En la leyenda de *Aspalis* encontramos el tema racionalizado y llevado a un nivel humano. Encontramos en ella, asimismo, elementos folclóricos, como el motivo del niño que, expuesto al nacer y alimentado por animales, acaba fundando una ciudad[10]. También refleja distintos rituales, como el de la coronación o el del travestismo para el engaño *(apátē),* muy frecuente en los mitos en que un héroe lucha contra un monstruo[11]. El agua del río adonde arrojan los ciudadanos de la ciudad el cadáver del tirano representa en la leyenda el lugar del desvanecimiento y purificación del genio maligno[12].

La leyenda se presenta como el *aítion* de la fiesta llamada *Aióra* en la ciudad tesalia de Mélita. Su nombre recuerda el uso que se hacía en el ritual de columpios (que es lo que significa su nombre) en los que se balanceaban jóvenes muchachas, pero también muñecas, o figurillas con rostro humano (*oscilla* era su nombre entre los romanos, de donde viene el verbo «oscilar»), o bien, como señala la leyenda de Antonino, una cabrilla. Durante el balanceo se solían entonar endechas. El origen de esta ceremonia, extendida a varias ciudades de Grecia, se explica mediante distintos mitos, entre los cuales, la versión ateniense de *Erígone,* la hija de Icario, es la más conocida: Icario recibió de Dioniso la técnica del cultivo de la vid y la obtención del vino, con el que, en cierta ocasión, obsequió a algu-

[8] Cfr. Papathomopoulos (1968) 101, n. 5.

[9] Cfr. la leyenda de *Lamia,* en Antonino Liberal, 8, o la leyenda de *Perseo.*

[10] Tema muy querido por Nicandro; cfr. Antonino Liberal, 30. 1, *Mileto,* o, entre otras, la leyenda de *Rómulo y Remo.* Sobre este motivo en el folclore, véase McCartney (1924).

[11] Compárese con el travestismo de Eutimio de Locros, que toma los vestidos de la muchacha ofrecida al héroe de Temesa a la hora de combatir (cfr. comentario a la leyenda de Antonino Liberal, 8; Pausanias, 6. 6. 2.)

[12] Cfr. la leyenda de *Lamia,* de Nicandro, en Antonino Liberal 8 y comentario.

nos pastores. Estos se embriagaron, y los demás, creyendo que se trataba de un veneno, lo mataron y lo arrojaron a un pozo o bien lo enterraron al pie de un árbol. Erígone, que había echado de menos a su padre, encontró al fin su cadáver con la ayuda de su perra, de nombre Mera, y, desesperada, se ahorcó del mismo árbol. Pero Erígone había pedido a los dioses, antes de morir, que hasta que no fuese vengada la muerte de su padre, las jóvenes atenienses siguiesen su suerte y muriesen por ahorcamiento propio. Al suceder así, se convirtió en una desgracia de grandes proporciones. Un oráculo comunicó a los atenienses que el mal no cesaría hasta que dieran satisfacción a Erígone, y por ello instituyeron la *Aiŏra* o «Fiesta de los Columpios»[13]. En la leyenda de *Aspalis*, en Antonino Liberal, la cabrilla sustituye a la efigie de la diosa Ártemis, con cuyo ciclo legendario se asocia este ritual[14]. Estas historias, sin embargo, parecen haber existido independientemente del rito, que suele ser anterior a las leyendas[15]. Algunos autores han querido ver en la *Aiŏra* un rito expiatorio que sustituye sacrificios cruentos, quizá humanos. El aire sería un elemento purificador[16]. Pero, más seguramente, se trata de un rito agrícola de fecundidad, relacionado con los deseos de obtener un año fértil y una cosecha abundante. El árbol sería el elemento simbólico de la fertilidad y de la vida; la muerte, el preludio de una vida nueva; el balanceo, en fin, atraería, a modo de encantamiento, el agua del cielo hasta la tierra[17].

La leyenda, por lo demás, sigue el modelo nicándreo que presenta la desaparición de un héroe que muere y la aparición en su lugar de un objeto de culto[18].

---

[13] Cfr. Ruiz de Elvira (1975) 474-475.

[14] Cfr. Papathomopoulos (1968) 102-103, n. 20 y comentario a la leyenda de *Biblis*, de Nicandro, en Antonino Liberal, 30.

[15] Cfr. Kirk (1974) 188.

[16] Cfr. Hunziker, en Daremberg (1877) 171-172.

[17] Sobre el ritual ateniense de la *Aiŏra* y su simbolismo, véase Hani (1978) 107-122.

[18] Los mismos elementos se hallan en la leyenda de *Ctesila,* de Nicandro, en Antonino Liberal, 1. Comparte además con esta heroína el epíteto de *Hecaerga.*

14

MÚNICO

Así

1. Múnico, hijo de Driante, fue rey de los Molosos[1]; fue también un buen adivino y un hombre justo. Tuvo hijos de Lelante: Alcandro, mejor adivino que él mismo, Megalétor y Fileo, y una hija, Hipéripe. **2.** Los dioses amaron a estos hijos, todos ellos buenos y justos. En cierta ocasión, unos bandidos irrumpieron en masa de noche en sus campos e intentaron capturarlos. Ellos se dispusieron a disparar desde las torres[2], pues no estaban en iguales condiciones para un combate cuerpo a cuerpo. Los ladrones, entonces, prendieron fuego al refugio. Pero Zeus no permitió que éstos murieran con un final tan triste, debido a su piedad, y los transformó a todos en aves. **3.** Hipéripe, porque se sumergió en el agua en su huida, se convirtió en somormujo. Los demás salieron volando del fuego; Múnico convertido en cernícalo, y Alcandro en reyezuelo; Megalétor y Fileo, porque al huir del fuego por el muro dieron en tierra, vinieron a ser dos avecillas: el

---

[1] Pueblo del Epiro cuyo nombre hace alusión a su rey epónimo Moloso. Era un pueblo semibárbaro, de origen ilirio, habitante del Epiro desde el siglo XIII o XII a.C., donde cruzaron su sangre con la griega.

[2] Torres de piedra en la base y madera en la parte superior construidas para protección de las «razzias» piratas, abundantes en el Egeo. Fueron construidas en los siglos IV y III a.C., especialmente; cfr. Papathomopoulos (1968) 103, n. 7 y 8.

primero de ellos es el *ichneúmōn,* y Fileo es el llamado
«perro»[3]. Su madre fue convertida en un pico que recoge
gusanos. **4.** Con ella andan en guerra el águila y la garza real,
pues rompe los huevos de éstas cuando horada la encina a
picotazos en busca de pequeños insectos. Estas aves viven
juntas en el bosque y sus escondrijos, salvo el somormujo,
que vino a ser ave de mar y lagos.

Comentario

Ovidio, en una una breve referencia a esta leyenda, habla del
«país dodónida, sonoro por su encina, y [de] la bahía caonia
[región del Epiro], donde los hijos del rey Moloso escaparon al
impío incendio gracias a unas alas que les salieron»[4]. En el Epiro,
donde se sitúa la leyenda de *Múnico,* se encontraba la ciudad de
Dodona, y en ella, el lugar sagrado más antiguo y más importante
de la Grecia occidental, un santuario en el que se ejercía un culto
oracular de Zeus. Este *manteîon* dependía de la autoridad de los
Molosos[5]. El dios se hacía oír por medio del susurro de las hojas
de una encina sagrada. Otro procedimiento adivinatorio consistía
en la interpretación del zureo de unas palomas que se posaban en
la encina. Las sacerdotisas intérpretes del sonido que emitían las
palomas recibían precisamente el nombre de éstas *(Peleiádes)*[6].
Según A. B. Cook[7], la leyenda de *Múnico* y su familia pertenecería a un ciclo de leyendas religiosas relacionadas con Zeus. Para
sustentar esta teoría se basa en la leyenda de Antonino Liberal:
Driante, cuyo nombre, derivado de *drŷs,* significa «encina» ejer-
cería el oficio sagrado de la adivinación y de la justicia. Otro tanto
ocurriría con su hijo, el rey Múnico, y los hijos de éste, así como

---

[3] Aves desconocidas.

[4] [...] *uocalemque sua terram Dodonida quercu / Chaoniosque sinus, ubi
nati rege Molosso / inpia subiectis fugere incendia pennis.* (*Met.* 13. 716-
718); trad. Ruiz de Elvira (1964).

[5] Cfr. Estrabón, 7. 7, 11 y Esteban de Bizancio, *s. v. Dodone.*

[6] Cfr. Heródoto (2. 57; cfr. 2. 55-56, donde intenta racionalizar el origen
de esta forma de adivinación). Sobre el culto y el santuario, cfr. Martin y
Metzger (1976) 10-33.

[7] Cook, *CR.* 18 (1904) 81.

la reina, que –recordemos– queda convertida en un pájaro que perfora encinas. Forbes Irving[8] rechaza esta teoría. Piensa que, a lo sumo, se puede sugerir que el favor especial que Zeus dispensa al rey-adivino Múnico y a su familia en la leyenda, así como el nombre de su padre, pueden deberse a su relación con el culto más famoso de los Molosos, en el que desempeñaba un papel importante la encina sagrada de Dodona.

La forma de metamorfosis puede ser el recuerdo de «ritos de bautismo en el fuego inmortalizante, y de zambullida en el agua», mediante los cuales, una vez superada la prueba, los miembros de una familia viven una especie de apoteosis transformados en aves, símbolos del alma[9].

La leyenda de *Múnico* no está atestiguada en Antonino Liberal por ningún tipo de fuente, pero por algunas características puede atribuirse, sin duda, a Beo[10]. Son éstas: la razón de la metamorfosis, que se encuentra en la «teofilia» (o «amor de los dioses» por personajes justos y excelentes.) La transformación, que recae sobre todo un grupo familiar. Por último, Beo, siguiendo su costumbre, nos presenta la descripción detallada de algunas aves cuyas características evocan algunos aspectos de la leyenda:

El nombre *aíthyia* es el de una ave acuática, tal vez el «somormujo»[11]. Esta ave aparece en otra leyenda de metamorfosis: Ovidio[12] narra la historia de *Ésaco*, hijo de Príamo, quien, desesperado por la muerte de su amada, la ninfa Hesperia, se arrojó al mar desde un peñasco; Tetis lo salvó y lo convirtió en esta ave (en latín, *Mergus*, derivado de *mergere,* «zambullirse»). Eliano dice que el movimiento de sus alas es signo de fuertes vientos[13].

El *triórchēs* es un tipo de halcón, el más poderoso –*krátistos*– según Aristóteles[14]; podría entenderse «el rey de los halcones». Quizá se trate del «cernícalo» *(Falco tinnunculus),* si es que no es el

[8] Forbes Irving (1992) 247.
[9] Cfr. Papathomopoulos (1968) 104, n. 11.
[10] Así lo hace Wulff (1892) 116 s. en virtud de las semejanzas que encuentra con los pasajes de Antonino Liberal, 5, 5; 11, 9; 19, 3; 21, 4.
[11] Cfr. Aristóteles, *HA.* 487 a 23; Arato, 296.
[12] *Met.* 11. 750-795.
[13] Eliano, *NA.* 7. 7; cfr. Arato, 918.
[14] Aristóteles, *HA.* 620 a 17.

halcón llamado «gerifalte» *(Falco rusticolus)*, el halcón de mayor tamaño[15].

El *orchílos* es, seguramente, el «reyezuelo» o «abadejo» *(Regulus regulus)*, un pequeño pájaro que recibe este nombre, seguramente, por la coronilla coloreada que luce. En las *Aves* de Aristófanes[16] es comparado jocosamente con Zeus-rey. Arato dice que es signo de lluvia[17].

El *pipó* es un pájaro que aparece en otra leyenda de Antonino Liberal[18]. Aristóteles habla de distintas variedades de «pico», pájaros que cazan insectos que encuentran en los troncos de los árboles en los que golpean con su largo y puntiagudo pico. Algunos –dice– los llaman «perforadores de encinas»[19]. Describe además el «pico *knipológos*» que aparece en la leyenda, es decir, el «recogedor de gusanos»: «No mayor que el jilguero pequeño, su color es ceniciento con pintas; su voz es débil y es también taladrador de troncos»[20].

---

[15] Cfr. Aristóteles, *HA*. 592 b 3.

[16] Aristófanes, *Av*. vv. 568 ss.

[17] Arato, v. 1025.

[18] Las *Emátides*, 9, 3, de autoría nicandrea. Antonino Liberal habla de otros tipos de «pico»: El *pelekâs* (11. 10); el *keleós* (19. 3); el *ípnē* (21. 6).

[19] Aristóteles, *HA* 593 a 5; 614 b 10.

[20] Aristóteles, *HA*. 593 a 8; trad. Pallí (1992). Sobre la enemistad del «pico» y la «garza», cfr. Aristóteles, *HA*, 609 a 30.

MEROPIS

Beo cuenta esta historia en el libro I de la
Ornithogonía

1. Eumelo, hijo de Mérops[1], tuvo unos hijos altivos y soberbios: Bisa, Meropis y Agron. Habitaban en Cos[2], la isla de los méropes[3]. La Tierra[4] les aportaba muchos frutos, porque ésta era la única divinidad a la que honraban, y la trabajaban con cuidadosa dedicación. **2.** Estos hombres no tenían trato con nadie: ni bajaban al poblado, ni a los convites, ni a las fiestas de los dioses; ni siquiera en el caso de que alguien, al preparar sacrificios en honor de Atenea, invitara a las muchachas, pues el hermano declinaba la invitación. No amaba a la diosa de ojos glaucos –decía–, porque sus hermanas tenían los ojos negros, y porque odiaba sobremanera a la lechuza. Si la invitación era en honor de Ártemis, decía que odiaba a la diosa que camina por la noche[5], y si era para hacer libaciones en honor a Hermes[6], afirmaba que él no honraba a un dios ladrón. **3.** Estos hijos, en efecto, injuriaban en muchas

---

[1] Legendario rey de la isla de Cos.

[2] Pequeña isla del Dodecaneso cercana a Rodas.

[3] Nombre que recibían los habitantes de la isla de Cos.

[4] *Gê* tiene el doble sentido de tierra y la diosa Tierra.

[5] Ártemis se confunde aquí con Hécate y Selene, diosas que se pasean en la noche por las calles de la ciudades y encrucijadas; cfr. Papathomopoulos (1968) 105, n. 11.

[6] Hermes es un dios ladrón. Cfr. *H. hom. a Hermes*, IV, 15 y Antonino Liberal, 23. Es también un dios del campo, pastoril (cfr. *infra*).

ocasiones a los dioses. Hermes, Atenea y Ártemis, irritados, se plantaron una noche en su casa; Atenea y Ártemis con el aspecto de muchachas, Hermes con la vestimenta de un pastor. El dios llamó primero a Eumelo y Agron y les invitó cortésmente a participar en un banquete, puesto que ofrecía sacrificios a Hermes –decía– en compañía de otros pastores. Y trató de convencerlos para que enviaran a Bisa y Meropis con muchachas de su misma edad al bosque sagrado de Atenea y Ártemis. **4.** Esto es lo que dijo Hermes. Pero Meropis, en cuanto lo escuchó, se insolentó ante la mención del nombre de Atenea; y la diosa la convirtió en una avecilla, la lechuza. Bisa es el ave de Leucotea[7], y se la designa con el mismo nombre. Agron, cuando se dio cuenta, agarró un venablo y salió corriendo, pero Hermes lo convirtió en chorlito. **5.** Eumelo reprochó al dios que hubiera cambiado la forma de su hijo; entonces, el dios también cambió la forma del padre; lo convirtió en cuervo de noche, mensajero de desgracias.

Comentario

Antonino Liberal da el único testimonio de esta leyenda. Sin embargo, es conocido el nombre del legendario rey Mérops, epónimo de los méropes, los antiguos habitantes de la isla de Cos[8]. Según Esteban de Bizancio[9], Mérops había nacido de la tierra (su familia, nos dice Antonino, eran adoradores de la Tierra). De Mérops se cuenta una leyenda de metamorfosis en ave. Según Higino[10], la esposa de Mérops, de nombre Etemea, nacida del linaje de las ninfas, dejó de honrar a Diana (se atrevió a compararse con ella), por lo que comenzó a sufrir como castigo los flechazos de la diosa. Proserpina la transportó aún viva a los infiernos. Entre tanto,

---

[7] Bisa, en griego, es el «búho». Sobre el «ave de Leucotea», véase comentario.

[8] Cfr. Hesiquio, *s. v. méropes;* Esteban de Bizancio, *s. v. Mérops; Himno homérico a Apolo* (III) 42; *Meropis* (anónimo poema épico), cfr. *SH.* n.º 903 A. Véase también Kruse, *RE.* 15 (1931) *s. v. Merops,* 1065-1067.

[9] Esteban de Bizancio, *s. v. Kos.*

[10] Higino, *De Astronomia,* 2. 16; Eustacio, *ad. Il.,* 24. 278 s.

Mérops, compungido por la pérdida de su esposa, quiso darse muerte, pero Juno se compadeció y lo convirtió en águila para que, bajo esta forma animal, no recordara su desgracia humana; acto seguido lo catasterizó (se trata de la constelación *El águila*). Probablemente, la historia original contaría la transformación de Mérops en un «abejaruco»[11] (su nombre tiene precisamente este significado, y así se conserva en su denominación científica, *Merops apiaster,* ave que, según Antonino Liberal, pone sus huevos bajo la tierra[12]). Es probable también que su nombre originario hubiera sido olvidado y sustituido por el de otra ave más apropiada para un rey: el «águila»[13]. En efecto, en la *Ilíada*[14] se llama al águila «el ave de presa más amada por Zeus», y un escolio a este pasaje[15] explica la historia de *Mérops,* que lamentaba sin cesar la suerte de su esposa hasta que fue transformado en águila por Rea, porque el rey había agasajado en cierta ocasión a la diosa en su casa; desde entonces –dice el escolio– se sienta junto a Zeus. Forbes Irving[16] establece una comparación entre las figuras de Mérops y Perifante[17]. En ambos casos se trata de reyes ancestrales, autóctonos, que acaban convertidos en águilas. El primero como una gracia (pero consecuencia del castigo de su esposa, que había cometido *hýbris* al despreciar a una diosa); el segundo como un castigo (por haber recibido prerrogativas propias de dioses). Según Forbes Irving, ambos mitos ejemplifican la limitación de la ambición humana: se trata de reyes que conviven con los dioses, que incluso pueden recibir culto de los hombres. No sufren una muerte humana. Viven en el cielo, junto a Zeus, ensalzando su poder, pero no experimentan una apoteosis, sino que han perdido su condición humana. No pueden atravesar el abismo que separa a mortales e inmortales. Su metamorfosis es un ejemplo vivo de la enorme diferencia que separa a hombres y dioses.

----

[11] Cfr. Cook (1914-49) II, 1132; Chantraine (1936) I, 121-128.
[12] Véase la leyenda de Beo *Éropo* (en Antonino Liberal, 18. 3); cfr. Aristóteles, *HA.* 559 a 4; 615 b 24; Chantraine (1936) I, 121-128; Thompson (1936) *s. v.*
[13] Forbes Irving (1992) 236.
[14] *Ilíada,* 24. 293.
[15] *Schol. Vict. Ad. Il.* 24. 293.
[16] Forbes Irving (1992) 123.
[17] La leyenda de *Perifante,* de Beo, está en Antonino Liberal, 6; véase comentario.

La leyenda de *Meropis,* en Antonino Liberal, es una combinación de una historia propia de Beo (sin precisión de lugar y situada en un contexto burgués, como el que presentan los escenarios de la Comedia Nueva) pero con referencias míticas que remiten a un linaje regio (los personajes son el hijo y los nietos de Mérops). La leyenda parece gravitar, principalmente, sobre la figura de Meropis, cuyo nombre evoca a los habitantes de Cos[18]. En esta isla se asentaba un conocido culto a Atenea[19]: en este hecho, y en su conversión en lechuza, ave que guarda una estrecha relación con la diosa que la ejecuta, puede hallarse el punto de partida de la leyenda[20]. Por lo demás, la trama sigue un modelo parecido a la leyenda de las *Miniades:* unos mortales que se niegan a rendir culto a los dioses reciben la visita de éstos en su casa, y, tras su reiterado desprecio, acaban sufriendo funestas consecuencias.

La presencia de aves nocturnas o de presa conlleva connotaciones negativas que sirven, tras la metamorfosis, para simbolizar la ruptura del mundo civilizado por parte de personajes soberbios e impíos, y su paso al mundo salvaje. El desprecio a las divinidades de la noche puede explicar la metamorfosis en aves nocturnas; la ofensa a un dios ladrón, su conversión en aves de presa.

La lechuza es el animal sagrado de Atenea, el ave en que una y otra vez se metamorfosea la diosa[21]. El epíteto de la diosa, *glaukôpis,* «de ojos glaucos», es decir, «de ojos de lechuza», remite a un sustrato teriomórfico en que los dioses guardaban, en su forma humana, rasgos animales. Los ojos de la lechuza –dice Eliano[22]– sirven para capturar a sus cazadores, porque la lechuza se vale del hechizo de su mirada. También los ojos de Atenea son «de mirada fija», «brillantes», y por ello, «terribles». En la leyenda, el hijo de Eumelo desprecia a la lechuza; ofende a la diosa y la insulta desacralizando sus «ojos glaucos» a los que considera tan sólo «ojos azules» o «verdes fosforescentes» cuando los opone, en un mismo plano significativo, a los «ojos negros» de sus hermanas. Atenea

[18] Cfr. Sherwin-White (1978) 290-292.
[19] Cfr. Papathomopoulos (1968) 105, n. 8.
[20] Cfr. Forbes Irving (1992) 251-252.
[21] Cfr. Pottier (1908) 251 s.
[22] Eliano, *NA.* 1. 29.

entonces, como Zeus en el caso de Perifante, convierte a Meropis, su rival, en su ave sagrada, para que su poder quede reflejado en sus ojos brillantes, terribles y clarividentes y para que sirva de ejemplo vivo entre los hombres. Esta lechuza *(glaúx)* –señala Antonino– es una variedad pequeña *(orníthion),* quizá el llamado «mochuelo chico» *(Glaucidium passerinum),* la más pequeña de la familia de las *tytonidae.*

Bisa, su hermana, queda convertida en un *býssa.* Se trata del «búho real»[23] *(Bubo bubo),* la más majestuosa de las aves nocturnas. El nombre de esta ave de presa adopta en griego distintas formas *(býssa, býza, býas, býxa);* bajo esta última denominación aparece en otra leyenda de Antonino Liberal, en la historia de las *Miníades*[24], también junto a la lechuza. Tanto en el texto de Antonino como en el índice del manuscrito aparece bajo la forma *býssa.* Aristóteles[25] se refiere al búho real como a un ave de la misma forma que la lechuza, pero de tamaño no menor al águila. Para Ovidio[26] se trata de un ave de mal agüero. Pero Bisa –dice Antonino– se identifica con el ave de Leucotea, el nombre de la «Diosa Blanca». Según la leyenda, se trata de Ino, la hija de Cadmo, convertida por las divinidades marinas en una nereida, en una divinidad que prestaba su ayuda a los marineros y los protegía de las tempestades. En forma de «gaviota» o «pardela»[27] se manifiestó a Ulises para aconsejarle favorablemente[28]. Es extraña la atribución del nombre de «ave de Leucotea» a un búho. La diosa Leucotea, sin embargo, recibía un culto en la isla de Cos[29].

Agron queda convertido en un «chorlito», en griego *charadriós* (de *charádra,* «torrente»), un ave zancuda que habita junto

---

[23] Cfr. Pollard (1977) 169: *Horned Owl.*

[24] Antonino Liberal (10. 4), de Nicandro.

[25] Aristóteles, *HA.* 592 b 9-10, bajo la denominación *býas.*

[26] En las *Metamorfosis,* 5. 550, habla del *ignavus bubo, dirum mortalibus omen;* en 15. 791 dice: *Stygius dedit anima bubo.* Cfr. Thompson (1936) 66-67.

[27] Cfr. las aves de *Diomedes,* en Antonino Liberal, 37 y comentario.

[28] *Odisea,* 5. 337.

[29] Véase la inscripción n.º 37 de Paton-Hicks (1891) que habla «de los sacrificios / a Leucotea». Según Papathomopoulos, *op. cit.,* p. 105, n. 14, *býssa* se ajusta a Leucotea como divinidad ctónica.

a las torrenteras, cavernas y roquedales. Aristóteles dice de ella que es fea de color y de voz y que «se muestra de noche, pero se esconde de día»[30].

El «cuervo de noche» *(nyktikórax)* es, probablemente, el «autillo» *(Otus scops)*. Antonino Liberal lo considera de mal agüero *(kakángelos)*. En la *Antología Palatina* se le llama «mortífero»[31]. Horápolo dice que simboliza la muerte[32]. En Aristóteles[33] lo encontramos en compañía de otras dos aves de la leyenda: «también entre las aves nocturnas –dice– hay algunas de uñas corvas, como ejemplo, el autillo, la lechuza y el búho» *(nyktikórax, glaúx, býas)*.

---

[30] Aristóteles, *HA*. 615 a 1-2.

[31] Nicarco dice jocosamente en la *Antología Palatina* (11. 186): «El autillo entona un canto mortífero: pero cuando canta Demófilo, morimos el autillo y yo mismo»; cfr. Thompson (1966) 209.

[32] Horápolo, II, 25: «Porque aparece de noche ante las crías de las cornejas de súbito, tan de súbito como la muerte llega».

[33] Aristóteles, *HA*. 592 b 9.

16

ÉNOE

Beo cuenta esta historia en el libro II de la
Ornithogonía

1. Entre los hombres llamados pigmeos nació una niña, de nombre Énoe, de aspecto irreprochable, pero de carácter desagradable y soberbio. No tenía consideración alguna ni por Ártemis ni por Hera. **2.** Casada con Nicodamante, un ciudadano comedido y juicioso, dio a luz a un niño, Mopso. Todos los pigmeos, como prueba de amistad, le llevaron muchísimos regalos por el nacimiento de la criatura; pero Hera la inculpó por no honrarla, y la transformó en una grulla; le alargó el cuello y le obligó a ser un ave de vuelo alto; al tiempo, suscitó una guerra entre ella y los pigmeos. **3.** Énoe, presa de la añoranza de su hijo Mopso, sobrevolaba en torno a las casas y no se alejaba de allí; todos los pigmeos la acosaban armados, y por ello, áun hoy, están en guerra grullas y pigmeos.

Comentario

De la legendaria enemistad entre grullas y pigmeos habla ya Homero[1]: al comparar al ejército troyano con el estrépito de las grullas en su migración invernal, recuerda que llevan consigo la muerte funesta al pueblo pigmeo, con el que, desde el aire, mantienen dis-

---

[1] *Ilíada*, 3. 2-7.

puta; pero nada más dice de este pueblo. Etimológicamente, «pigmeo» significa en griego «como un puño», es decir, «muy pequeño»[2]. Según una tradición antigua, los pigmeos estaban asentados en
la India[3]. Sin embargo, Aristóteles[4], hablando de la emigración de las
grullas al África nilótica, hace una breve referencia a esta guerra;
desde entonces las fuentes antiguas localizan al pueblo pigmeo en
esta región. En la Edad Media, y hasta mediados del siglo XIX, se ha
situado este pueblo en muy diferentes lugares, especialmente en
localizaciones de tipo mítico, como la India o distintas regiones del
extremo septentrional. Por lo demás, las leyendas acerca de enanos
que se enfrentan a grandes aves en los confines de la tierra están presente, con gran similitud, en muchos y distintos pueblos[5].

Ateneo[6] cuenta la historia de Gérana, bella mujer pigmea adorada como una diosa por su pueblo: Gérana trató a Ártemis y Hera
sin respeto. Esta última la metamorfoseó –dice– en un ave fea,
viniendo a ser además objeto de odio por parte del pueblo que antes
la amaba. Eliano sigue la misma versión[7]. El nombre que aparece en
ambos autores –Gérana– es metonímico (*géranos* en griego significa «grulla»). Ovidio, que trata brevemente la leyenda, no menciona el nombre de la mujer pigmea, pero, en cambio, subraya su
condición de madre[8]. En este último elemento coincide con Antonino, que hace del personaje del hijo el *aítion* de la guerra que enta-
blan Énoe y los pigmeos. Para Eliano y Ateneo, la soberbia y
engreimiento de la protagonista causan su catástrofe (el carácter
insolente y orgulloso causante de un castigo es un rasgo común
común a otros personajes de Beo). Ovidio, por su parte, habla de
una competición en la que fue vencida, motivo por el cual Juno la
obligó a declarar la guerra a su propio pueblo. De todo ello, Irving

---

[2] Cfr. Wüst, *RE* (1959), art. *Pygmaioi*, 2064-2074.

[3] Eliano (*NA*. 16. 22) se refiere a ellos como «esciratas»; cfr. Megaste-
nes, *ap.* Plinio, *NH*. 7. 2. Este pueblo, según la leyenda, estaba en guerra con
el ave Garuda, quizá una avestruz; cfr. Thompson (1936) 73.

[4] Aristóteles, *HA*. 597 a 5-7.

[5] Cfr. Janni (1978) 129-136.

[6] Ateneo, 393 C.

[7] Eliano, *NA*. 15. 29.

[8] *Altera Pygmaeae fatum miserabile matris / pars habet: hanc Iuno uic-
tam certamine iussit / esse gruem populisque indicere bellum.* (*Met.* 6. 90-93).

Forbes[9] concluye que Ateneo y Eliano han usado una fuente intermedia de la que han simplificado la trama y generalizado el nombre por metonimia. Es Antonino Liberal quien transmite, en este caso, el nombre propio. Este hecho, y el hincapié que hace en el aspecto de la maternidad, acercan más a Antonino a la fuente original. Ello es una prueba a favor de la utilización de primera mano de nuestro autor de las fuentes que se hallan al margen de las leyendas de su colección (y de la autenticidad de éstas). Ovidio también conserva algunos elementos originales, como el de la competición con la diosa, pero se centra especialmente en el aspecto moral. Antonino, en cambio, en el aspecto etiológico.

Fontenrose[10] identifica a Énoe-Gérana con Lamia[11]: Gérana vivía cerca del río Síbaris, en los alrededores de la ciudad homónima italiana, nombre que, según Antonino Liberal[12], recibió en recuerdo de la fuente Síbaris, cercana al Parnaso, donde desapareció el monstruo llamado Lamia.

La «grulla» (Ardea grus), en Grecia, es un ave de paso, contemplada en su viaje al norte en primavera y en su viaje al sur en otoño[13]. El lejano punto de partida y llegada de su migración debió, sin duda, excitar la fantasía de los griegos, y desarrollar el carácter mítico de la grulla a la que se asocian distintas leyendas[14]. Pero tam-

---

[9] Irving Forbes (1992) 22-23.
[10] Fontenrose (1959) 100 ss.
[11] Sobre Lamia, véase comentario a leyenda 8 de Antonino Liberal.
[12] Cfr. Antonino Liberal, 8, 7.
[13] Cfr. Thompson, op. cit., pp. 68-69 y 71-72.
[14] A estas aves atribuyen algunos autores la invención de las letras, por las figuras que forman en el cielo cuando vuelan en bandadas (cfr. Higino, Fab. 277, y otros autores en Thompson, op. cit. 71-72). Una leyenda cuenta que, durante su emigración, cuando duerme la bandada, tres o cuatro centinelas sujetan con una pata una piedra, para que si el sueño afloja sus miembros, al caer la piedra, el ruido las despierte. Según otra leyenda, las grullas tragan una piedra como lastre, que, una vez que la regurgitan, sirve de piedra de toque para el oro (cfr. Eliano, NA. 3. 13; Aristóteles, HA. 597 b 1; Thompson, loc. cit.) La cigüeña, ave con la que Homero a veces confunde la grulla, goza del mismo carácter mítico. Eliano, quien dice que las cigüeñas y las grullas emigran juntas, citando a Alejandro de Mindo, cuenta que, en su vejez, las cigüeñas vuelan a las islas del Océano, en donde se convierten en hombres como premio al amor y cuidado que profesan a sus padres en vida (cfr. NA. 3. 23.)

bién era un ave suficientemente conocida y descrita: su grito estruen-
doso y su vuelo altivo; sus hábitos gregarios, su carácter sociable y
subordinado[15] (características que pueden corresponderse, de manera
inversa, con el *êthos* insolente y asocial de Énoe) hacen a la grulla
apta para ejemplificar un castigo que se renueva, de manera metafóricamente inversa, cada vez que esta gran ave planea sola sobre las
casas, reavivando así el desprecio de sus conciudadanos.

---

[15] Cfr. Aristóteles, *HA*. 488 a 9 y 597 b 30; 488 a 12.

LEUCIPO

Nicandro cuenta esta historia en el libro II de
Las Metamorfosis

1. Galatea, hija de Euritio, el hijo de Espartón, se casó con
Lampro, hijo de Pandíon, en Festo[1], en Creta. Lampro era
hombre de buen linaje, pero carecía de bienes de fortuna. **2.**
Cuando Galatea quedó encinta, Lampro deseó que su hijo
fuera varón, y le dijo a su mujer que, si daba a luz una niña,
se encargaría de que desapareciera. Lampro se marchó, y
mientras apacentaba el rebaño, Galatea tuvo una niña. **3.** Ella
se compadeció de la criatura y se puso a pensar en la soledad
de la casa; vinieron entonces en su ayuda sueños y oráculos
que le aconsejaban que criara a la niña como si fuera un niño;
acabó mintiendo a Lampro, diciéndole que había parido un
niño varón; lo crió como tal y le puso por nombre Leucipo.
4. Pero, cuando la niña creció y se convirtió en una joven de
inefable belleza, Galatea tuvo miedo de Lampro, porque no
era posible ocultar esta situación por más tiempo. Corrió a
refugiarse al templo de Leto y se puso a suplicar muy enca-
recidamente a la diosa si podía concederle el cambio de sexo
de su hija del mismo modo que a Cénide, hija de Átrace,
cuando, por voluntad de Posidón, vino a ser Ceneo el lapita[2].
5. También Tiresias, de hombre que era, se transformó en

---

[1] Ciudad situada en el centro de la costa sur de la isla de Creta.
[2] Los lapitas eran un pueblo semihistórico y semilegendario que habitaba en Tesalia.

mujer, porque al encontrarse con unas serpientes apareadas en una encrucijada las mató; y a su vez, de mujer mudó en hombre, por haber matado de nuevo a una serpiente. Y le ocurrió también repetidas veces a Hipermestra, que comerciaba con su cuerpo para obtener recursos, y que, convertida en hombre, le llevaba medios de vida a su padre Etón. También cambió de forma el cretense Sipretes[3], porque, estando en una cacería, vio a Ártemis mientras se bañaba. **6.** Leto se compadeció de Galatea, que se lamentaba incesantemente y le suplicaba, y cambió el sexo femenino de su hija en el de varón. De esta transformación se acuerdan, aún hoy, los habitantes de Festo, y ofrecen a Leto *Phytíe*[4] sacrificios, pues fue ella la que hizo que le nacieran atributos viriles a la muchacha. Y a la fiesta la llaman *Ekdýsia* porque la joven se despojó del peplo[5]. Y es costumbre en las bodas acostarse antes junto a la estatua de Leucipo.

Comentario

Ovidio[6] cuenta esta misma historia con nombres diferentes: Leucipo se llama Ifis –nombre común a los dos sexos– y Teletusa y Ligdo son los padres; Ifis y la joven Iante se enamoran y llega a concertarse la boda. Cuando la ceremonia es inminente, la madre le pide a la diosa Isis que cambie el sexo de su hija, a lo que ésta accede y todo acaba felizmente. La innovación de la boda –verdadero *leitmotiv* de la historia– parece que hace referencia a un viejo motivo popular conocido (ejemplos paralelos se encuentran en leyendas indias)[7].

Los nombres de los personajes en la leyenda de Antonino Liberal son parlantes: Galatea es «blanca como la leche»; Leucipo, de la raíz *leuk–*, que significa «luz», «esplendor», y Lampro, «brillante»,

---

[3] Sobre estos personajes que cambiaron de sexo, véase comentario.

[4] Etimología relacionada con el verbo *phýō:* «La que engendra, la que cría».

[5] Se hace derivar el nombre de la fiesta del verbo *ekdýō,* «desnudar».

[6] Ovidio, *Met.* 9. 666-797; cfr. Nikitas (1981) 14-28.

[7] Cfr. Forbes Irving (1992) 152.

son nombres que, irónicamente, contrastan con la pobreza de los personajes. Por lo demás, la pobreza es el *aítion* destinado a explicar por qué se esconde la condición sexual del niño[8].

La digresión erudita que se intercala en la leyenda (siguiéndose en ello la moda de los poetas helenísticos[9]) acerca de personajes que cambiaron de sexo ha podido tomarla Antonino de Nicandro o bien de otros poetas.

Ceneo era, antes de su cambio de sexo, Cénide, una muchacha lapita que rechazó las proposiciones de Posidón, que se había enamorado de ella. Le fue concedida la realización de un deseo, y pidió ser *átrētos* (lit. «impenetrable»); según Kirk[10] «impenetrable» ha de considerarse, en primer lugar, en sentido fisiológico (el cambio de sexo era, en tal sentido, el modo más seguro) y de ahí pasó a entenderse como «invulnerable». Por ello sólo pudo morir en la lucha de los lapitas contra los Centauros, cuando éstos sepultaron al guerrero Ceneo bajo ramas de abeto. La mayoría de las fuentes llaman así –Abeto– *(Elato)* al padre de Ceneo; se trata posiblemente de un epíteto de Posidón Hipio. Sólo Antonino Liberal y un escolio a Platón[11] llaman al padre Atrace, si bien Ovidio[12] se refiere a Ceneo también como Atrácida. Es posible que Antonino haya leído en Nicandro *Kaineùs atrakidēs,* «originario de Atrace» (ciudad de Tesalia), y lo haya confundido con un patronímico[13]. Se dice que en el Hades Ceneo recuperó su forma de mujer.

Tiresias[14] era hijo de la ninfa Cariclo y de Everes. Se cuenta que una vez vio dos serpientes apareadas en el monte Cilene; con su bastón mató a la hembra y por ello fue convertido en mujer. Al cabo de siete años mató al macho y recuperó su forma de hombre. Precisamente por haber sido hombre y mujer, en cierta ocasión fue reque-

---

[8] Cfr. Papathomopoulos (1968) 106, n. 3.
[9] Cfr. Antonino Liberal, 1. 2, de Nicandro.
[10] Kirk (1974) 210.
[11] Platón, *Leyes* 12. 944 d.
[12] Ovidio, *Met.* 12. 209.
[13] Cfr. Kakridis (1947) 77-80. Sobre una lectura equívoca semejante, véase la leyenda de las *Emátides,* de Nicandro, en Antonino Liberal, 9 y comentario.
[14] Sobre esta figura mítica, véanse los estudios de García Gual (1975) 107-132 y Brisson (1976).

rido por Zeus y Hera para que decidiera en una disputa acerca de quién, si el hombre o la mujer, gozaba más en el placer amoroso. Tiresias afirmó que si el goce del amor se componía de diez partes, la mujer se quedaba con nueve y el hombre con una sola. Por ello, Hera, encolerizada, le dejó ciego; pero Zeus le concedió el don de la profecía. Según otras versiones, fue Atenea quien lo dejó ciego por haberla visto desnuda mientras se bañaba, pero le obsequió también con el don de la profecía.

Hipermestra (también llamada Mestra o Mnestra), hija de Erisictión (o Etón) y esposa de Autólico, fue amante de Posidón, y de él recibió la facultad casi divina de metamorfosearse en varón y en distintos animales. El padre de Hipermestra cometió un acto de impiedad al mandar cortar una encina sagrada de Deméter que llevaba aparejada la vida de una ninfa. La diosa le castigó haciendo que sufriera un hambre insaciable que hizo que acabara con su hacienda en su vano intento por aplacarla. Hipermestra fue vendida varias veces por su padre para que le procurara recursos, pero ella utilizaba su capacidad de metamorfosis para huir de la casa de sus amos, y en forma de varón o animal, volvía junto a su padre. Etón murió devorándose a sí mismo[15].

El caso de Sipretes nos es conocido únicamente por Antonino Liberal. Incide en el tema de los jóvenes cazadores que son matados, castigados o transformados en mujeres por haber visto bañarse a una diosa o haber atentado contra su castidad (cfr. *Acteón, Tiresias, Orión, Erimanto,* etc.).

La leyenda de *Leucipo* presenta un triple *aítion*. En primer lugar, intenta explicar el culto de los habitantes de Festo a Leto bajo la advocación de *Phytíē*, epíteto desconocido en otros lugares que muestra a la Leto cretense como una diosa de la fecundidad y el crecimiento[16]. El epíteto *Phytíē* –dice Antonino– se debe a que Leto fue quien hizo que nacieran atributos viriles a la muchacha. El segundo *aítion* es el nombre que recibe la fiesta llamada *Ekdýsia*. De la fiesta, probablemente anual, sólo contamos con el testimonio de Antonino. Su nombre hace referencia al despojamiento del vestido antes de la metamorfosis. Se ha intentado explicar la *Ekdýsia* de dis-

---

[15] Cfr. Ruiz de Elvira (1975) 455-6.
[16] Cfr. Papathomopoulos, *op. cit.,* p. 109, n. 17.

tintas maneras. Para algunos tendría un origen agrario. Celebraría la primavera, época en que las semillas se muestran a la luz del día[17]. De esta significación agraria primitiva pudieron derivarse otras ideas. El verdadero sentido de la fiesta parece residir, no obstante, en un rito de paso que concernía a los muchachos que entraban en la pubertad o a las muchachas que iban a contraer matrimonio[18]. El paso de la niñez a la edad adulta se señalaba mediante el cambio de una forma de vestir propia de niño –y en tal sentido considerada sexualmente ambigua– por una de adulto, paso que quedaba así hiperbólicamente enfatizado en el cambio de ropa de mujer por la de varón[19].

El hecho de que Leucipo se despoje del peplo, sin embargo, no explica satisfactoriamente el sentido del ritual, ya que el cambio de vestido de éste tras la metamorfosis sería irrelevante, porque había sido vestido y criado como un muchacho[20]. Pero que la historia se desarrolle en Creta, lugar que conserva una gran riqueza de rituales, parece abonar la tesis según la cual la leyenda debe ser explicada en términos de iniciación ritual. Forbes Irving[21] piensa que no es el rito el que explica la leyenda, sino que es más bien la fantasía mítica acerca de un cambio de sexo la que ofrece un nivel imaginativo al ritual. En efecto, relaciona la leyenda de *Leucipo* con otras afines (*Ceneo, Tiresias*) bajo un aspecto común: cuando cruzan la frontera de los sexos, sus protagonistas acaban adquiriendo unos poderes especialmente enriquecedores (de fuerza, de conocimiento) por el hecho de haber pertenecido a ambos. Así Leucipo habría cambiado en lo referente a su potencia masculina: habría pasado de ser alguien con menos capacidad de lo normal (un muchacho) a ser alguien con mayor capacidad de lo normal (un hombre especialmente dotado). El cambio de muchacha a hombre implicaría un aumento del proceso normal de crecimiento y de la potencia masculina; no sería sino una metáfora hiperbólica del paso de muchacho a hombre.

---

[17] Cfr. Hild, en Daremberg (1877) *s. v. Ekdýsia.*
[18] Cfr. Pestalozza (1938) 273-293; Willets (1955) 175-178; Lamprinoudakis (1972) 99-112.
[19] Cfr. Willets (1955) 119-121.
[20] Cfr. Weicker, *RE.* 7 (1910) *s. v. Galatea.*
[21] Forbes Irving , *op. cit.,* pp. 153-155.

Asentada esta hipótesis es fácil entender el tercer *aítion,* el que corresponde a la explicación de la estatua de Leucipo: si Leto *Phytíē* es la responsable del crecimiento y fecundidad de los jóvenes de Festo, su poder queda demostrado ante el «milagro» de Leucipo. Su estatua queda como prueba de ello. La leyenda, entonces, daría cuenta de esta estatua, manifestación excepcional de la fecundidad y el crecimiento.

La costumbre de acostarse junto a la estatua puede tratarse de un rito de desfloración simbólica, una especie de boda sagrada entre la virgen y la estatua de Leucipo, paredro de la diosa Leto, propiciadora de la fecundidad[22].

---

[22] Cfr. Papathomopoulos, *op. cit.,* p. 110, n. 21.

18

ÉROPO

Beo cuenta esta historia en el libro II de la
Ornithogonía.

1. Eumelo, hijo de Eugnoto, vivió en la ciudad de Tebas, en Beocia, y tuvo un hijo de nombre Botres. Eumelo honraba de manera extraordinaria a Apolo. **2.** Una vez, mientras celebraba un sacrificio, su hijo, que a la sazón se hallaba presente, se comió los sesos de un cordero antes de que fuera ofrecido sobre el altar. Percatado de lo ocurrido, Eumelo, asestó irritado un golpe contra la cabeza de Botres con un tizón que había cogido del altar; brotó sangre, y el niño cayó agitándose en medio de convulsiones. **3.** Su madre, su padre, los criados, cuando lo vieron, hicieron gran duelo, y Apolo, compadecido –ya que Eumelo le honraba– convirtió al niño en abejaruco, ave que aún hoy pone sus huevos debajo de la tierra y se ocupa siempre en volar.

Comentario

El tema de la violencia que estalla durante un sacrificio es conocido: en una leyenda megarense, Alcátoo mata a su hijo Calipolis con un tizón porque había considerado impía una alteración hecha por éste durante un sacrificio[1]. Para Forbes Irving[2], el núcleo de la leyenda de *Botres* tal vez haya sido tomado de la famosa historia

---

[1] Cfr. Pausanias, 1. 42. 6.
[2] Forbes Irving (1992) 226.

épica de *Tideo*[3], el guerrero etolio que devoró los sesos de su rival
Melanipo. Se creía tradicionalmente que devorar a un animal aún
palpitante transmitía su vigor de manera aún mayor que si se comía
cocinado, sobre todo las partes del cerebro y el corazón, sedes del
alma[4]. En el caso de Botres se habría sustituido el horrible acto de
canibalismo de un guerrero ávido de sangre por la voracidad de un
joven demasiado impulsivo.

El «abejaruco» recibe en griego los nombres de *mérops*[5] y de
aérops. Esta última denominación la encontramos en Antonino
Liberal, en su forma jonia *(ēéropos)*, nombre que deriva de *aér*,
«aire» y *óp(somai)*, «ver». Se trata de una avecilla elegante del
orden de las coraciformes que caza insectos siempre al vuelo[6]. Se la
consideraba perjudicial para el hombre por alimentarse de abejas. El
nombre del pájaro es también un epíteto que quiere decir «de mirada
sombría»[7].

Además de la leyenda de *Érope* en Antonino Liberal hay una
breve referencia de Ovidio que habla de Eumelo lamentándose de
que su hijo se mantuviera en el aire[8].

---

[3] Cfr. Apolodoro, 3. 6. 8.

[4] Según Porfirio *(V.P.)* éste era el motivo por el que Pitágoras prohibía
comer carne.

[5] Véase la leyenda de *Meropis,* de Beo, en Antonino Liberal, 15, y comentario.

[6] El nombre científico del «abejaruco» es *Mérops apiaster*. Aristóteles
hace referencias a su forma de vida y modo de poner *(HA.* 559 a 4; 615 b
24; 626 a 9; cfr. Eliano, *NA.* 5. 11; 8. 6) Véase, en general, Thompson (1936)
201-203.

[7] Cfr. Bailly (1950), *s. v. ēéropos.*

[8] *Eumelique domum lugentis in aëre natum (Met.* 7. 390); cfr. Lactancio,
7. 15.

LOS LADRONES

Beo cuenta esta historia en el libro II de la
Ornithogonía

1. Dicen que en Creta hay una cueva sagrada, morada de
unas abejas, en la que –cuentan– Rea dio a luz a Zeus[1]. A
nadie le está permitido por ley divina entrar allí; ni a un dios
ni a un mortal. En una fechas determinadas, cada año, se ve
salir de la cueva un fuego muy brillante. **2.** Cuentan que esto
ocurre cuando hierve a borbotones la sangre del parto de
Zeus. Unas abejas sagradas, nodrizas de Zeus, ocupan la
cueva. Layo, Céleo, Cérbero y Egolio se atrevieron a entrar
en ella con la intención de extraer mucha miel de las abejas;
cubrieron de bronce completamente sus cuerpos y cogieron
la miel, pero cuando vieron los pañales de Zeus, las corazas
que ceñían sus cuerpos se resquebrajaron. **3.** Zeus blandía ya
un rayo en medio de truenos, cuando las Moiras y Temis[2]
impidieron que lo arrojara, porque no estaba permitido por
ley divina que nadie muriera allí. Zeus los convirtió a todos
en aves; de ellos desciende el linaje de las aves portadoras de
presagios: mirlos, picos, *kérberoi* y búhos[3]. Con su aparición

---

[1] Rea dio a luz a Zeus en secreto en una cueva del monte Dicte de Creta
para evitar que su esposo Crono lo devorara (cfr. Apolodoro, 1. 1. 6). Otros
autores sitúan la cueva en el monte Ida.

[2] Según la *Teogonía* (v. 904 s.), Temis, diosa de las reglas de la naturaleza, es la madre de las Moiras; sobre éstas, cfr. Antonino Liberal, 2, 5 y nota.

[3] Sobre estas aves, véase comentario.

los presagios son favorables y acaban cumpliéndose, más que con la presencia de cualquier otra ave, porque vieron la sangre de Zeus.

Comentario

Antonino Liberal proporciona el único testimonio de la historia de *Los Ladrones*. Pertenece a un tipo tradicional de leyendas que se creaban para proteger cuevas, santuarios o cualquier otro tipo de recintos sagrados *(ábata)* de posibles profanadores[4]. Estas leyendas suelen centrarse en un motivo popular conocido: «El tabú de la habitación inaccesible», protegida de posibles allanadores mediante la amenaza de un castigo[5]. El motivo de la intrusión del hombre en un umbral sagrado seguido de una transformación de castigo es muy antiguo.

En la leyenda de *Los Ladrones* pueden apreciarse, además, vestigios de antiguos ritos y creencias. La más importante de éstas, posiblemente de origen prehelénico, es la del «niño divino» que renace cada año en la misma estación (cfr. la leyenda de *Adonis*); puede tratarse de la epifanía anual de un *daímōn,* espíritu de la vegetación que muere y vuelve a florecer cada año[6].

Para K. Kerényi, esta leyenda pertenece al primitivo ámbito religioso cretense; se trataría de la «interpretación griega» del nacimiento del niño divino de Creta bajo la figura de Zeus. Para este autor, además, «el resplandor que emergía de la cueva significaba un acontecimiento festivo en el que una bebida embriagadora –que aún no era vino sino la bebida de la miel– desempeñaba cierto papel»[7]. En efecto, la sangre que «hierve» y «se derrama» *(ekzéēi,* dice el texto) sería un trasunto de la fermentación de una bebida con miel en la cueva en una determinada época del año, cuya posesión sería la motivación última del robo de los ladrones.

---

[4] Sobre la cueva de la leyenda, situada en el monte Dicte o quizá en el Ida, véase Faure (1964) 94-120.

[5] Cfr. Papathomopoulos (1968) 111, n. 4.

[6] Cfr. Papathomopoulos *op. cit.* pp. 111-112, n. 5.

[7] Kerényi (1994) 35-38.

Hay además una estrecha relación entre Zeus y las abejas. Creta es considerado el lugar originario de las abejas[8]. Zeus *kretagenés*, «nacido en Creta», había sido alimentado al nacer con la miel de las abejas[9]; Según otras fuentes, el dios fue alimentado en el monte Ida con la leche de Amaltea[10] o con la leche y la miel; la hermana de Amaltea se llamaba Melisa («Abeja»). Ambas eran hijas de Meliseo, rey de Creta. Melisa fue la primera sacerdotisa de Rea, la *Magna Mater*. De ella toman su nombre las nodrizas de Zeus *(mélissai)*, si es que no es Melisa la que toma el nombre de éstas[11]. Kerényi encuentra un simbolismo profundo en este motivo: «mediante su miel, las abejas ofrecían a los humanos la dulzura fundamental de la existencia más pura, la de los niños en el vientre materno»[12].

En la leyenda del nacimiento de Zeus en Creta desempeñan un importante papel unos personajes mitológicos llamados Curetes[13]. Según las distintas tradiciones, eran hijos de la Tierra o bien de Soco y de Combe, llamada ésta también Calcis («bronce») porque pasaba por ser la inventora de esta aleación *(chalkós)*. Combe y sus hijos vagaron desde su Eubea natal por todo el mundo griego huyendo de Soco, que era de carácter violento, y, en su huida, se refugiaron en Creta[14]. En su estancia en la isla, cuando Rea confió a Amaltea el cuidado de su hijo, pidió a los Curetes que bailasen danzas guerreras para que resultase inaudible a Crono el llanto de Zeus. Los címbalos de los Curetes, instrumentos tradicionales de sus exorcismos, estaban fabricados con bronce; también golpeaban sus lanzas contra

---

[8] Cfr. Nicandro, fr. 94, Schneider, citado por Columela (*Res Rustica*, 9. 2, 4).
[9] Cfr. Virgilio, *G.* 4. 152; Servio *ad. loc.* y *ad. Aen.* 3. 104.
[10] Amaltea fue la nodriza de Zeus, y le proporcionaba la leche de una cabra. Otros autores sostienen, sin embargo, que Amaltea era el nombre de la cabra, entre ellos, Antonino Liberal (36, 1). Sobre esta cuestión, véase Ruiz de Elvira (1975) 52-53.
[11] Cfr. Marconi (1940) 164-178; Feyel (1946) 14; Papathomopoulos (1968) 112, n. 9; Ruiz de Elvira, *op. cit.,* pp. 52-53.
[12] Kerényi (1994) 37.
[13] Sobre los Curetes, véase L. de Ronchaud, en Daremberg (1877), *s.v,* pp. 1625-1627; cfr. Antonetti (1990) 64-68, y comentario a la leyenda 2 de Antonino Liberal.
[14] A su regreso a Eubea, Combe estuvo a punto de ser matada por sus hijos y fue transformada en paloma (cfr. Hesiquio, *s. v. Kómbē*).

sus escudos para hacer resonar el metal[15]. Los Curetes recibían los epítetos *chalkáspides,* «de broncíneo escudo», y *chalkideîs,* «de bronce»[16]. «El bronce, –dice J.-P. Vernant[17]– por ciertas virtudes que le son atribuidas, aparece íntimamente ligado, en el pensamiento religioso de los griegos, al poder que encubren las armas defensivas del guerrero». Desempeña, en efecto, en la leyenda una función especialmente protectora. Por otra parte, Eliano habla de un enjambre de abejas *chalkoedeîs,* «doradas como el cobre»[18], que habitaban en los aledaños del monte Ida y destacaban por su ferocidad. Estas abejas tendrían como misión, sin duda, proteger el *ábaton.* El revestimiento de cobre de los ladrones de la leyenda tendría entonces como función protegerles de las abejas al proporcionarles así unas armas defensivas equivalentes al peligro que les atenaza[19]. Según Faure[20], los cuatro ladrones de la leyenda son en realidad Curetes: la visión de la sangre de Zeus convierte a sus protagonistas en iniciados del misterio anual del dios: entrados como simples hombres en la gruta son despojados de sus cuerpos mortales tras ser iniciados mediante la visión, y entonces liberan su alma en forma de ave.

Según Faure[21], los nombres de las aves evocan distintas propiedades del reino de los muertos y de personajes mitológicos[22], pero no está clara la relación entre unas y otros. También se ha considerado la leyenda como una prueba de la existencia de dioses-aves en

---

[15] Cfr. Virgilio (*G.* 4. 150-152): En la gruta de Dicte, las abejas habrían sido atraídas por los bronces tintineantes de los Curetes.

[16] Cfr. Estrabón, 10. 3. 19.

[17] Vernant (1965) 34.

[18] Eliano, *NA.* 17. 35, que cita a Anténor, historiador del siglo II d.C, autor de una *Historia de Creta* (*FGH.* n.º 463). Según Diodoro (5. 70, 5), Zeus, en recuerdo de los servicios prestados por las abejas, «cambió su color, y las dotó de uno broncíneo muy parecido al oro».

[19] Cfr. Papathomopoulos, *op. cit.,* p. 113, n. 11.

[20] Faure (1964) 115-116

[21] Faure, *op. cit.,* p. 115, n. 2.

[22] Heródoto habla en 5. 43, sin mayor precisión, de «los oráculos de Layo» *(Láïos).* Sófocles, en *Edipo* (906-907), habla de los oráculos que antaño oyera Layo, el padre de Edipo. Céleo *(Keleós),* es, en el *Himno homérico a Deméter* (II) 475, un mítico rey de Eleusis que recibió de la diosa, para su administración, el conocimiento de los misterios. Cérbero *(Kérberos)* es un perro monstruoso que guarda las puertas del Hades, el reino de los muertos.

Creta[23]. La metamorfosis de los personajes de la leyenda de *Los Ladrones* en aves, sin embargo, no ha de considerarse tan sólo un castigo, sino, ante todo, un ejemplo vivo del abismo que separa a dioses y hombres[24].

Según Aristóteles, el *láïos* es una variedad de mirlo, de color negro-azulado[25]. Thompson (*s. v.*) relaciona su nombre con *lâas*, «piedra»; en efecto, su hábitat son lugares rocosos, especialmente acantilados. Quizá se trate del llamado «roquero solitario» *(Montícola solitarius)* o quizá del *Petrocichla cyanus*.

El *keleós* es una variedad de pico *(Picus viridis),* pájaro de color verde oliva que pica con vigor las cortezas de los árboles[26]. Aristóteles[27] presenta al *keleós* como amigo del *laedós,* ave desconocida que Thompson *(s. v.)* cree identificar con el *láïos*. Habita en los bosques y junto a las espesuras de los ríos.

El *kérberos* es un ave no identificada. Thompsosn (*s.v.*) cree que pertenece a la misma familia que el *láïos* (o *laedós*).

El *aigōliós,* por último, es una variedad de lechuza no identificada con seguridad. Aristóteles[28] dice que es del tamaño de un gallo, que habita en rocas y cavernas, y que es cobarde, aunque está llena de recursos para buscar su sustento, que se procura por la noche. Para Thompson *(s.v.)* se trata del *strix flammea*, un tipo de «cárabo».

Hay una ilustración en una vasija del siglo VI a.C. que representa una escena de los ladrones y las abejas[29].

---

[23] Cfr. Krappe, (1941) 241-257. En contra, Forbes Irving, *op. cit.,* p. 260.

[24] Cfr. Forbes Irving (1992) 123; 259-260; cfr. las leyendas de *Perifante* y *Meropis*, en Antonino Liberal, 6 y 15, respectivamente.

[25] Cfr. Aristóteles, *HA.* 617 a 15.

[26] Aristóteles, *HA.* 593 a 8 s.

[27] Aristóteles, *HA.* 610 a 9.

[28] Aristóteles, *HA.* 592 b 11-12; 616 b 25.

[29] Cfr. *Catalogue of Greek and Etruscan Vases in the British Museum II*, Londres, 1893 y s. Véase también Papathomopoulos (1968) n. 12.

CLINIS

Beo cuenta esta historia en el libro II de la
Ornithogonía *y Simias de Rodas en el* Apolo

1. En las cercanías de la ciudad de Babilonia, en la llamada Mesopotamia, vivió un varón rico[1] y amado de los dioses que se llamaba Clinis. Tenía muchos bueyes, asnos y rebaños. Apolo y Ártemis lo amaron extraordinariamente, y a menudo había acudido, guiado de la mano de estos dioses, al templo de Apolo en el país de los Hiperbóreos[2], donde vio que sacrificaban asnos al dios. **2.** Volvió entonces a Babilonia y quiso hacer un sacrificio a Apolo a la usanza de los Hiperbóreos, para lo cual dispuso la hecatombre de asnos junto al altar. Pero Apolo hizo acto de presencia y le amenazó con matarle si no dejaba ese sacrificio y le ofrecía, siguiendo la costumbre, cabras, ovejas y bueyes, **3.** ya que el sacrificio de asnos sólo le era grato cuando se celebraba en el país de los Hiperbóreos. Clinis tuvo miedo de la amenaza y apartó del altar a los asnos; transmitió además a sus hijos el mensaje que había escuchado. Híjos suyos eran Licio, Ortigio y Hárpaso, y una hija, Artémique, nacidos de Harpe. **4.** Pero Licio y Hárpaso, a pesar

---

[1] Rico *(ploúsios)* tiene también un valor moral, pues la riqueza es un don de los dioses (cfr. Hesíodo, *Op.* 320).

[2] Legendario pueblo situado en el extremo norte (los dioses han de guiar a Clinis porque ningún mortal hubiera podido encontrar el camino solo; cfr. Píndaro, *P.* 10. 29-30).

de haber escuchado a su padre, le animaron a que sacrificara los asnos y se regocijara en la fiesta, en tanto que Ortigio y Artémique les encarecían que obedecieran a Apolo. Clinis prefirió hacer caso a éstos últimos. Pero, Hárpaso y Licio soltaron a la fuerza las ataduras de los asnos y los arrearon hasta el altar. **5.** El dios, entonces, enfureció a los asnos, y éstos se pusieron a devorar a Clinis y a sus hijos y criados, quienes, a punto de morir, suplicaban a grandes voces a los dioses. Posidón se compadeció de Harpe y Hárpaso, y los convirtió en aves, las denominadas con sus respectivos nombres. Leto y Ártemis decidieron salvar a Clinis, Artémique y Ortigio, porque ellos no eran culpables de los actos impíos. **6.** Apolo concedió esta gracia a Leto y Ártemis, y antes de que murieran, los metamorfoseó a todos convirtiéndolos en aves. Clinis vino a ser un *hypaíetos*, ave que ocupa el segundo lugar, detrás del águila, de la que no es difícil de distinguir, pues ésta mata cervatillos y es oscura, grande y poderosa, en tanto que el *hypaíetos* es más negro y más pequeño que el águila. **7.** Licio también mudó su forma; quedó convertido en un cuervo de plumaje blanco[3]; pero pronto, por voluntad de Apolo, se volvió negro, porque fue un cuervo el primero en anunciar que Coronis[4], la hija de Flegias[5], había sido desposada por Alcioneo. **8.** Artémique se transformó en *píphinx*[6], ave amada por dioses y hombres, y Ortigio en paro, porque había persuadido a su padre Clinis para que sacrificara a Apolo cabras en vez de asnos[7].

---

[3] El tópico popular del cuervo blanco (en español, mirlo) es una manera de referirse a un imposible mediante una imagen insólita e inusual.

[4] Apolo, enamorado de Coronis, sufrió la infidelidad de su amada. La razón del cambio de color del cuervo se debe a que esta ave fue la portadora de la mala noticia. Cfr. Ovidio, *Met.* 2. 532 - 549 y Ruiz de Elvira (1975) 447-448.

[5] Flegias es también un nombre de pájaro; el nombre del héroe puede aludir a una vieja leyenda ornitogónica; cfr. Papathomopoulos (1975) 116, n. 24.

[6] Ave desconocida.

[7] En griego, el nombre del «paro» es *aigíthallos,* nombre que, por etimología popular, se hace derivar de *aíx, aigós,* «cabra».

Comentario

Apolo guarda una especial relación con el país de los Hiperbóreos. Este pueblo, situado «más allá del viento Bóreas» (el viento
del norte), era justo y feliz y, según la leyenda, sus habitantes vivían
en una especie de Edad de Oro. Allí residía Leto, la madre de Apolo,
y de allí partió, convertida en loba, hacia Delos para dar a luz al dios
y a su hermana Ártemis[8]. Apolo residía un año de cada diecinueve
entre los Hiperbóreos, y todos sus habitantes se consideraban sacerdotes del dios[9].

Se han conservado algunos hexámetros del poema *Apolo,* de
Simias de Rodas, gramático y poeta de fines del siglo IV y primera
mitad del III a.C.[10] Para Fränkel, en el fragmento conservado, el
narrador, que describe su viaje al «opulento pueblo de los lejanos
Hiperbóreos», es, seguramente, Clinis[11].

Según Forbes Irving[12], el punto de partida de la leyenda de *Clinis* es un tema conocido desde la antigüedad, el sacrificio de asnos.
Los asnos no se comían ni –salvo excepciones– se sacrificaban en la
antigüedad. Este tabú se asentaba en la creencia de una naturaleza
demoníaca del asno. En Mesopotamia, sin embargo, los asnos tenían
la consideración noble de los caballos[13].

La omnipresencia del asno resulta evidente, de manera inmediata,
en las representaciones de carácter dionisíaco, especialmente en las evo-
caciones artísticas y mitográficas del cortejo de los servidores de Dioniso. En diversos mitos presta sus servicios al dios o es la representación
de sus iniciados[14]. Sin embargo, es Apolo[15] quien, en el país de los
Hiperbóreos, se regocija viendo a unos asnos lúbricos; es en esta región
mítica donde acepta de sus habitantes este tipo de sacrificios[16].

---

[8] Cfr. la leyenda de Nicandro *Los Boyeros*, en Antonino Liberal, 35.
[9] Cfr. Ruiz de Elvira (1975) 78-79.
[10] Cfr. Herodiano, 1. 22. 1; Esteban de Bizancio, *s. v. Hemíkynes*; Tzetzes, *Quilíades*, 7. 693.
[11] Cfr. Fränkel (1915) 17.
[12] Forbes Irving (1992) 244-5.
[13] Cfr. Papathomopoulos (1968) 114-115, n. 10.
[14] Cfr. J.-P. Darmon, en Bonnefoy (1981) 231.
[15] Según Píndaro, *P.* 10. 31-36.
[16] Cfr. Calímaco, frs. 186. 10; 492.

En un contexto parecido al de la leyenda de *Clinis* encontramos también la historia de Beo titulada *Anto*[17], en la que unos caballos devoran a la familia de Autónoo. Todos los miembros de esta familia acaban convertidos además en aves. Los nombres de sus personajes son parlantes. También los nombres de los hijos de Clinis, seguramente inventados por Beo, se relacionan con algunos aspectos de la leyenda y preludian el comportamiento de los futuros seres transformados: Licio (derivado de *lýkos,* «lobo») es un epíteto del dios Apolo[18]. El nombre de Ortigio evoca el de la hermana de Leto, Ortigia, y es, además, la antigua denominación de Delos, la isla natal del dios. Artémique parece ser el diminutivo de Ártemis, la hermana de Apolo. Pero además, los nombres de Harpe y Harpaso, derivados del verbo *harpág–yō* denotan la idea de «rapiña» y «robo». En su degradación animal, las aves de ambas leyendas simbolizan, según Forbes Irving[19], la ruptura del hogar familiar y el paso del mundo civilizado al animal e incluso salvaje: el recuerdo del crimen de los soberbios hijos de Clinis se renueva en la forma de vida de las aves en que se convierten, como castigo, tras su metamorfosis.

El *hárpē* es un ave de presa diurna de la que ya habla Homero[20]; a esta ave compara a la diosa Atenea. Algunos la llaman *iktînos,* «milano», y otros, *phénē,* «quebrantahuesos»[21]. Quizá se trate de algún tipo de «aguilucho» (del género *Circus*). Según Aristóteles y otros[22], es un ave que rivaliza con las demás.

Del *hárpasos* sabemos que es otra ave de rapiña, aunque desconocida, como desconocido es también el *píphinx*, cuyo nombre parece onomatopéyico. Aristóteles[23] dice que el *píphinx* es amiga

---

[17] En Antonino Liberal, 7; véase comentario.

[18] Cfr. Antonino Liberal, 35. 3 y comentario.

[19] Forbes Irving, *op. cit.,* pp. 244-5.

[20] *Ilíada,* 19. 350.

[21] Cfr. *Schol. D ad. Il. 19. 350.* Pollard (1977) 169 s., la identifica con el «quebrantahuesos»; sobre esta ave, véase Antonino Liberal, 6, 3-4 y comentario.

[22] Cfr. Aristóteles, *HA.* 617 a 10, donde dice que es enemiga del «alcaraván»; sobre ésta, véase Antonino Liberal, 5. 5, leyenda de Beo). Véase también *HA.* 609 a 24. Eliano, *NA.* 4. 48 dice que es enemigo del «cuervo». Véase también Nicandro, fr. 73.

[23] Aristóteles, *HA.* 610 a 11.

del *hárpe.* Hesiquio *(s. v.)* la identifica con el *koridallós,* la «cogujada» o «alondra»[24].

El *hypaíetos* es el nombre de un ave cuya etimología es poco
clara. A veces es llamado *gypaíetos,* nombre compuesto de la palabras con que se designan al «buitre» *(gýps)* y al «águila» *(aietós).*
Ello presupone un cruce de una rapaz y un depredador[25]: Aristóteles[26] señala que al «águila negra» *(melanáetos)* se la conoce también
como «matacervatillos», en alusión a su aspecto depredador. Sin
embargo, también dice que recibe el nombre de «remedo de águila»,
que se parece al buitre y que se lleva la carroña; y además, que siempre «tiene hambre, grita y se lamenta»[27].

El *aigíthallos,* por último, es el «paro» o «carbonero común»
(Parus major)[28].

[24] Sobre ésta, véase Antonino Liberal, 7, 6-7 y comentario.
[25] En las leyendas 5 y 6 de Antonino Liberal aparecen parecidos tipos de
aves; véase comentarios a estas leyendas, y Thompson (1936) 205.
[26] Aristóteles, *HA.* 618 b 20.
[27] Aristóteles, *HA.* 618 b 32.
[28] Cfr. *DGE, s. v.* Aparece en otra leyenda de Antonino Liberal, *Egipio*
(5, 5), de Beo. Cfr. Aristóteles, *HA.* 692 b 17-21; 626 a 8.

POLIFONTE

Beo cuenta esta historia en el libro II de la
Ornithogonía

1. Trasa fue hija de Ares y Terine, hija ésta de Estrimón[1]. Se casó con Hipónoo, hijo de Tribalo[2], y tuvieron una hija, de nombre Polifonte. Ésta se mostró insolente ante los enredos de Afrodita; marchó al monte, y se hizo compañera de juegos y acompañante íntima de Ártemis. **2.** Afrodita, porque Trasa no honró sus asuntos, infundió en Polifonte un amor loco por un oso, y presa de él –era voluntad divina– se unió al animal. Ártemis, cuando la vio, la odió de modo inaudito y azuzó contra ella todo tipo de fieras. **3.** Polifonte tuvo miedo de que las fieras la aniquilaran, y, en su huida[3], consiguió llegar a casa de su padre, donde dio a luz a dos niños –Agrio y Oreo– de tamaño desmesurado[4] y dotados de una fuerza inmensa. Los hijos no honraban a dios ni a hombre alguno[5], sino que

---

[1] Estrimón es un dios-río de Tracia y rey de este país. Era hijo de Océano y Tetis; en otras tradiciones es presentado como descendiente de Ares.

[2] Nombre de origen tracio. El asentamiento tracio es un escenario habitual de crímenes marcadamente bárbaros.

[3] El motivo de la persecución que acaba en metamorfosis se encuentra en varias leyendas de Antonino Liberal, como las de *Aedón,* 11, *Britomartis,* 40 y *Zorra,* 41.

[4] El gigantismo es un elemento folclórico propio de los héroes y seres sobrenaturales, ya que está ligado a la fuerza prodigiosa de los hombres de los orígenes; cfr. Hesíodo, *Op.* 148.

[5] Tema de la *hýbris;* cfr. Antonino Liberal, 15 y la leyenda de los *Alóadas,* gigantes arrogantes a quienes Ártemis hizo perecer.

se mostraban insolentes con todos, y, si se encontraban con algún extranjero, se lo llevaban a la fuerza a su casa y lo devoraban. **4.** Zeus los aborreció[6] y les envió a Hermes para que les aplicara el castigo que él quisiera. Hermes decidió cortarles los pies y las manos. Pero Ares, dado que Polifonte remontaba hasta su propio linaje, libró a los muchachos de esta desgracia que les había tocado y, de acuerdo con Hermes, cambió su naturaleza en la de unas aves. **5.** Polifonte vino a ser un cárabo que emite sonidos por la noche, que no come ni bebe, y que mantiene la cabeza boca abajo con sus garras en alto. Es para los hombres un presagio de guerra o disensión. Oreo, por su parte, quedó convertido en *lagôs*[7], ave que no trae con su aparición nada bueno, y Agrio se transformó en buitre, la más odiada de las aves, tanto para dioses como para hombres, al serle infundida un ansia sin fin de carne y sangre humanas. **6.** A la sirvienta la convirtieron en pico: mientras ella cambiaba su naturaleza, pidió a los dioses que no resultara un ave funesta para los hombres. Hermes y Ares condescendieron, ya que la muchacha había actuado obligada por lo que sus amos le ordenaron. Es ésta un ave favorable para quienes frecuentan la caza o los festines.

Comentario

La leyenda de *Polifonte* nos es conocida únicamente por Antonino Liberal. El nombre de Polifonte parece ser un epíteto cultual de Ártemis, e incluso –bajo el significado de «la muy matadora»–, un calco semántico del nombre de la diosa, nombre que, según una etimología popular, derivaría de *artaméô*, «la que descuartiza». Este epíteto evocaría el papel de la terrible diosa cazadora que envía la muerte con sus flechas a animales y hombres, e incluso, a las mujeres en parto (Ártemis *Lóchia*)[8].

---

[6] Zeus es traído a colación por ser garante de la piedad y protector de los extranjeros (Zeus *Xénios*).
[7] Ave desconocida.
[8] Cfr. Papathomopoulos (1968) 116, n. 4.

Polifonte parece pertenecer al tipo de figuras femeninas que acompañan a Ártemis en su cortejo; como la diosa, suelen permanecer vírgenes y dedicarse a la caza. Nos son conocidas leyendas como la de *Calisto,* quien, después de ser seducida por Zeus, fue descubierta encinta por Ártemis mientras se bañaba; La diosa, encolerizada, la convirtió en osa, y en forma de osa parió a su hijo, llamado Árcade[9]; o la de *Taígete,* la pléyade que concibió un hijo de Zeus (de nombre Lacedemon) mientras yacía desmayada, y a la que Ártemis convirtió en cierva para que huyera del acoso del dios[10]. La leyenda de *Polifonte,* en efecto, parece responder a este tipo, y también parece guardar ecos de tragedias que han podido servir de modelos: En el *Hipólito* de Eurípides, su protagonista desprecia a la diosa Afrodita y muestra su fervor por Ártemis dedicándose a la caza y permaneciendo virgen. En la tragedia perdida *Los cretenses,* del mismo autor, tenía lugar la unión bestial de Pasífae, la esposa de Minos, con un toro. Fruto de esta unión nació un monstruo, híbrido de hombre y toro, que devoraba a un grupo de siete muchachos y siete muchachas atenienses cada año. La localización de Polifonte en Tracia, por lo demás, parece un escenario apropiado para crímenes bárbaros (cfr. la leyenda de *Tereo*).

Según la llamada teoria del «culto animal», este tipo de personajes –las compañeras de Ártemis; en realidad, un doble de la diosa– conservarían algunos aspectos animales de la primitiva divinidad, la *Pótnia therôn,* «Señora de las Fieras». Estos aspectos, con el tiempo, habrían sido transferidos por medio de leyendas a seres humanos sumisos o enemigos de la diosa. Ello explicaría que acaben uniéndose a bestias bajo forma antropomorfa o zoomorfa y los correspondientes mitos de metamorfosis. Polifonte, en concreto, pertenecería al grupo de heroínas que, unidas a un animal, acaban siendo madres. Forbes Irving[11] busca un camino de interpretación de la leyenda desde otro punto de vista: aunque acepta que Polifonte ocupe un lugar junto a la diosa Ártemis en la leyenda, no encuentra razones para suponer que ésta sea el trasunto de una unión bestial.

---
[9] Cfr. Eratóstenes, *Catasterismos* 1; 8.
[10] Cfr. Eratóstenes, *Catasterismos* 23; Higino, *Fab.* 155. 3.
[11] Forbes Irving (1992) 108-109; 255.

Para una interpretación simbólica parte del siguiente hecho: Polifonte ha sido manchada por su unión sexual con un oso. Esta falta introduce en el hogar paterno, ahora inevitablemente roto, aspectos salvajes y degradantes que son transferidos a los hijos, lo que explica que éstos crezcan como monstruos que matan y devoran extranjeros. La metamorfosis simboliza el paso del mundo civilizado al mundo salvaje. Polifonte se convierte en un ave que representa esta catástrofe: simboliza «el mundo al revés», y, por ello, «mantiene la cabeza boca abajo con sus garras en alto», prefigurando los desórdenes y estragos que causa la guerra[12]. Además, en su nueva vida, «ni come ni bebe». Forbes Irving considera que estas palabras encierran la transposición de un contenido sexual. Los hijos, en fin, convertidos en aves siniestras, conservan su gusto corrompido, y resultan animales ávidos de carne humana.

El *stýx,* el ave en que vino a convertirse Polifonte tras su metamorfosis, es una especie de búho, quizá un «cárabo» *(Strix aluco).* Así queda recogido en Hesiquio[13]: «En lo que se refiere a un ave, es un mochuelo» *(skṓps)*[14]; pero también dice que es un *stríglos,* palabra que ha llegado hasta el griego moderno (en su forma femenina) para designar una «vieja bruja». Ovidio[15] describe al *strix* como una ave nocturna de cabeza grande, ojos fijos, pico apto para la rapiña, alas grises y uñas en forma de garfios. El nombre de las *striges* –dice– se debe a que emiten horrendos chillidos *(stridere)* en mitad de la noche. La descripción podría aplicarse a cualquier ave del orden estrigiforme, nombre que reciben las aves nocturnas de rapiña. Pero, también cuenta una leyenda sobre estas aves: atacan por las noches a los niños que no tienen nodriza y con sus picos desgarran sus cuerpos y les chupan la sangre. Ovidio hace así referencia a las Éstriges, demonios femeninos alados de las creencias populares[16]. En este

---

[12] Cfr. Papathomopoulos, *op. cit.,* p. 117, n. 16.

[13] Hesiquio, *s. v. stýx.*

[14] El *skṓps,* es, en efecto, el «mochuelo» *(Athene noctua,* ave que aparece en *Odisea,* 5. 66; cfr. Aristóteles 592 b 11, 13; 617 b 31- 618 a 7) Otros dicen –sigue Hesiquio– que es el *nyktykórax,* el «cuervo de noche» (es decir, el «autillo» *–Otus scops–;* cfr. Antonino Liberal, 15. 5).

[15] Ovidio, *Fastos.* 6. 133 ss.

[16] Ovidio habla también en *Amores* (1. 8. 1-14) de viejas recubiertas de plumas que vuelan entre las sombras de la noche. Petronio *(Satiricón,* 63)

caso, es preciso considerar al *stýx* (o *stríx*) como una especie de vampiro. Su gusto por la sangre y su forma de vivir boca abajo, propia de los murciélagos, lleva a G. Oliphant, a afirmar que esta ave es un murciélago, y que Polifonte sería en su origen una «vampiresa-bruja»[17].

El *lagôs* es una ave rapaz no identificada, quizá una especie de buitre. Estaba consagrada a Ares por su deseo de sangre y por el odio que concita entre hombres y dioses. Es posible encontrar una asociación entre esta metamorfosis y el hecho de que Oreo sea presentado en la leyenda como descendiente de Ares[18]. El *ípnē,* ave en que se convierte la sirvienta, es probablemente un «picamaderos», ave de carácter belicoso e inteligencia despierta y calculadora; de fáciles recursos, se la denomina «maga» a causa de sus conocimientos[19].

---

cuenta la historia de las Éstriges que raptaron a un niño, poniendo en su lugar en el lecho un pelele de paja. Estas mujeres, «Las Nocturnas», –dice– ponen lo que está arriba boca abajo. El Diccionario de Festo-Paulo (p. 414, L) dice que las *striges* son *maleficae mulieres* con capacidad de volar *(volaticae).* Higino (*Fab.* 28. 4) presenta al *strix* posado sobre una columna del Hades; cfr. Plinio, *HN.* 11. 232.

[17] Oliphant, *TAPA.* 44 (1913) 133-149.
[18] Cfr. Papathomopoulos, *op. cit.,* p. 116, n. 18.
[19] Cfr. Aristóteles, *HA.* 606 b 1; 616 b 22-25.

CERAMBO

Nicandro cuenta esta historia en el libro I de
Las Metamorfosis

1. Al pie de la montaña de Otris, en el país de los melios[1], habitaba Cerambo, hijo de Eusiro (el hijo de Posidón) e Idotea, la ninfa de la montaña. Tenía muchísimos rebaños, y él mismo los pastoreaba. **2.** Las ninfas lo acogían porque las deleitaba cuando cantaba en las montañas; se dice que era el cantor más excelente de su tiempo, y que su fama, en razón de sus cantos bucólicos, se extendió por doquier; se dice también, que construyó la siringa pastoril en los montes, y que fue el primer hombre que se valió de la lira para componer muchas y muy bellas melodías. **3.** Cuentan que por mor de su talento se le concedió, en cierta ocasión, ver danzar a las ninfas al son de lo interpretado por él, y que Pan, acorde con su benevolencia, le invitó a abandonar el Otris para que pasara a pastorear su ganado en la llanura, pues la estación del invierno se iba a presentar de modo desmesuradamente inesperado. **4.** Pero Cerambo, llevado por la insolencia de la juventud, como enloquecido por los dioses, no se decidió a trashumar desde Otris hasta la llanura, antes bien, espetó una injuria insensata contra las ninfas, a saber: que ellas no eran descendientes de Zeus, sino que las alumbró Dino[2] de su

---

[1] El Otris es un monte de Tesalia, región del norte de Grecia. Los melios habitaban la comarca situada entre este monte y el Eta, en el valle del Esperqueo.
[2] Una de las Grayas, personificaciones de la vejez bajo aspecto monstruoso.

unión con Esperqueo[3]; asimismo, dijo que Posidón[4], arrastrado por su deseo de Diopatra, una de estas ninfas, enraizó en tierra a sus hermanas y las convirtió en álamos negros, hasta que, ahíto de su deseo amoroso, las liberó de nuevo al tiempo que les devolvió su anterior naturaleza. **5.** Así injurió Cerambo a las ninfas. Poco tiempo después, tan pronto como el frío y los torrentes se helaron, cayó mucha nieve, y los rebaños de Cerambo desaparecieron a la par que los árboles y los senderos. Las ninfas entonces, en un arrebato de cólera, transformaron a Cerambo por haberlas injuriado, y vino a ser un escarabajo comedor de madera. **6.** Aparece en los árboles, tiene dientes ganchudos y mueve el mentón continuamente; es negro, alargado, de alas duras[5], parecido a los grandes escarabajos. Se le llama «buey comedor de leña», y entre los tesalios, *kerámbix*. Los niños lo tienen por un juguete, y le cortan la cabeza, que llevan colgada en el cuello. Esta cabeza, con sus cuernos, se parece a la lira fabricada con el caparazón de una tortuga[6].

Comentario

El origen de la leyenda de *Cerambo* se encuentra en un motivo antiguo: las relaciones conflictivas entre un pastor y las Ninfas[7]. Se halla en leyendas como la de *Dafnis*, un pastor siciliano tañedor de la siringa, hijo de Hermes y una Ninfa. Dafnis fue infiel a su amada, la ninfa Nomia, por lo que ésta, despechada, lo dejó ciego[8]. Cuen-

---

[3] Dios-río, hijo de Océano y de Tetis. Atravesaba la comarca de Tesalia y desembocaba en el golfo de Malia, cerca de las Termópilas.

[4] Posidón, dios ctónico, era soberano de las aguas vivas, y bajo este aspecto se relaciona a menudo con las ninfas.

[5] En rigor, élitros (cfr. Aristóteles, *HA*. 531 b-25)

[6] Según el *Himno homérico a Hermes* (IV, vv. 25 y 45 ss), este dios fue el primero que fabricó una «tortuga musical» valiéndose del caparazón de una tortuga: «Una vez que cortó en sus justas medidas tallos de caña, los atravesó, perforando el dorso, a través de la concha de la tortuga [...] los ajustó a ambos con un puente y tensó siete cuerdas de tripa de oveja, armonizadas entre sí»; trad. Bernabé (1988). Sabemos que los brazos de las liras se hacían también con cuernos de animales en lugar de cañas.

[7] Cfr. Forbes Irving (1992) 314.

[8] Cfr. Partenio, *Sufrimientos de amor* 29.

tan, según las versiones, que acabó convertido en roca o llevado por
su padre al cielo. El hecho de que Cerambo sea presentado como el
inventor de la siringa y como el primer mortal que tocó la lira parece
un elemento añadido a la historia a fin de revestirla con un tono etiológico. Para Ovidio, entre otros, el inventor de la siringa fue el dios
Pan, que la fabricó de las cañas en que se había transformado la
ninfa Siringe cuando era perseguida por el dios[9]. En el *Himno homérico a Hermes* se dice que este dios creó su sonido[10]. Según Eratóstenes, Orfeo fue el primer mortal que tañó la lira[11].

Ovidio refiere brevemente la historia de *Cerambo,* de quien dice
que escapó junto al Otris del diluvio de Deucalión valiéndose de
unas plumas que las ninfas le proporcionaron[12]. La indeterminación
del ser alado en que es convertido hace posible entender que éste sea
un ave, y no un escarabajo[13]. El tono de fuga de la metamorfosis ovi-
diana sugiere más un premio que un castigo.

No podemos saber si es Nicandro o Antonino quien, aprovechando la materia mitográfica, introduce en la historia de *Cerambo*
otra leyenda, la de la conversión de las ninfas en álamos negros *(Popu-
lus nigra),* árboles cuya presencia es frecuente entre las ninfas[14].

El nombre de Cerambo está relacionado con el de un escarabajo,
el *kerámbyx,* nombre derivado de una raíz indoeuropea cuyo significado originario sería «saliente», «vértice», «punta» [del cuerpo],
especializada luego en diversas formas para designar «cabeza» y
«cuerno»[15]. Se trata de un tipo de *lucanus (¿cervus?, ¿barbarossa?),*

[9] Ovidio, *Met.* 1. 689-712; cfr. Teócrito, *Syrinx;* Westermann, *Myth. Gr.*,
p. 347, 29 ss.; Servio, *ad. Ecl.* 2. 31; Aquiles Tacio, 8. 6, 8.
[10] *Himno* IV, vv. 511 ss.
[11] Eratóstenes, *Catasterismos* 24; cfr. Higino, *De Astronomia,* 2. 7. Hermes la había inventado (cfr. *Himno homérico a Hermes,* vv. 25 y 35; Nicandro, *Al.,* 562.)
[12] *... fugit [...] superque
Othryn et euentu ueteris loca nota Cerambi:
Hic ope Nympharum sublatus in aëra pennis,
cum grauis infuso tellus foret obruta ponto,
Deucalioneas effugit inobrutus undas.* (*Met.* 7. 351-356.)
[13] Cfr. Forbes Irving, *op. cit.,* p. 314.
[14] Cfr. la leyenda *Dríope,* de Nicandro, en Antonino Liberal, 32, 4.
[15] Sobre la raíz, véase Bernabé (1987) 101; sobre la derivación del nombre, Gil (1959) 78-81.

una variedad de escarabajo conocido vulgarmente como «ciervo volante», así llamado por la forma de sus antenas, semejantes a astas de ciervo, y porque da saltos[16].

La utilización del escarabajo como juguete formaba parte de un entretenimiento de niños que consistía en hacer volar a un insecto alado atado a un hilo[17]; se trataba de un juego bastante conocido en la antigüedad[18]. El hecho de que los niños le corten la cabeza y se la cuelguen al cuello relaciona metafóricamente al escarabajo con una lira, pues las astas de aquel se asemejan a los brazos ésta. Mediante este juego, el recuerdo del castigo se renueva permanentemente.

---

[16] Cfr. San Isidoro (*Etim.* XII, 8, 5): *Tauri vocantur scarabaei terrestres ricino similes.* Sobre la identificación del escarabajo, véase Gil (1959) 50-51.

[17] Cfr. Nicandro, *Th.* 880, fr. 75.

[18] Cfr. Aristófanes, *Nubes,* 763 y escolio al v. 1341; Plinio, *HN.* 2. 97.

BATO

Nicandro cuenta esta historia en el libro I de
Las Metamorfosis; *Hesíodo en las* Grandes Eeas;
Didimarco en el libro III de Las Metamorfosis;
Antígono en Las Transformaciones *y Apolonio de Rodas
en los* Epigramas, *según afirma Pánfilo en el libro I*

1. De Argos, el hijo de Frixo[1], y de Perimele, la hija de
Admeto[2], nació Magnes[3]. Éste se asentó en las proximidades de
Tesalia, y, a partir de él, los hombres llamaron a esta tierra Magnesia[4]. Magnes tuvo un hijo, Himeneo[5], famoso por su belleza. **2.**
Nada más verlo Apolo, hizo presa en él un amor por el muchacho y no abandonaba las mansiones de Magnes[6]; Hermes, entonces, maquinó trampas[7] para apropiarse de las vacas de Apolo, que
pacían precisamente en el mismo sitio donde pastaban las vacas
de Admeto. En primer lugar, infundió sopor y esquinancia a las
perras que las guardaban; éstas se olvidaron de las vacas y depu-

---

[1] Argos, según Hesíodo, es hijo de Frixo y de una hija de Eetes llamada
Yofosa (cfr. escolio a Apolonio de Rodas, 2. 1122 = fr. 255 M-W). Otras
fuentes dicen que la madre se llamaba Calcíope.

[2] Perimele es hija de Admeto y de Alcestis. Su nombre, como el de su
hermano Eumelo, hace referencia a la «riqueza de ganado».

[3] Héroe tesalio que, en otras genealogías, pasaba por ser hijo de Zeus y
Tuya (cfr. Constantino Porfirogéneta, *De Thematibus* 2 = Hesíodo, fr. 7 M.-W.)
o, de Eolo y Enárate.

[4] Magnesia es un distrito de Tesalia, región situada al NE de Grecia.

[5] Himeneo es, en otras versiones, hijo de Apolo.

[6] Los mitógrafos, por lo general, hablan del amor de Apolo por Admeto
(cfr. Calímaco, *Himno a Apolo* 49)

[7] Hermes es un dios, cuya *mêtis* le facilita el engaño y el robo (cfr. Antonino Liberal, 15. 2, de Beo). Tiene también relación con los ganados (cfr.
Antonino Liberal, 15. 3.).

sieron la guardia. **3.** Acto seguido, se llevó doce terneros, cien
vacas no uncidas por el yugo y el toro que cubría a las vacas. Ató
del rabo de cada res una rama a fin de que borrara las huellas y
condujo a las vacas, arreándolas, a través del país de los Pelas-
gos[8], de la Acaya Ptiótide[9], de la Lócride[10], de Beocia y de la
Megáride[11]; desde allí ganó el Peloponeso; después siguió a través de Corinto y Lárisa[12] hasta llegar a Tegea[13]; de aquí pasó a los
entornos del monte Licio y del Menalio[14] y de las llamadas *Atalayas de Bato*[15]. **4.** Habitaba el tal Bato en lo alto de un peñasco,
y cuando oyó el mugido de las terneras que pasaban al lado, salió
de su casa y enseguida comprendió que se llevaba unas vacas que
habían sido robadas. Entonces exigió una recompensa a cambio
de no decir ni una palabra de ellas a nadie. Hermes prometió dár-
sela bajo esa condición, y Bato reafirmó bajo juramento que no
revelaría a nadie nada concerniente a las vacas. **5.** Pero cuando
Hermes las hubo escondido, después de meterlas en la cueva que
hay en la colina cercana al Corifasio[16], frente a las costas de Italia y Sicilia, volvió junto a Bato tras mudar de aspecto y lo puso
a prueba: quería comprobar si le era fiel en el juramento. Le
preguntó entonces si tenía conocimiento de unas vacas que
habían sido conducidas furtivamente por allí ofreciéndole como
recompensa un manto. **6.** Bato lo tomó y dio cuenta de las vacas.

---

[8] La Tesalia pelasgiótide, comarca del NE de Tesalia donde estaba Feras,
reino de Magnes.

[9] Región del sur de Tesalia, situada junto al Golfo Málico, cerca de las
Termópilas.

[10] El país de los locrios orientales u opuntios, al NE del Golfo de
Corinto.

[11] Beocia y Megáride son dos regiones de la Grecia central próximas al
Peloponeso, al que se unen por el Istmo de Corinto.

[12] Se trata de la Acrópolis de la ciudad de Argos, al NE del Peloponeso,
y no de la homónima ciudad de Tesalia.

[13] Ciudad de Arcadia, en el centro del Peloponeso.

[14] Error geográfico imputable a Antonino: el monte Licio se halla al O
de Tegea, la ciudad arcadia, en tanto que el Menalio está al N de esta ciudad
y al O de Argos.

[15] Tal vez se trate de un lugar con eco; cfr. Papathomopoulos (1968) 122,
n. 21.

[16] Cabo cercano a la antigua Pilos, al SO del Peloponeso, hoy llamado
Paleocastro.

Hermes, entonces, irritado porque tenía una doble lengua, lo golpeó con su bastón[17] y lo convirtió en piedra. A esta roca no la
abandonan nunca ni el frío ni el calor. Los caminantes llaman al
lugar, hasta el día de hoy, las *Atalayas de Bato*.

Comentario

La leyenda de *Bato* de Antonino Liberal guarda relación con un episodio del *Himno homérico a Hermes*, «el robo de las vacas del rebaño
de Apolo por parte de Hermes»[18]; el dios se valió de un engaño: se llevó
las vacas «haciendo que las pezuñas delanteras fuesen traseras y las traseras delanteras y marchando él también al revés»[19], y utilizó un ramaje
sujeto a sus pies para que Apolo no pudiera encontrar la vacada
siguiendo sus huellas. «Muchos montes umbrosos, valles sonoros y lla-
nuras florecidas atravesó el ilustre Hermes»[20] hasta llegar a Pilos[21]. En
su camino tiene lugar un episodio que puede considerarse el punto de
partida de la leyenda de *Bato:* al atravesar Beocia, un anciano que cui-
daba sus viñas en Onquesto es testigo del paso de la manada. Hermes
promete al anciano la fertilidad de sus campos a condición de que
guarde silencio sobre el robo de las vacas. Ante las preguntas de Apolo,
que marchaba en su búsqueda, el anciano confiesa haber visto a un
joven arreándolas hacia atrás[22]. Después no vuelve a hacerse ya referencia del delator. Las leyendas relacionadas con este personaje, sin
embargo, parecen querer encontrar una continuación al episodio.

Aunque la leyenda de *Bato* se encuentra también en otros autores[23],
la metamorfosis sólo está en Antonino Liberal y Ovidio. En éste,
Apolo es presentado como un pastor de la Élide y de los campos de

---

[17] Cfr. Antonino Liberal, 10. 4.

[18] *Himno*, vv. 68-102. Cfr. Ruiz de Elvira (1975) 90-92.

[19] *Ibid.,* vv. 76-78; trad. Bernabé (1978).

[20] *Ibid.,* vv. 95-96.

[21] La Pilos de Trifilia, en la Élide, en el NO del Peloponeso, junto al río
Alfeo.

[22] *Ibid.,* vv. 202-211.

[23] Véase, además del *Himno,* vv. 68-102, Ovidio, *Met.* 2. 685-707; Apolodoro, 3. 10. 2; Pausanias, 7. 20. 4; Filóstrato, *imag.* 1. 26; También en la
tragedia perdida de Sófocles *Los rastreadores* (Pearson, I, 227). Cfr. Ruiz de
Elvira (1975) 89-92; Castellani (1980) 37-50; Allen-Halliday-Sikes (1936)
271 ss.; Holland (1926) 156-184.

Mesenia, en el Peloponeso[24]. Unas vacas de su rebaño se adentran en los campos de Pilos[25] y Mercurio las roba. Sólo Bato advierte el robo. Mercurio le regala entonces una vaca a fin de que no diga nada. Poco después el dios vuelve con su voz y figura cambiadas[26], le pregunta por el ganado y le ofrece, para tentarle, una vaca con su toro. Bato responde, motivo por el que encuentra su castigo. Tanto en el relato de Ovidio como en el de Antonino se habla de un pacto quebrado. Pero, en el poeta latino, la relación entre silencio y delación desempeña un papel central que lleva al terreno del simbolismo moral: el viejo jura no decir nada y emplaza a una piedra a hablar antes que él[27]; al final queda convertido en un duro pedernal, una piedra silenciosa[28].

Se ha discutido la raigambre hesiodea de la leyenda de *Bato*[29]. Papathomopoulos niega que esta historia se encontrara, tal y como dice el escoliasta de Antonino, en las *Grandes Eeas*[30]. La suposición de que Antonino siga la versión de Hesíodo, en la que el robo tendría lugar en Tesalia (en otras fuentes, el lugar del robo se localiza en Pieria[31] o en Mesenia[32]) encuentra un inconveniente: en Antonino se presenta al dios Apolo como un pastor por cuenta propia, no como un servidor de las vacas de Admeto[33]. Por ello Papathomo-

---

[24] La Élide es una región del NO del Peloponeso. Mesenia está al S de la Élide y al O de Laconia.

[25] En este caso se trata de la principal ciudad de Mesenia; cfr. v. 689, donde se habla de Neleo, rey de Pilos.

[26] *Mox redit et uersa pariter cum uoce figura* (v. 698).

[27] *Lapis iste prius tua furta loquetur* (v. 696).

[28] *In durum silicem, qui nunc quoque dicitur index* (v. 706). Se trata de la llamada «piedra de toque».

[29] Hesíodo, fr. 256 M-W.

[30] Cfr. Papathomopoulos (1968) XIII-XIV y pp. 120-121 n. 9, en contra de las opiniones de Wilamowitz, *Berliner Klassikertexte*, V, 1, p. 24 y J. Schwartz, *Pseudo-Hesiodeia*, París (1960), p. 407, n. 5.

[31] Cfr. *Himno*, vv. 85 y 190; Apolodoro, 3. 10. 2; Filóstrato, *Imag.* 1. 25.

[32] Cfr. Ovidio, *Met.* 2. 680 ss. Tal vez se trate de una variante de lugar inventada por Ovidio para relacionar esta región con los campos de Pilo, en Mesenia, donde vive Bato; cfr. Ruiz de Elvira (1964) 220, n. 78.

[33] Esta servidumbre del dios en la casa de un mortal se debía a un castigo de Zeus como venganza por la muerte que Apolo causó a los Cíclopes, hijos de Zeus. Apolo mató a éstos, a su vez, en venganza por la muerte que Zeus causó a Asclepio, conocedor del arte médica e hijo de Apolo: por haberse atrevido en el ejercicio de la medicina a resucitar a los muertos. Cfr.

poulos[34] concluye que Antonino (o Nicandro) habría confundido la
leyenda del robo de las vacas de Apolo con otro episodio mítico, «el alo-
jamiento del dios en la ciudad tesalia de Magnesia bajo las órdenes de
Admeto». Se ha puesto en duda también que Apolonio de Rodas (siglo III a.C) tratara la leyenda de *Bato*. De hecho, solo conocemos, además de la referencia del escolio de Antonino Liberal, un epigrama de su
colección[35] acerca de Calímaco, «culpable» de escribir los *Aítia*. Algunos autores han considerado que el epigrama de Apolonio acerca de
Bato del que habla el escoliasta de Antonino pertenecería, junto con el
conservado, a una polémica acerca de la excelencia de los poemas exten-
sos (como propugna Apolonio) frente a la de los poemas pequeños (pos-
tura de la que es favorable Calímaco). Desde esta perspectiva, el epíteto
«batíada» aplicado a Calímaco podría aludir, no a su condición de «hijo
de Bato» (nombre del padre de Calímaco[36]) o de habitante de Cirene
(por eponimia del rey Bato, que reinó sobre la patria de Calímaco[37]) sino
a su relación con el personaje de la leyenda, Bato, cuyo nombre significa
«charlatán»[38] y referirse así a un amante de los discursos vacuos e intem-
pestivos[39]. De los demás garantes de la leyenda –Didimarco, Antígono–[40] sólo contamos con el dato del escolio, que, además, remite a
una fuente de segunda mano, Pánfilo, lexicógrafo de Alejandría del
siglo I d.C.[41] Por todo ello, Nicandro se manifiesta una vez más como
la fuente más firme de la leyenda de Antonino[42].

Filodemo, *De pietate* 34 = fr. 54 b M.-W; *Escolio a Eurípides, Alcestis 1* =
fr. 54 c, M.-W.

[34] Papathomopoulos (1968) 120-121, n. 9.

[35] *A.P.* XI, 275.

[36] Cfr. Calímaco, *Epigramas, XXXV.*

[37] Cfr. Calímaco, *Himno a Apolo,* II, v. 96.

[38] Cfr. el significado que asigna Hesiquio al término *battología, s. v.*

[39] Sobre los defensores de una y otra teorías, véase Papathomopoulos
(1968) XII.

[40] Sobre estos autores, véase *Introducción*, p. 35.

[41] Su obra *Leimón (Prado),* que se ha querido considerar fuente de las
citas del escoliasta de Antonino (Wilamowitz (1881) 171; cfr. Introducción,
pp. 43 s.), tal vez perteneciera a una obra extensísima, *Sobre glosas y nombres.*
Por la crítica de Galeno (vol. XI, p. 729 ss. C.G. Kühn) a su libro *Sobre las
plantas* sabemos del gusto de este autor por las leyendas de metamorfosis.

[42] El libro primero de Nicandro es la fuente de Antonino Liberal de tres
leyendas de metamorfosis en piedra, *Cragaleo,* 4, *Bato,* 23 y *El lobo,* 38.
Sobre la relación entre ellas, véase Castiglioni (1906) 337-338.

ASCÁLABO

Nicandro cuenta esta historia en el libro IV de
Las Metamorfosis

1. Cuando Deméter recorría errante la tierra entera en búsqueda de su hija[1], hizo un alto en el Ática para descansar. Misme acogió a Deméter, que estaba agotada por el fuerte calor, y le dio de beber agua mezclada con poleo y harina de cebada[2]. **2.** La diosa, que estaba sedienta, tomó la bebida de un trago. Ascálabo, el hijo de Misme, al verlo, echó a reír y al punto mandó que le ofrecieran un caldero o una barrica. **3.** Deméter, irritada, apenas se hizo con la bebida, arrojó a Ascálabo su contenido, y éste se transformó convirtiéndose en una salamanquesa de cuerpo moteado aborrecida por dioses y hombres[3]. Su vida trascurre junto a los canales. Todo aquel que la mata resulta muy grato a los ojos de Deméter.

Comentario

Se acepta generalmente que la historia de *Ascálabo* tiene su punto de partida en un episodio del *Himno homérico a Deméter:* Cuando la diosa iba en busca de su hija Perséfone, raptada por

---

[1] Perséfone, hija de la diosa Deméter, fue raptada por el dios Hades y llevada a sus moradas, al mundo subterráneo, el reino de los muertos.

[2] Esta bebida recibía el nombre de *ciceón;* véase comentario.

[3] Porque sus mordeduras son muy dañinas; cfr. Nicandro. *Th.* 483 s; Aristóteles, *HA.* 607 a 27.

Hades, paró a descansar de su fatiga junto a un pozo llamado Partenio; las hijas de Céleo, rey de Eleusis, la invitaron a la morada de su
padre. Allí Yambe, una criada, hizo reír a la diosa con sus bromas, y
Metanira, la esposa del rey, le ofreció el *ciceón*, instaurando así el
rito de los misterios de Eleusis[4].

Sabemos que el *ciceón* contenía, al menos en su forma más sen-
cilla, agua con harina de cebada y menta molida[5]; también sabemos
que era preciso agitarlo antes de beberlo (su nombre se relaciona
precisamente con la raíz *kwel-*, «(re)mover»; cfr. en griego el verbo
kykân)[6]. Hay referencias al *ciceón* en los poemas homéricos; se trataba de una bebida refrescante que apagaba la sed[7]. Pero también era
una bebida de acogida, cuya absorción constituía uno de los ritos
esenciales de los misterios de Eleusis que se celebraban en honor de
Deméter. Estos misterios, de carácter escatológico, relacionaban los
ciclos estacionales (que el mito hace corresponder con la vuelta de
Perséfone desde el Hades junto a su madre, diosa de la tierra, en una
época del año) con los de la vida humana. Los estudios de R. G.
Wasson[8] aportan un interesante punto de vista farmacológico sobre
este brebaje que se proyecta sobre los misterios: hay constancia,
desde la antigüedad, de un hongo rojizo, parásito de toda clase de
gramíneas (centeno, cebada, trigo); se trata del «cornezuelo» o
ergot, cuya ingestión provoca efectos visionarios potenciadores de
cualidades extáticas. El *ciceón* sería, por tanto, un fármaco enteó-
geno que favorecería dimensiones espirituales interiores. Se cree
que hacía posible a los fieles que participaban en los misterios una
experiencia de muerte y resurrección conforme al culto dispensado
a Deméter-Perséfone.

Nicandro ofrece dos versiones diferentes acerca de la acogida
que recibe la diosa en el Ática. Una de ellas, la de las *Heteroioúmena,* es la que siguen Antonino y Ovidio en las *Metamorfosis*[9]. En
el relato ovidiano encontramos un motivo del gusto helenístico: la

[4] *Himno* II, vv. 206-211; cfr. Nicandro, *Al.* 128 ss.
[5] Cfr. Delatte (1955) 23-40.
[6] Cfr. Heráclito, fr. 71 ed. García Calvo y comentario.
[7] Cfr. *Ilíada,* 11. 624; 18. 560; Delatte, *op. cit.,* p. 39.
[8] Wasson-Hofmann-Ruck (1974).
[9] Ovidio, *Met.* 5. 438-461. Ovidio hace de esta leyenda un asunto del
canto de las Piérides en su disputa con las Musas (cfr. Antonino Liberal, 9).

visita de una divinidad a un hombre humilde. Ovidio sitúa la acción en una pobre choza campesina donde «una vieja»[10] da de beber el *ciceón* a Ceres. El hijo de la anciana, «un niño atrevido», se rió de la diosa, a la que llamó «glotona»[11]. La diosa, entonces, roció al niño con los posos de la bebida, convirtiéndolo en un «estelión» (cfr. *infra*). En los *Fastos*[12] Céleo y Metanira son dos campesinos que reciben en su humilde choza a la diosa, a quien acompañan en su dolor por el rapto de su hija. Ceres, en agradecimiento, sana a su hijo enfermo. En este contexto rústico, acorde con la leyenda de Antonino, considera Delatte[13] que radica el aspecto más antiguo de la leyenda de *Ascálabo*, pues considera el *ciceón,* en su origen, tan sólo una bebida rústica, idealizada después conforme a la poética de los aedos jonios y, por ello, situada en un contexto regio (Richardson[14], al contrario que Delatte, piensa que el *ciceón* era una bebida noble, propia de héroes homéricos[15]). En la otra versión de Nicandro[16], que sigue más fielmente el *Himno,* es Metanira, la esposa del rey de Eleusis, quien da de beber la mezcla a la diosa en el palacio.

Pero el grano, además, era sagrado[17]. El ciclo del grano guarda una afinidad simbólica con el mito de Deméter y su hija: para germinar, la semilla ha de desaparecer y destruirse o morir bajo tierra. Se entiende entonces que, para vencer a la muerte y renacer, ha de morir previamente y tocar las estancias subterráneas. El *ciceón* nos acerca así, simbólica y ritualmente, al culto de Deméter, la Gran Madre o Madre Tierra, diosa ctónica de la vegetación que está íntimamente unida a la fertilidad y a la fecundidad. Desde esta perspectiva, Forbes Irving[18] encuentra un acceso explicativo de la leyenda: la «salamanquesa» pertenece a una serie simbólica de animales y plantas relacionados con el mundo subterráneo y oscuro, y

---

[10] Ovidio no conserva el nombre de Misme, nombre que, sin embargo, está en Lactancio Plácido, *Fab.* 5, 7.
[11] Ovidio, *Met.* 5. 446-461.
[12] Ovidio, *Fastos,* IV, vv. 408 ss.
[13] Delatte, *op. cit.,* pp. 27-36.
[14] Richardson (1974), Apéndice IV, pp. 344-348.
[15] Cfr. *Ilíada,* 11. 624-641.
[16] Nicandro, *Th.* 486 ss. Cfr. *Al.* 130-132.
[17] Cfr. *Ilíada,* 2. 631; Hesíodo, *Op.,* 466.
[18] Forbes Irving (1992) 309-310.

por ello asociado a la diosa Deméter y su hija[19]. La metamorfosis de castigo en salamanquesa sería, pues, una manifestación del poder de la diosa.

La «salamanquesa», animal que recibe también, en su forma vulgar, el nombre de «estelión», es un pequeño reptil saurio que tiene cuatro patas con cinco dedos en una disposición semejante a la humana. En griego se llama *askálabos,* y puede designar tanto al macho como a la hembra. Nicandro, en sus *Heteroioúmena,* no habría explicado el *aítion* del rito, sino el origen de la forma del animal, tal y como reflejan Antonino y Ovidio: las gotas de la aspersión que Deméter arroja sobre Ascálabo han formado las manchas de la salamanquesa o «estelión» (del latín *stellio, -onis,* palabra que significa «estrellado» o «moteado»)[20].

---

[19] Esta leyenda guarda semejanzas con la de *Ascálafo.* Éste, hijo de una Ninfa del Éstige (río de los Infiernos) y de Aqueronte (un río del Hades) delató a Perséfone porque había comido un grano de granada en el Hades, lo que le impedía regresar a la luz del día. Perséfone, encolerizada, lo convirtió en una «lechuza», ave de la oscuridad, a la que roció con agua del Flagetonte (otro de los ríos del Hades); cfr. Ovidio, *Met.* 5. 533-550; según Apolodoro (1. 5. 3. Cfr.; 2. 5. 12) Deméter puso sobre él una pesada roca en el Hades. En el índice II de leyendas del manuscrito de Antonino Liberal, el *askálabos* aparece incluido en la lista de aves, seguramente por confusión con el *askálaphos*).

[20] Cfr. Ovidio, *Met.* 5. 460-461 y Plinio, *HN.* 30. 88-89.

METÍOQUE Y MENIPE

Nicandro cuenta esta historia en el libro IV de
Las Metamorfosis *y Corina en el libro I de las* Weroîa[1]

1. De Orión, el hijo de Hirieo, nacieron en Beocia sus
hijas Metíoque y Menipe. Cuando Ártemis hizo desaparecer
a Orión de entre los hombres, las hijas se criaron con su
madre. Atenea enseñaba a éstas a tejer cumplidamente[2], en
tanto que Afrodita[3] les concedió gran belleza. **2.** Cuando una
peste se apoderó de toda Aonia[4] y muchos habitantes pere-
cían, enviaron a unos representantes a consultar el oráculo de
Apolo en Gortina[5]. El dios les dijo que aplacaran a las dos
divinidades bienhechoras[6]; añadió que estos dioses depon-
drían completamente su cólera si dos vírgenes se ofrecían
como sacrificio en honor de ambas divinidades. **3.** Ninguna
muchacha de la ciudad atendió a la sentencia del oráculo,
hasta que una obrera dio a conocer la respuesta del oráculo a

---

[1] Sobre esta palabra de significado oscuro, véase comentario.
[2] Atenea era la creadora del arte de tejer y patrona de todas las artes de
la paz; cfr. Papathomopoulos (1968) 126, n. 6.
[3] Afrodita era respetada en Tebas, y en general en toda Beocia, porque
su hija Harmonía fue esposa de Cadmo, héroe del ciclo tebano.
[4] Antiguo nombre de Beocia.
[5] Gortina era una ciudad arcadia cercana a Megalópolis, en el Peloponeso.
[6] En griego, *eriouníous*, «bienhechoras». *Erioúnios* es un epíteto de Hermes. Aquí designa a las divinidades infernales Perséfone y Hades, que aparecen más abajo; cfr. Papathomopoulos, *op. cit.,* 126, n. 11.

las hijas de Orión. Éstas recibieron la noticia al pie del telar y al punto aceptaron la muerte en pro de sus conciudadanos, antes de que la epidemia cayera sobre ellas y el mal las hiciera perecer. Gritaron; gritaron a los dioses infernales tres veces[7] que se ofrecían voluntariamente como víctimas, y acto seguido, se golpearon ellas mismas con la lanzadera junto a la clavícula y desgarraron sus gargantas. **4.** Ambas cayeron a tierra. Perséfone y Hades se compadecieron: hicieron desaparecer los cuerpos de las muchachas, y en su lugar, hicieron brotar dos astros de la tierra que brillaron tan pronto como fueron elevados al cielo. Los hombres llaman a estos astros cometas[8]. **5.** Todos los aones erigieron en Orcómeno, en Beocia, un santuario emblemático en honor de estas vírgenes. Y a ellas, cada año, muchachas y muchachos les llevan ofrendas apaciguadoras[9]. Aún hoy los eolios[10] las llaman «Vírgenes Corónides».

Comentario

Orión[11] es un gigante cazador del que hay diversas genealogías: se decía que había nacido –como todos los gigantes– de la Tierra, o bien que era hijo de Posidón y Euríale. Antonino Liberal sigue la tradición según la cual Orión es hijo de Hirieo, el héroe epónimo de Hiria, lugar de la circunscripción de la ciudad beocia de Tanagra. Sobre su nacimiento se cuenta la siguiente historia: Hirieo, que deseaba tener un hijo, dio hospitalidad en cierta ocasión a Zeus, Posidón y Hermes. Los dioses, en agradecimiento, engendraron al héroe al orinar (en griego, *oureîn*) en la piel de un buey que Hirieo había sacrificado a los dioses, y después de haberla escondido –por mandato de los dioses– bajo tierra durante

---

[7] Motivo de la tríada, en este caso asociada a la repetición ritual de invocación a divinidades; cfr. Antonino Liberal, 26. 5.

[8] Los cometas son cuerpos celestes que se caracterizan por tener un núcleo poco denso y una larga cola que semeja una cabellera.

[9] Se trata, sin duda, de ofrendas de miel. Esta era la ofrenda ctónica por excelencia debido a sus virtudes purificadoras.

[10] Metonimia del todo por la parte: los beocios.

[11] Cfr. Ruiz de Elvira (1975) 483-485.

nueve meses[12]. Orión se casó con Side (de cuya sangre, según una
leyenda, brotó un granado) y se enamoró de Mérope, la hija de
Enopión, a quien intentó violar. La Aurora *(Eos)*, que se había enamorado de él, lo raptó. En la isla de Creta se dedicó intensamente
a la caza en compañía de Ártemis y Latona. Según una versión,
Orión se jactó de ser capaz de acabar con todo animal que pululara
sobre la tierra. Fue entonces cuando la diosa Tierra mandó un
escorpión gigante que lo mató con su aguijón. A petición de Ártemis y de Latona, Zeus convirtió a Orión en la constelación que
lleva su nombre y al animal en la del Escorpión. Según otra versión, Orión intentó violar a Ártemis (o a la doncella de su séquito
Opis); la diosa, entonces, azuzó un escorpión gigante que le causó
la muerte[13]. La figura mítica de Orión ha sido incluida dentro del
tipo del «Joven Cazador», una especie de «Señor de las Fieras»,
compañero y al tiempo amante y rival de la diosa Ártemis, «la
Señora de las Fieras» *(Potnia therôn)*, que acaba causándole la
muerte[14].

Sabemos que la poetisa Corina (siglo V a.C.), natural de Tanagra, fue autora de poemas que trataban de la mitología de Beocia,
poemas que cantaba a las muchachas de su ciudad natal. Según un
escolio a Nicandro[15], Orión era originario de Tanagra[16] y Corina lo
había denominado «muy piadoso», considerándole una especie de
«Heracles beocio», benefactor y civilizador, que repartía sus buenas
acciones en la tierra liberando a los hombres de las fieras. Por ello
no es extraña la referencia del escoliasta de Antonino Liberal a
Corina como garante de esta leyenda. Más oscuro resulta el título a
ella atribuido, *Weroîa*. En un principio se leyó el título de la obra
como *Geroîa,* y se interpretó, conforme a la palabra *geroîa* que aparece en un fragmento conservado de la poetisa[17], como «Viejas His-

---

[12] Esta historia sobre el nacimiento de Orión es atribuida a Hesíodo por
el escolio a Germánico BP, p. 93 = fr. 148 b M.-W. Véanse otras fuentes en
Ruiz de Elvira, *op. cit.,* p. 484.

[13] Ambas versiones se encuentran en Eratóstenes, *Catasterismos* 32.

[14] Cfr. Wehrli, art. *Orion, RE* (1939) 1072-1075.

[15] *Schol. ad. Th.* 15 a, 6-8, Crugnola = Corina, fr. 20 (673) *PMG.*

[16] En tiempos de Pausanias (cfr. 9. 20, 3) se mostraba aún la tumba del
héroe.

[17] *PMG* 655, fr. 1.

torias» o «Historias de Vieja»[18]. La aparición de un papiro[19] que
contiene dicho fragmento ofrece la lectura de esta palabra con
digamma inicial, haciendo su significado más oscuro[20]. La interpretación correcta, sin embargo, parece ser la de *Weroîa*, con el significado de «Relatos»[21] (tradicionales, en forma de cantos para ser bai-
lados). En este caso, según leemos en el poema conservado, el relato
se referiría a Orión.

Ovidio, que también trata la leyenda[22], centra la acción en
Tebas; describe con algunas pinceladas la epidemia y da cuenta del
sacrificio en el que se inmolaron las dos hijas de Orión. Cuando
estaban siendo incineradas, de sus pavesas –dice– nacieron unos
jóvenes gemelos, *quos fama Coronos / nominat*[23]. Esta variante tal
vez pueda explicarse por la lectura de Ovidio de la forma *anéras*
(«varones») en lugar de *astéras* («estrellas»), que sería la forma del
original nicándreo[24].

La figura del cazador Orión aparece asociada a la constelación
que guarda su nombre, y se relaciona con distintas leyendas astro-
nómicas, principalmente de animales. Cuando las pinzas de su mortal enemigo el Escorpión, llevado también al cielo y convertido
como él en la constelación que lleva su nombre, aparece sobre el
horizonte por oriente, la constelación de Orión desaparece del cielo
por occidente; en este momento las constelaciones de la Osa y el
León se levantan. Orión, a su vez, persigue en el cielo a las *Pléya-
des,* («Las Palomas»), constelación de siete estrellas[25] que vuelan
delante de él; éstas no son sino siete muchachas metamorfoseadas
en estrellas a quienes Orión había perseguido en vida en la tierra
durante cinco años. Se dice también que la constelación del Toro

[18] Desde Hercher (1877) 306-319.
[19] *Pap. Oxy.* 2370, Lobel 1956.
[20] Lasso de la Vega (1960) 135-142, supone que lo que se lee en el
manuscrito de Antonino Liberal no es sino la ditografía de la palabra *ete-
roiouménon,* el título de la obra de Nicandro que la precede, por lo que pro-
pone suprimirla (cfr. Antonino Liberal, 10).
[21] Cfr. Clayman (1978) 396-397.
[22] Ovidio, *Met.* 13. 685-699.
[23] Ovidio, *Met.* vv. 697-698.
[24] Según J. M. Jacques, *ap.* Papathomopoulos (1968) 127, n. 7.
[25] Cfr. Eratóstenes, *Catasterismos* 23.

huye de él de espaldas, embistiéndole con sus cuernos[26]; que la Osa lo acecha desde lejos[27], etc. Por último, se cuenta que la constelación de Orión deja de verse al amanecer para que se recuerde que había sido raptado por la Aurora. En palabras de E. J. Webb, parece que la leyenda de Orión «descendió de las estrellas a los hombres»[28]. De modo parecido, se ha sugerido[29] que en el origen de la leyenda de las *Corónides* pudo haber intervenido la aparición de dos cometas cercanos a la constelación de Orión en tiempos lejanos, a los que la fantasía humana consideró dos hermanas hijas de Orión. (Recordemos que la vecina constelación de los Gemelos contiene dos estrellas principales de igual luminosidad y tamaño en las que la fantasía humana vio a dos hermanos[30]). Pero también se ha pensado que en el origen de la leyenda podría hallarse una fiesta celebrada primeramente en la ciudad beocia de Orcómenos en honor de Metíoque y Menipe (el sacrificio expiatorio de jóvenes de ambos sexos que se inmolan a sí mismos con el fin de apaciguar a una divinidad es un motivo frecuente en la mitología[31]), dos heroínas que, probablemente a partir de Corina, fueron consideradas hijas de Orión y como tales trasladadas, mediante la creación de la leyenda astronómica, al cielo desde la tierra, para que vivan por siempre junto a su padre[32].

---

[26] Cfr. Eratóstenes, *Catasterismos* 14.
[27] Cfr. Homero, *Il.* 17. 488.
[28] Cfr. Webb (1952) 110.
[29] Cfr. K.O. Müller, *Rhein. Mus.* 2 (1847) 27.
[30] Cfr. Eratóstenes, *Catasterismos* 10.
[31] Cfr. Antonino Liberal, 8. 6.
[32] Cfr. Plaehn (1882) 47.

HILAS

Nicandro cuenta esta historia en el libro II de
Las Metamorfosis

1. Cuando Heracles navegaba con los argonautas[1] –en calidad de jefe, por designación de éstos– llevaba consigo también a Hilas, el hijo de Ceix[2], joven de gran belleza. **2.** Cuando ganaron el Estrecho del Ponto[3], costeando ya los acantilados de la montaña Argatonia[4], se desató una tempestad que agitó las olas; entonces echaron anclas y fondearon allí la nave. Heracles procuró comida a los héroes. **3.** El joven Hilas se acercó con un cántaro a la orilla del río Ascanio[5] para llevar agua a los más distinguidos. Unas ninfas, hijas de este río, al verle se enamoraron de él, y lo arrastraron hasta el seno de las aguas de la fuente en el momento en que se estaba abasteciendo. **4.** Hilas se volvió invisible, y Heracles, porque no regresó junto a él, abandonó a los héroes y escudriñó el

---

[1] Héroes que acompañaron a Jasón en la nave Argo en la conquista del vellocino de oro que se hallaba en la lejana Cólquide, en la costa norte del Mar Negro.

[2] Ceix era rey de Traquis, ciudad de Tesalia, y está relacionado con el ciclo de Heracles y sus descendientes; cfr. Antonino Liberal, 33. 1, n. 3.

[3] Estrecho de los Dardanelos, que une el mar Egeo con el de Mármara, a las puertas del Mar Negro.

[4] Montaña de la región de Bitinia, al SE de la Propóntide (Mar de Mármara).

[5] Se trata del Cíos, homónimo de la ciudad bitinia fundada por Polifemo (cfr. *infra*); cfr. Schol. *AR.* 4. 1470.

lugar por todas partes, llamando insistentemente a gritos a Hilas. Las ninfas tuvieron miedo de Heracles –no fuera que lo encontrara junto a ellas–, por lo que cambiaron a Hilas y lo convirtieron en eco: siguiendo al grito, la voz retornaba a Heracles una y otra vez, **5.** y como Heracles, por más que se empeñó, no logró encontrar a Hilas, volvió a la nave y zarpó con los héroes, si bien dejó a Polifemo en aquel lugar por si podía, siguiendo sus intentos, encontrar a Hilas. Polifemo murió antes de cumplirlo. Los habitantes del país, aún en el día de hoy, ofrecen sacrificios a Hilas junto a la fuente. El sacerdote le llama tres veces por su nombre y otras tantas el eco le responde.

Comentario

Nicandro es uno de los primeros autores que se refiere a Heracles como jefe de los argonautas, pero la mera presencia del hijo de Zeus y Alcmena entre ellos es motivo de división entre los mitógrafos[6]. La leyenda de *Hilas* ofrece un punto de vista romántico a una saga heroica que Nicandro ha heredado y aderezado según el gusto helenístico, una visión en la que se complacía en oponer el carácter rudo y robusto de Heracles frente a la constitución delicada de Hilas[7]. La historia de Hilas se encuentra en muchos autores[8]; pero la filiación de Hilas como hijo de Ceix y su transformación en eco sólo se encuentra en Nicandro-Antonino. Es posible que Ovidio se haya sustraído a ofrecer esta metamorfosis por ser el eco objeto de transformación de otro personaje de leyenda, el de la ninfa Eco[9]. Hay otros elementos de la historia que se encuentran sólo en el poeta de Colofón, como el motivo de la tempestad y el retorno de Heracles a la nave tras la desaparición de Hilas.

Es bastante probable que en la creación de la leyenda haya intervenido la presencia de un ritual de llamada de Misia, región de Asia

---

[6] Cfr. Ruiz de Elvira (1975) 245 y 279; Papathomopoulos (1968) 128, n. 3.

[7] Cfr. Papathomopoulos, *op. cit.,* p. 150, n. 5.

[8] Apolonio de Rodas, 1. 1207 ss.; Teócrito, 13; Higino *Fab.* 14; Virgilio, *B.* 6. 43, etc.; cfr. Ruiz de Elvira, *op. cit.,* p. 279.

[9] Cfr. Ovidio, *Met.* 3. 356-401.

Menor que se extiende entre el mar de Mármara y el Egeo. Los misios, en efecto, tenían la costumbre de abandonarse al delirio báquico y recorrer las montañas llamando a Hilas[10] bajo una triple invocación ritual[11]. En este ritual Hilas es visto como una divinidad agraria que desaparece todos los años en una estación para renacer, probablemente, en primavera (también Bormo, un hermoso joven de Bitinia fue raptado por las ninfas en una fuente profunda cuando fue a buscar agua para los segadores; era conmemorado con lamentaciones todos los años en época de siega[12]). Estas víctimas, raptadas por las ninfas de las fuentes, recibían el nombre de *nymphóleptoi;* su desaparición solía ser el preludio de un culto local.

---

[10] De esta *oreibasía* habla Estrabón (12. 4, 3.)

[11] Cfr. Antonino Liberal, 25. 3.

[12] Cfr. *Schol. A.R.* I, 1126; II, 780. Sobre otros personajes parecidos, véase Papathomopoulos, *op. cit.,* p. 130, n. 21

IFIGENIA

Nicandro cuenta esta historia en el libro IV de
Las Metamorfosis

1. De Teseo y de Helena, hija de Zeus, nació una niña, Ifigenia, a quien crió Clitemnestra, la hermana de Helena[1]. Clitemnestra le dijo a Agamenón[2] que fue ella la que había dado a luz a la niña; y también, ante los intentos de averiguación de sus hermanos[3], Helena respondió que había salido virgen de la casa de Teseo. **2.** Cuando el ejército de los aqueos se encontraba retenido en Aulide[4] por la imposibilidad de navegar, los adivinos declararon que el viaje sería factible sólo en el supuesto de que sacrificaran a Ifigenia a Ártemis. Y Agamenón la entregó porque había sido requerida por los aqueos como víctima propiciatoria; los más distinguidos no miraron siquiera de frente a Ifigenia mientras era llevada al altar, antes bien, volvieron sus miradas todos a otra parte. **3.** Entonces, Ártemis hizo que apareciera junto al altar un becerro en vez de Ifigenia, y la protegió; se la llevó muy lejos de Grecia, al

---

[1] Teseo raptó a Helena. Poco tiempo después dio a luz a Ifigenia, concebida de Teseo, y se la entregó a su hermana Clitemnestra para que la hiciera pasar por suya.

[2] Esposo de Clitemnestra.

[3] Una vez que fueron a rescatarla; sobre los hermanos de Helena, véase comentario.

[4] Puerto de Beocia, frente a las costas de Eubea, del que partió la expedición griega (los aqueos) a Troya para rescatar a Helena, raptada por el príncipe troyano Paris.

llamado Ponto Euxino[5], junto a Toante[6], el hijo de Borístenes.
A este pueblo de nómadas Ártemis lo denominó taúrico, porque
apareció un toro junto al altar de Ifigenia[7], y a ésta la designó
después «sacerdotisa de Ártemis *Taurópola*»[8]. **4.** Cuando llegó
su momento, trasladó a Ifigenia a la, así llamada, Isla de Léu-
cade[9], junto a Aquiles, y, mudando su naturaleza hizo de ella
una divinidad inmortal, que nunca envejece, y le puso por
nombre, en lugar de Ifigenia, *Orsiloquia*[10]. Llegó a ser también esposa de Aquiles[11].

Comentario

Las figuras mitológicas de Helena, Clitemnestra, Cástor y Pólux
reciben el nombre de Tindáridas, aunque no todos ellos fueron
engendrados por el rey de Lacedemonia Tindáreo. Sin embargo,
todos eran hijos de la misma madre, de nombre Leda. Zeus se unió
a Leda metamorfoseado en cisne; esa misma noche Leda yació con
su marido Tindáreo. De sendas relaciones nacieron un par de gemelos cuya paternidad es atribuida así: Pólux y Helena pertenecen a
Zeus; Cástor y Clitemnestra a Tindáreo. Hay otras versiones acerca
de la concepción y nacimiento de Helena ligadas a historias de
metamorfosis. Según una de ellas, Zeus se enamoró de Némesis y la

---

[5] El Ponto Euxino («Mar Hospitalario») es, por antífrasis, el Mar Negro.
Ártemis se llevó a Ifigenia a un extremo, a Táuride, la moderna Península de
Crimea, antiguamente llamada Quersoneso Táurica.

[6] Legendario rey de la Táuride, identificado como hijo de Dioniso y
Ariadna (o de ésta con Teseo). Su filiación como hijo de Borístenes aparece
sólo en Antonino Liberal.

[7] Se relaciona el pueblo de los Tauros con el nombre del toro, en griego
taûros.

[8] *Taurópola* es un epíteto cultual de Ártemis como *Pótnia therôn*, la
«Señora de las Bestias», una de las formas de la *Gran Diosa* prehelénica.

[9] O Isla Blanca, un paraje maravilloso y extraño donde Tetis llevó a su
hijo Aquiles tras su muerte; allí vivió Ifigenia heroicamente. La Isla Blanca
solía situarse en la desembocadura del Danubio. A veces se confunde con la
Isla de los Bienaventurados; cfr. Antonino Liberal, 33. 3 y nota 11.

[10] Epíteto cultual de Ártemis en tanto que protectora de las mujeres que
están de parto (de *órnymi*, «empujar», «empezar a», y *locheía*, «parto»).

[11] En otras versiones Aquiles vive con Helena o Medea; cfr. Ruiz de
Elvira (1975) 428.

persiguió. Némesis se metamorfoseó en diversas formas para huir del acoso de Zeus, y finalmente en oca; pero Zeus, metamorfoseado en cisne, acabó uniéndose a ella. Némesis puso un huevo que un pastor recogió y entregó a Leda. De este huevo nació Helena, a quien Leda crió como hija suya. Según una variante, Zeus se unió a Leda en figura de cisne; Leda puso un huevo, y de él nació Helena. Para Nilsson[12], Helena era una diosa prehelénica de la vegetación, como Perséfone y Ariadna, figuras mitológicas con las que comparte un rasgo característico: ser víctimas de un rapto durante un tiempo, al cabo del cual vuelven a reaparecer. Se trata de un símbolo de los cambios estacionales. En el viejo drama sagrado de Helena, Teseo representa el papel masculino; después, su papel habría sido transferido al de un príncipe asiático, Paris.

Ifigenia[13] es –en la principal tradición mitológica– hija de Agamenón, el hijo de Atreo y jefe supremo de la expedición griega a Troya, y de Clitemnestra. Su leyenda cuenta con el prestigio dramático que le otorgaron los trágicos, especialmente Eurípides en su *Ifigenia en Táuride*. Sin embargo, Antonino Liberal sigue otra tradición en la que Ifigenia es hija de Teseo y Helena[14]. Según esta tradición, Teseo, rey de Atenas, con la ayuda de su amigo Pirítoo, raptó a Helena cuando aún era una niña y la llevó a Afidnas, en el Ática (o a la ciudad de Atenas). Después llegaron sus hermanos –Cástor y Pólux– y la rescataron. Helena, o bien ya había dado a luz a Ifigenia, concebida de Teseo, o bien –dicen otras fuentes– estaba encinta y alumbró a su hija en Argos, donde entregó a la niña a su hermana Clitemnestra, que estaba ya casada con Agamenón[15].

Helena y Clitemnestra –cuenta la tradición– contrajeron matrimonio, respectivamente, con los hijos de Atreo Menelao y Agamenón. Cuando los Atridas marcharon a Troya en busca de Helena, «raptada por Paris», se vieron retenidos en Aúlide a causa de unos vientos adversos. El motivo de este contratiempo –según declara el

---

[12] Nilsson (1932) 170 s.; cfr. Wilamowitz, *Hermes*, 18 (1883) 260 s.

[13] Sobre su leyenda, véase Kjellberg, art. *Iphigeneia RE* 9 (1916) 2588-2622; Séchan (1931) 368-426.

[14] Para Ghali-Kahil (1955) esta filiación no pertenecía en su origen ni a la leyenda de los Atridas ni al ciclo de Troya.

[15] Cfr. Ruiz de Elvira (1975) 383-384.

adivino Calcante– fue que la diosa Ártemis, encolerizada con Agamenón porque éste se había jactado de haber cazado una cierva de un modo más excelente que la diosa (o bien con Atreo, padre de Agamenón, por no haberle sacrificado una oveja de oro que había aparecido en su rebaño) exigió una satisfacción consistente en el sacrificio de la más bella de sus hijas. Agamenón entonces hizo venir de Argos a Clitemnestra e Ifigenia con engaño (les dijo que preparaba una boda para Ifigenia y Aquiles) y, una vez en Aúlide, se dispuso a sacrificar a su hija[16].

La leyenda de *Ifigenia,* tal y como la presenta Antonino, no contiene, en rigor, una metamorfosis en animal. Explica, más bien, el paso de una naturaleza mortal a una inmortal. Esta metamorfosis sigue un esquema habitual en Nicandro: la desaparición de un personaje *(aphanismós),* y en su lugar, la aparición de un objeto maravilloso, prueba de su inmortalización[17]. La mayoría de las fuentes señalan que en lugar de Ifigenia apareció una cierva como víctima consumada[18].

El cambio de Ifigenia por un becerro se puede atribuir, sin duda, a Nicandro. En efecto, en el *Etimologicum magnum*[19] leemos: «Otros dicen que, cuando los griegos querían sacrificar a Ifigenia en Aúlide, Ártemis la cambió por un ciervo, pero, según Fanódemo, por un oso, y según Nicandro, por un toro»[20]. El epíteto *Taurópola* le es aplicado a Ártemis en su calidad de *Pótnia therôn* («Señora de las Bestias»). Por otra parte, el nombre del pueblo «taúrico», así como la región de Taúride, guardan un gran parecido con el nombre «toro» *(taûros).* El interés de Nicandro por todo tipo de *aítia* ha podido relacionar ambos nombres, y ello puede explicar la originalidad de su versión.

---

[16] Cfr. Ruiz de Elvira, *op. cit.,* pp. 416-417.
[17] Cfr. la leyenda de *Ctesila,* de Nicandro, en Antonino Liberal 1.
[18] Cfr. Eurípides, *Ifigenia en Aúlide,* 1586-1589; Ovidio, *Met.* 12. 24-38; Higino, *Fab.*98; Apolodoro, *Ep.* 3. 2. 2; Proclo, *ap. E.G.F.* p. 19 Kinkel.
[19] *E. M,* 747.
[20] Las mismas referencias a Fanódemo y Nicandro encontramos en el escolio 183 de Licofrón.

TIFÓN

Nicandro cuenta esta historia en el libro IV de
Las Metamorfosis

1. Tifón, hijo de la Tierra, fue una divinidad de fuerza
desmesurada y aspecto extraño: le habían crecido muchísimas cabezas, manos y alas, y por los muslos enormes anillos
de serpientes enroscadas; emitía además toda clase de sonidos. No había nada que resistiera a su fuerza. **2.** Tifón deseó
hacerse con el poder de Zeus, y ningún dios le hizo frente en
el momento del ataque; al contrario, todos huyeron a Egipto,
presos de pánico, por lo que Atenea y Zeus se quedaron
solos. Tifón siguió sus rastros, pero los dioses tuvieron la pre-
visión de mudar sus figuras en las de unos animales, y de esta
manera, huyeron. **3.** Apolo se transformó en halcón, Hermes
en ibis[1], Ares en un lepidoto[2], Ártemis en una gata, Dioniso
tomó el aspecto de un macho cabrío, Heracles el de un cervatillo, Hefesto el de un buey y Leto el de una musaraña; los
demás dioses cambiaron su forma de la manera que por ven-
tura encontraron. Pero cuando Zeus alcanzó con un rayo a
Tifón, éste se sumergió, envuelto en llamas, en el mar, cuyas
aguas apagaron el fuego. **4.** Zeus, entonces, no dejó libre su
presa, sino que le puso encima una inmensa montaña, el

---

[1] Ave ciconiforme que vive en las orillas de los ríos y lagos de regiones
templadas.
[2] Pez abundante en el Nilo; especie de carpa o barbo. Su nombre alude
a sus grandes escamas.

Etna[3], y colocó sobre su cumbre, para que lo vigilase, a
Hefesto, quien fijó sobre su nuca los yunques sobre los que
trabaja al rojo vivo el hierro.

Comentario

Hesíodo[4], en la *Teogonía*, presenta a Tifón (o Tifoeo), el hijo
de Gea (la Tierra) y de Tártaro, como un dios violento: de sus hombros nacían cien cabezas de serpientes de cuyos ojos surgían des-
tellos de fuego. Las cabezas emitían sonidos articulados para
entenderse con los dioses, pero también terribles mugidos de toro
o rugidos de león o cachorro de perro así como silbidos. Las versiones helenísticas del mito presentan formas más elaboradas de
su aspecto, y en ellas se rastrean influencias orientales[5]. Es Apolodoro[6] quien aporta la descripción más completa del monstruo:
Tifón, nacido en Cilicia, tenía forma humana hasta los muslos, for-
mados éstos por anillas de víboras. Pertenece, pues, a los seres
fabulosos que combinan un cuerpo humano con uno de serpiente
en sus extremidades inferiores[7]. Era más alto que las montañas: su
cabeza rozaba las estrellas y con una mano tocaba el oriente y con
la otra el occidente; de sus manos salían cien cabezas de serpientes[8]; su cuerpo estaba cubierto de alas; de su cabeza ondeaban
sucios cabellos y emitía un fuerte silbido; de su boca salía un
potente chorro de fuego. En su lucha contra Zeus, la llamada

---

[3] Volcán de la isla de Sicilia.

[4] Hesíodo, *Th.* v. 825 ss.

[5] En Egipto y Asia, en efecto, podemos encontrar otros tipos de monstruos polimembres, alados y de cuerpo mixto; véase, Vian (1960) 12-16.

[6] Apolodoro, 1. 6. 3.

[7] La «Ofiomorfía» caracterizaba a los «Hijos de la Tierra», pues la serpiente era considerada un ser nacido de la tierra; cfr. Antonino Liberal, 6. 1;
Guerra Gómez (1965) 9-71.

[8] Apolodoro habría confundido dos variantes de la figura del monstruo
(según J. Schmidt, en Roscher, (1924-37) *s. v. Thyphoeus*): un Tifón
dotado de una sola cabeza humana (aunque podía estar rodeada de un
collar de cien serpientes; cfr. Esquilo, *Siete contra Tebas*, 493-496; Aristófanes, *Avispas*, 1031-1035; Nono, *Dion.* 1. 154-162; 258-271, etc.), y un
monstruo de cien cabezas (cfr. Hesíodo, *Th.* 825; Píndaro, *P.*1.16; Esquilo,
Prometeo, 3. 5. 3; etc.).

«Tifonomaquia»[9], Tifón llegó a cortarle al dios los tendones de las manos y de los pies y los escondió en una cueva de Cilicia, llamada Coricia. Hermes y Egipán robaron los tendones y se los reincorporaron a Zeus, quien entonces persiguió a Tifón con sus rayos hasta el monte Nisa, donde las Moiras engañaron al monstruo persuadiéndole de que comiera «los frutos efímeros»[10]. Cuando intentaba huir a través del mar de Sicilia del acoso de Zeus, éste lo derrotó definitivamente echándole encima el volcán Etna[11].

Puede decirse, en general, que este tipo de monstruos simbolizan las fuerzas ctónicas del mal; contra ellos se enfrenta un rival divino[12]. Se ha comparado la lucha entre Tifón y Zeus con la de Indra o Visnú, principios del bien en la India, contra la serpiente Vritra. También se ha comparado con poemas hetitas, como el mito (de origen anatolio) de la *Lucha contra el dragón*[13], mito que comparte incluso elementos con el griego, como el motivo de la debilitación del dragón por medio de la comida[14]. El mito de *Tifón,* por otra parte, obedece al interés de acercar la mitología de origen oriental a la parte más occidental del mundo

---

[9] La narración más completa se halla en Apolodoro (*loc. cit.*), pero también en Hesíodo, (*Th.* vv. 820-880) y otros; cfr. Ruiz de Elvira (1975) 56-57.

[10] El alimento humano, que hace mortales a quienes los toman y que sus fuerzas se debiliten; véase Vernant (1999) 50-51.

[11] Para otros autores, como Píndaro (*P.* 1. 19) y Ovidio (*Met.* 5. 346 ss.), Tifón fue enterrado bajo la isla de Sicilia en su totalidad. Según el testimonio de otros autores antiguos, son los gigantes Encélado o Briareo quienes fueron primitivamente aprisionados bajo el volcán Etna, y desde época posterior, Tifón; cfr. Papathomopoulos (1968) 134, n. 21. Los Gigantes eran hijos de la sangre de Urano fecundada en Gea, la Tierra. Eran de inmenso tamaño y de poder semejante a los dioses, pero mortales. Lucharon contra Zeus en la llamada «Gigantomaquia». La instigadora de esta lucha fue la Tierra, que quería vengar la derrota que Zeus infligió a sus hijos, los Titanes. Los dioses olímpicos consiguieron la victoria dando muerte a los Gigantes o sepultando a algunos debajo de islas o montañas. La Gigantomaquia no se encuentra en Hesíodo, pero sí en Apolodoro (1. 6. 1-2); cfr. Ruiz de Elvira, *op. cit.*, p. 49.

[12] Cfr. Fontenrose (1959) 70-76.

[13] Poema etiológico del festival anual hetita llamado *Purulli.* Cfr. Bernabé (1979) 29-37.

[14] En este mito en concreto se simbolizaba, mediante un combate ritual, el triunfo de la vida sobre la muerte, de la fertilidad sobre la sequía, y en general, del bien sobre el mal; cfr. Bernabé, *op. cit.*, p. 29.

griego. Papathomopoulos[15] piensa que el espíritu griego no llegó
a asimilar estos monstruos orientales surgidos de la Tierra, razón
por la que acaban escondidos en sus entrañas.

Hesíodo, en la *Teogonía,* situa la «Tifonomaquia» a continuación de la «Titanomaquia»[16], (o «Lucha de los Titanes»), que es una
parte del «Mito de la Sucesión»: Crono destronó a su padre Urano,
y a Crono, su hijo Zeus. Los Titanes, hijos de Urano y Gea, se pusieron de parte de su hermano Crono, pero Zeus los venció y los
sepultó debajo de la Tierra, en el Tártaro[17]. Con el asentamiento de
Zeus en el poder supremo, el orden quedó definitivamente establecido. Podemos encontrar una secuencia paralela al «Mito de la
Sucesión» griego en el mito hurrita del «Reino Celeste»: Alalu es
destronado por Anu, y éste por Kumarbi; a Kumarbi lo destrona
Tesub. Para vengarse, Kumarbi engendra un hijo de diorita, una piedra volcánica, llamado *Ullikummi.* En la creación de estas leyendas
han intervenido, sin duda, personificaciones de elementos de la
naturaleza como los volcanes[18]. En efecto, estos mitos «se relacionan con fenómenos violentos de la naturaleza, que se salen de los
ciclos regulares, de los ciclos impuestos en el nuevo ordenamiento.
Estos fenómenos naturales violentos constituyen una ruptura de la
regularidad y, por tanto, una amenaza para el orden establecido, que
se plantea míticamente en forma de conflicto entre personas»[19]. Tras
su derrota, la amenaza de destrucción y desorden seguirá, pero ya no
para los dioses, sino para los hombres[20]. En este sentido, la leyenda
de *Tifón,* más que de una metamorfosis, habla figuradamente del
volcán Etna: sus erupciones serían, según las versiones, los restos de
los rayos de Zeus, o bien las convulsiones de Tifón. De sus hijos
emanan también los vientos destructores[21].

El índice I de leyendas de Antonino Liberal señala la metamorfosis de Tifón en «hierro al rojo», pero, en rigor, el monstruo ni

---

[15] Papathomopoulos (1968) 134, n. 21.
[16] Hesíodo, *Th.* vv. 629-733.
[17] Cfr. Ruiz de Elvira, *op. cit.,* pp. 53-55.
[18] Cfr. *El canto de Ulikummi*, introducción y traducción de A. Bernabé,
op. cit., pp. 171-199, así como el poema de *Hedammu, ibid.,* pp. 157-170.
[19] Bernabé, *op. cit.,* 174.
[20] Cfr. Vernant (1999) 55-57.
[21] Cfr. Hesíodo, *Th.* 869 ss.

muere ni es transformado; es simplemente aprisionado. A continuación, el índice añade las metamorfosis de los dioses en distintos animales, lo que parece ser el verdadero objeto de la leyenda de metamorfosis de Antonino Liberal.

La huida de los dioses bajo aspecto de animales no está en Hesíodo. Apolodoro[22], que describe detalladamente la lucha, dice que cuando Tifón se abalanzó sobre el cielo, los dioses emprendieron su huida a Egipto bajo forma animal, pero no describe las transformaciones. En Ovidio[23], por el contrario, la descripción de estas metamorfosis es el objeto del canto de una de las Piérides en su disputa con las Musas[24]: Calíope comienza su réplica con el relato del castigo de Tifón, su aprisionamiento bajo la totalidad de la isla de Sicilia, bajo la boca del Etna[25].

Se ha considerado el episodio de la huida de los dioses como un motivo etiológico añadido por los griegos sobre un viejo tema de origen egipcio: la rivalidad entre Horus, el hijo de Osiris e Isis, y Set (Tifón). Set había matado a su hermano Osiris. La lucha entre Horus, vengador de su padre, y su tío representa simbólicamente la lucha entre los principios del bien y del mal[26]. En la leyenda de la huida de los dioses, cada uno de los animales objeto de metamorfosis tiene una relación sagrada con un dios griego o con un equivalente egipcio, conforme a la identificación que, desde antiguo, se hacía de unas y otras divinidades.

Entre el relato de Ovidio y Antonino Liberal, no obstante, pueden apreciarse algunas diferencias: Ovidio presenta a Zeus («guía del rebaño») como un carnero de cuernos retorcidos[27], motivo por el que «también ahora –dice– el libio Amón tiene una figura de cuernos retorcidos». Zeus era identificado desde antiguo con el dios egipcio Amón, un dios con cuernos. Esta metamorfosis, ausente en Antonino, es seguramente una adición de Ovidio para hacer más impía la injuria de la piéride[28], pues, en los «mitos de combate»

---

[22] Apolodoro, 1. 6. 3.
[23] Ovidio, *Met.* 5, 322-331; Cfr. Higino, *Fab.*152.
[24] Cfr. la leyenda de las *Emátides,* de Nicandro, en Antonino Liberal, 9.
[25] Ovidio, *Met, 5,* vv. 346-356.
[26] Cfr. Griffiths (1960) 374-376.
[27] Ovidio, *Met.* 5. 325-328.
[28] Cfr. Plaehn (1882) 30.

i

202   METAMORFOSIS

Zeus suele encarar una lucha singular, o, a lo sumo, ayudado por
Atenea (como en la *Gigantomaquia*), que también suele tomar parte
en las luchas entre dioses y monstruos ctónicos. En Antonino, Apolo
toma la forma de un halcón, ave a la que se compara al dios ya en
la *Ilíada*[29]. Apolo se identifica en Egipto con Horus[30] y el «halcón»
era el ave sagrada de este dios egipcio. En Ovidio, Apolo toma la
forma de un cuervo, por ser también el ave del dios[31]. En ambos
autores, Hermes toma la forma de un ibis, ave que en Egipto no
podía matarse por su carácter sagrado. Thot (Hermes) era represen-
tado en forma de ibis o de hombre con cabeza de ibis; en Hermópo-
lis Magna, cuando morían, estas aves eran embalsamadas y enterra-
das[32]. Thot era, además, como Hermes, el señor de la elocuencia,
facultad que el ibis simboliza[33]. Ártemis era identificada con la
diosa Bastet[34], una diosa con cabeza de gata; era honrada en festivales y recibía embalsamamientos y enterramientos en la ciudad de
Bubastis[35]. La diosa egipcia ha podido evocar a la *Pótnia therón*, «la
Señora de los animales salvajes», epíteto aplicado a Ártemis (el
gato, como animal doméstico, era desconocido en la antigüedad
griega). Dionisos-Baco, que de niño había sido convertido en
cabrito por Zeus para evitar la furia de Hera[36], toma en ambos relatos la forma de macho cabrío. El resto de metamorfosis no es coin-
cidente. Antonino presenta a Ares convertido en un lepidoto; este
tipo de pez era sagrado en la ciudad de Papremis[37], y ésta era la ciudad sagrada de Ares[38]; sin embargo, es a Venus en su huida de Tifón
a quien Ovidio, siguiendo una tradición, presenta convertida en pez[39].

---

[29] *Ilíada*, 15. 237.
[30] Cfr. Heródoto, 2. 156. 5.
[31] Cfr. Ovidio, 2. 544; Antonino Liberal, 20. 7. Puede deberse también a
una confusión, en el modelo nicandreo, de *hiérax,* «halcón», por *kórax,*
«cuervo», según J. M. Jacques, en Papathomopoulos (1968) 133, n. 13.
[32] Cfr. Heródoto, 2. 67.
[33] Cfr. Eliano, *NA.* 10. 29.
[34] Cfr. Heródoto, 2. 137. 5.
[35] Cfr. Heródoto, 2. 59 y 67.
[36] Cfr. Apolodoro, 3. 4. 3.
[37] Cfr. Heródoto 2. 72.
[38] Cfr. Heródoto, 2. 59
[39] Ovidio, v. 331. Sobre esta tradición, véase Ruiz de Elvira, *op. cit.,*
pp. 480-481.

En Antonino, Hefesto queda asimilado a Ptah, el dios-buey adorado en Menfis[40], pero, en Ovidio[41], es Hera la que se transforma en vaca (recuérdese el epíteto homérico de la diosa, *boôpis,* «de ojos de vaca»). Ovidio omite la metamorfosis de Heracles en cervatillo y de Leto en musaraña. Esta última era también momificada por los egipcios y colocada junto a las tumbas. Las musarañas, por lo demás, eran llevadas a la ciudad de Buto, ciudad del Delta, donde Leto recibía un culto[42]. Es el animal sagrado de la diosa en Letópolis[43].

Hegel[44] aprecia en el pasaje de la metamorfosis de los dioses para huir «la degradación de lo animal en el mundo griego». En efecto, las metamorfosis de los dioses griegos en animales pueden considerarse como lo opuesto a la concepción y veneración egipcias, donde espíritu (divino) y naturaleza (animal) estaban unidos. El pasaje de la huida de los dioses escondidos en figuras animales (*mentitis figuris,* en palabras de Ovidio) no es ya una manifestación sagrada del espíritu, sino un «oprobio para los dioses», que descienden a formas degradadas en las que está claramente separada la naturaleza del espíritu. Los dioses, a través de sus metamorfosis, no muestran ya su poder y esplendor, sino sólo su capacidad para huir cobardemente; éste es el reproche de las Piérides.

---

[40] Cfr. Heródoto, 3. 37.
[41] Ovidio, *Met.* v. 330.
[42] Cfr. Heródoto, 2. 67.
[43] Cfr. Kees, art. *Letopolis RE.* 12 (1925) 2146, 43 ss.
[44] Cfr. Hegel (1989) II, 31-2.

GALINTÍADE

Nicandro cuenta esta historia en el libro IV de
Las Metamorfosis

1. De Preto nació en Tebas[1] una hija, Galintíade. Esta muchacha era compañera de juegos y amiga de Alcmena, la hija de Electrión[2]. En el momento en que el parto de Heracles apremiaba a Alcmena, las Moiras[3] e Ilitía[4], para complacer a Hera[5], la mantenían sumida en los dolores del parto, pues permanecían sentadas cruzadas de brazos. **2.** Galintíade, temerosa de que los dolores volvieran loca a Alcmena –tan

---

[1] Pausanias (9. 8. 4) habla de un Preto tebano que dio nombre a una de las puertas de la ciudad.

[2] Alcmena es hija de Electrión, rey de Micenas, y de Anaxo o de Lisídice. Se casó con Anfitrión, el hijo de Alceo, rey de Tirinto, sobrino y cuñado de Electrión. Anfitrión hubo de exiliarse a Tebas. Estando ausente de su hogar, Zeus yació con Alcmena, y de esta unión nació Heracles, que por ello es tebano de nacimiento aunque tirintio o micenco por su familia; cfr. Ruiz de Elvira (1975) 207 y Papathomopoulos (1968) 134-3, n. 3. Sobre Alcmena, véase Antonino Liberal, 33.

[3] Sobre las Moiras, cfr. Antonino Liberal, 2, n. 6 y 19. 3. Las Moiras tenían, seguramente, un santuario en Tebas; cfr. Pausanias 9. 25. 4 y Píndaro *N.* 7. 1; Papathomopoulos *op. cit.,* p. 135, n. 7.

[4] Divinidad asociada a Hera (según Hesíodo, *Th.* 922, era su madre) y a sus rencores y aborrecimeintos; preside y promueve los partos, pero también puede, por arte de magia, retrasarlos o impedirlos (cruzando sus brazos, por ejemplo). En Píndaro (*O.* 6. 72) forma grupo con las Moiras; cfr. Platón, *Smp.* 206 c.

[5] Hera, esposa de Zeus, es siempre muy vengativa ante las infidelidades del dios.

oprimida se hallaba–, corrió hasta las Moiras e Ilitía y les anun-
ció que, por voluntad de Zeus, Alcmena había tenido un hijo
varón, y que sus prerrogativas quedaban suprimidas. **3.** Al oír
esto, el estupor sobrecogió a las Moiras y levantaron sus manos
de repente; en ese preciso momento, los dolores de Alcmena
cesaron y nació Heracles. Las Moiras hicieron patente su resen-
timiento: privaron a Galintíade de su condición de mujer, por
haber engañado a las divinidades, ella, que era una mortal, y la
convirtieron en taimada comadreja, le impusieron vivir en subterráneas madrigueras y le asignaron una morada desagradable.
Además, copula por las orejas y pare las criaturas que lleva en
su seno por la boca. **4.** Hécate se compadeció del cambio de
aspecto de Galintíade y la designó su sagrada servidora[6]. Heracles, por su parte, cuando creció, se acordó del favor: erigió una
estatua a Galintíade junto a su casa y le ofreció sacrificios. Los
tebanos, aún hoy, conservan tales ceremonias y antes de la fiesta
de Heracles hacen ofrendas a Galintíade como primicia.

Comentario

La historia de *Galintíade* puede tener su punto de partida en un
pasaje de Homero[7] que describe cómo Hera retrasó el nacimiento de
Heracles: intentaba así favorecer el nacimiento de Euristeo, hecho
que, de cumplirse, facilitaba el futuro acceso de éste al trono de
Micenas[8]. Este núcleo originario serviría para la creación de la historia de *Galintíade,* modelada con el recurso del «engaño», elemento propio del cuento popular. La leyenda de Nicandro sirve además para la exposición de dos *aítia:* la reproducción de la comadreja
y el origen de una estatua y su culto[9].

Trata también la leyenda Ovidio[10], quien hace pasar a Galántide
(sic) por una sirvienta de Alcmena. En la descripción de su forma de

---

[6] Hécate es una diosa ctónica. Algunos animales a ella asociados viven
en la tierra o en los albañales.
[7] *Ilíada,* 19. 95-133.
[8] Cfr. Ruiz de Elvira (1975) 167.
[9] Cfr. Forbes Irving (1992) 205.
[10] Ovidio, *Met.* 9. 305-323.

vida, inquieta y diligente, se anuncian ya las cualidades naturales de
la comadreja en que será transformada[11]. Ovidio presenta el aspecto
simbólico del animal visto desde el lado moral: por haber ayudado
con su boca mentirosa a una parturienta, por su boca pare[12]. Por lo
demás, prescinde de presentar el *aítion* de un culto. Libanio[13], de
manera parecida, habla de una heroína llamada Acalanthís[14], y de
Hera, en persona, evitando el parto.

Otros autores cuentan la historia, pero prescinden de la metamorfosis: Istro[15], historiador del siglo III a.C., dice que las Parcas
soltaron sus brazos cuando pasó corriendo delante de la parturienta
una comadreja, considerada después la nodriza de Heracles. También Eliano[16] dice que –según cuentan los tebanos– la comadreja fue
nodriza del héroe, o que al menos corrió junto a Alcmena, que
estaba en los dolores del parto, y que desató las ligaduras de su vientre. Por ello –dice– los tebanos dan a este animal un culto propio de
personas. En Pausanias[17], es Históride, (la «investigadora», la
«sabia»), una hija del adivino Tiresias, la que engaña, profiriendo
gritos de alegría, a las Farmácides («hechiceras»), unas mujeres
enviadas por Hera para impedir que Alcmena diera a luz.

Forbes Irving[18] centra la cuestión de las variantes de la leyenda,
largamente discutidas, en si la historia de la transformación en
comadreja es el desarrollo de una historia de este animal, y piensa
que, tanto una versión de la leyenda en que la protagonista sea siempre un animal, como una en que sea completamente una mujer, son
intentos racionalizadores de una historia más antigua de metamorfosis. En la medida en que podemos creer que Nicandro no ha inventado el culto de una heroína llamada Galintíade[19], se puede aceptar

---

[11] *Strenuitas antiqua manet* (v. 320).

[12] *Quia mendaci parientem iuverat ore / ore parit.* (vv. 322-323).

[13] Libanio, *Narr.* 3, 1099 = Westermann, *Myth. Gr.*, p. 360, 19 ss.

[14] Akalanthís, en griego significa «jilguero», ave en la que es convertida
una de las Emátides (cfr. Antonino Liberal, 9. 3).

[15] Istro, citado en el escolio a la *Ilíada*, 19. 119 = FGH 334 F 72.

[16] Eliano, *NH*. 12. 5.

[17] Pausanias 9. 2. 3; cfr. Plinio, *NH*. 28. 59. Otras fuentes de la leyenda
son Libanio, *Narr.* 3. 1099, *s. v. Acalantis* e Istro, *FGH*. 334 F 72.

[18] Forbes Irving, *loc. cit.*

[19] Eliano, *loc. cit.* piensa que el culto de los tebanos a un animal como
la comadreja es ridículo.

que la forma primitiva de la protagonista sería humana y que su nombre, en griego, ha podido contribuir a la creación de la leyenda Ya E. Maas[20] pensaba que *Galé*, diminutivo de *Galinthías,* presenta una relación casual con el nombre de la comadreja, el epiceno *galé*. En la homonimia se hallaría el origen de la historia de metamorfosis en este animal. Gaertringen[21], por su parte, deriva el nombre de *Galinthía* de *Gálinthos*, según él, un topónimo beocio de origen prehelénico; Galintías sería una heroína local relacionada con el topónimo, que, olvidado con el tiempo, se asociaría por etimología popular con la comadreja y daría lugar a una leyenda en la que desempeñan un papel las propiedades maravillosas de este animal.

Las fuentes antiguas inciden en la asociación de la comadreja con la magia. Eliano, en otro lugar[22], recoge algunas prácticas de magia relacionadas con la comadreja, de la que dice que, según una tradición, fue en otros tiempos una mujer hechicera y bruja llamada Galé, de una sexualidad desbordada, a la que Hécate, la diosa de la magia, transformó. Recordemos también que, en la leyenda de Antonino, Hécate hace de la comadreja en que se convierte Galintíade su animal sagrado, y que, en Pausanias, Históride es hija de un adivino. Es proverbial también desde antiguo considerar la astucia y el engaño como dos cualidades que se encarnan en la comadreja, tanto en leyendas como en cuentos[23].

Asociado a la leyenda se encuentra también un tema tradicional que ha llegado hasta el folclore de la Grecia actual: la comadreja como protectora de las jóvenes casadas[24]. La leyenda de *Galintíade* concuerda, en efecto, con la creencia popular que atribuye a la comadreja un valor apotropaico: de protección de los partos y de rechazo de sus peligros. Ello remite también a una antigua forma humana del animal[25]. Los peculiares hábitos reproductores de la comadreja, en este sentido, son relevantes para la creación de la figura de una comadrona mítica y su leyenda.

---

[20] Maas (1888) 614.
[21] Cfr. Gaetringen, art. *Galinthías RE* (1910) 607 ss.
[22] Eliano, *NH*. 15. 11; cfr. *V.H.* 7. 15.
[23] Cfr. Papathomopoulos (1968) 136, n. 12.
[24] Cfr. Papathomopoulos, *op. cit.,* pp. 136-137, n. 16.
[25] Cfr. Rhode, *Rhm.* 43 (1898) 1304.

La tradición según la cual la comadreja pare por la boca se remonta a Anaxágoras, según sabemos por Aristóteles[26], que intenta desacreditar esta creencia. En su origen, es muy probable que haya intervenido el parecido del nombre griego de la comadreja, con el nombre *galeós,* que designa una especie de «tiburón» o «lija» también llamado «perro de mar»[27]. Aristóteles[28] describe al *galeós* como una especie ovovivípara: los embriones nacidos del huevo de éste se alojan en el útero y nacen con el cordón umbilical unido a él. Pero, sobre estos peces existía una creencia: una vez nacidas las crías podían volver a ser recogidas por la boca de sus progenitores para su protección y ser expulsadas de nuevo, creencia que el propio Aristóteles comparte[29]. Este hecho pudo ser confundido con un parto oral, y por el parecido del nombre, trasladado a la comadreja.

La fiesta de la que se hace mención en la leyenda de Antonino duraba dos días. Por la tarde o por la noche del primero, se ofrecía un sacrificio de carácter ctónico a Heracles y a sus hijos. Al día siguiente (el día de la fiesta propiamente dicho) Heracles recibía los honores divinos y se celebraban concursos atléticos. No podemos saber por nuestro texto si la ofrenda del sacrificio a Galintíade se oficiaba el primer día o el segundo[30].

---

[26] Aristóteles, *G.A.* 756 b 13 = fr. 114 D.
[27] Cfr. Eliano, *NH*. 15. 11.
[28] Aristóteles, *HA*. 565 b 2.
[29] Aristóteles, *HA*. 565 b 24; cfr. Eliano, *NH*. 1. 16 y 17.
[30] Cfr. Papathomopoulos, *op. cit.,* p. 137-138, n. 24, 25 y 26 y bibliografía.

30

BIBLIS

Nicandro cuenta esta historia en el libro II de
Las Metamorfosis

1. Hijo de Apolo y de Acacálide[1], la hija de Minos, nació en Creta un niño, Mileto. Acacálide, porque sintió miedo de Minos, expuso a su hijo en el bosque, donde unos lobos acudían repetidas veces –por voluntad de Apolo–[2] para custodiarlo y ofrecerle leche cuando era su hora[3]. Luego se toparon con él, por azar, unos boyeros que lo recogieron y lo criaron en sus casas. **2.** Cuando el niño creció y se hizo un joven bello y bien dispuesto, Minos, arrastrado por su deseo hacia el muchacho, trató de forzarlo; entonces, Mileto embarcó por la noche en un balandro y huyó, por consejo de Sarpedón[4], hasta Caria. Allí fundó la ciudad de Mileto[5] y se casó con Idotea, la hija de Éurito, rey de los carios. Tuvieron dos niños

---

[1] Al igual que otras divinidades prehelénicas (Helena, Jacinto), el nombre de la minoica Acacálide se identifica con una flor, en concreto, el «tamarisco» (o «tamariz») de Egipto. Sobre una posible leyenda de metamorfosis referida a Acacálide, véase Papathomopoulos (1968) 138, n. 2.
[2] Sobre la relación entre los lobos y Apolo, véase comentario a Antonino Liberal 35.
[3] Higino (*Fab.* 252) ofrece una lista de personajes amamantados por animales salvajes; cfr. Antonino Liberal, 13, 19, 36.
[4] Sarpedón es hermano de Minos y rival suyo por la disputa del trono de Creta (cfr. Heródoto 1. 173) o por el amor del joven Mileto (Apolodoro 3. 1. 2).
[5] Ciudad de la región de Caria, al SO del Asia Menor. Según otra tradición, fue Sarpedón quien fundó Mileto.

gemelos: Cauno (por él aún hoy hay en Caria una ciudad llamada Cauno) y Biblis. **3.** La muchacha tuvo muchos pretendientes, tanto del lugar, como –debido a su fama– de las ciudades de alrededor, pero ella les hacía muy poco caso, porque un indecible amor por su hermano Cauno la había trastornado. Sus padres se hallaron sumidos en la ignorancia mientras ella pudo ocultárselo, pero, como cada día se encontraba con un demonio interior más difícil de sobrellevar, decidió arrojarse por la noche desde una roca. **4.** Nada más llegar al monte cercano, hizo intento de lanzarse al vacío, pero las ninfas, compadecidas, se lo impidieron: la sumieron en un profundo sueño y al tiempo la transformaron de humana en divina: en una ninfa hamadríade[6], a la que llamaron Biblis, y la hicieron compañera suya y amiga. Los habitantes del lugar llaman, aún hoy, al agua que fluye de aquella roca *Lágrimas de Biblis*.

Comentario

La leyenda de *Biblis* tuvo fortuna a partir de la época helenística, quizá por la atracción que suponía el tratamiento de un tema de amor desafortunado; no es de extrañar, pues, que Partenio de Nicea la incluyera en su colección de *Sufrimientos de amor*[7]. Las versiones de Ovidio y de Antonino Liberal, que siguen a Nicandro, parecen incidir, especialmente, en un motivo que Partenio señala: «Algunos cuentan también –dice– que de sus lágrimas brotó espontáneamente la fuente a la que llaman Biblis». Este motivo parece ajustarse a una vieja metáfora: las lágrimas que acaban haciendo manar una fuente como expresión de un dolor inacabable. Conocemos, por ejemplo, la fuente llamada *Lágrimas de Manto*[8] y el nombre que asigna Arato[9] al río Erídano, «el de inagotables lágrimas», denominaciones que, sin embargo, no presuponen necesariamente una leyenda de metamorfosis.

---

[6] Así se llamaban las ninfas de las encinas o de los árboles en general; cfr. Antonino Liberal, 32. 1.

[7] Partenio, leyenda n.º 11; Cfr. White (1982) 185-192.

[8] Cfr. *Schol. A.A.* I. 308.

[9] Arato, v. 359.

Sólo Ovidio, en rigor, ofrece una transformación de la heroína en agua al final de su poético relato[10]. La historia puede resumirse así: Biblis y su hermano gemelo Cauno son hijos de Mileto y de la ninfa Ciánea, hija ésta del río Meandro de Lidia. Biblis se enamora de su hermano; primero lo desea en sueños; después, tras desgarradas dudas, le confiesa su amor a través de una misiva, y más tarde, de viva voz; pero éste la rechaza y huye. Biblis marcha entonces en su búsqueda por diversos lugares de Caria y Licia hasta que, desesperada, se deja caer exhausta sobre la hierba que humedece con sus lágrimas.

> «Dicen que por debajo de aquellas lágrimas pusieron las Náyades [ninfas del agua] un canal que jamás podría secarse [...] así Biblis, la nieta de Febo [Apolo], consumida por las lágrimas, se convierte en una fuente que aún ahora tiene en aquellos valles el nombre de su dueña, y mana debajo de una negra carrasca»[11].

En este manantial reside, según Teócrito[12] la rubia Díone (Afrodita) y los Amores, acompañantes de la diosa.

Sabemos por algunos datos que era costumbre entre la realeza de Caria el matrimonio entre hermanos. La historia de *Biblis* y *Cauno* no parece, sin embargo, reflejo de esta práctica, ya que la trama no gira en torno a una unión, sino a una separación inevitable. El matrimonio entre hermanos, en cualquier caso, ha podido hacer atractiva la leyenda a los autores griegos[13].

En algunas versiones, la protagonista muere colgada de un árbol, y, a veces, de sus lágrimas nace, tras el ahorcamiento, un manantial. Se ha llegado a apreciar en este tipo de muerte la huella de un rito agrícola, la *Aióra*[14], en honor de la diosa prehelénica Ártemis[15].

---

[10] En *Met.* 9. 441-665.
[11] Trad. Ruiz de Elvira (1964); cfr. Nagle (1983) 301-315; Saquero (1972) 193-200.
[12] Teócrito, 7. 2. 5-8.
[13] Cfr. Forbes Irving (1992) 300.
[14] Cfr. la leyenda de *Aspálide*, de Nicandro, en Antonino Liberal, 13 y comentario.
[15] Cfr. Papathomopoulos (1968) 139-140, n. 13.

La versión más antigua de la leyenda contaba el amor de Cauno
por Biblis, motivo por el que habría abandonado el hogar paterno,
en tanto que su hermana se habría ahorcado[16]. Otras fuentes
–«muchos», dice Partenio– presentan la pasión incestuosa de la hermana. Entre ellos se incluye el propio Partenio, que cita parte de un
poema suyo[17].

Para Conón[18], el fundador de Cauno, ciudad costera de Caria,
sería Egialo, el hijo de Cauno. Biblis, por otra parte, es epónimo de
la ciudad caria del mismo nombre y de la fenicia Biblos, renom-
brada esta última por el culto que sus ciudadanos dispensaban a
Afrodita[19].

---

[16] Así lo encontramos en Nicéneto, de quien Partenio (11) cita algunos
versos = fr. 1 Powell, *Coll. Alex.* En este autor, Biblis llora el regreso de
Cauno en forma de lechuza. El escoliasta de Partenio remite a Aristócrito, a
su obra *Sobre Mileto* (= *FGH.* 493 F I) y a Apolonio de Rodas, en su *Fundación de Cauno.* Véase también Conón, 2; escolio a Teócrito 7. 115-118;
Aristóteles, *Retórica,* 1402 b; Nono, *Dionisiacas,* 13. 551; Suidas *(s. v.)* y
Hesiquio *(s. v. Kaúnios erōs).*

[17] Cfr. Ovidio, *A.A.* 1. 283; Eustacio *ad. D.* 533; Diog. Prov. 5, 71; Pausanias, 7. 5. 10; Higino, *Fab.* 243; Esteban de Bizancio *(s. v. Kaûnos* y
Býblis) ofrece ambas versiones.

[18] Conón, 2.

[19] Cfr. Cassola (1957) 192-209.

LOS MESAPIOS

Nicandro cuenta esta historia en el libro II de
Las Metamorfosis

1. Licaón, que era autóctono[1], tuvo tres hijos: Iápige, Dauno y Peucetio. Éstos reunieron un grupo de hombres y llegaron a Italia, a la costa adriática[2], y después de expulsar a los que vivían allí –los ausones[3]– se establecieron ellos. **2.** La mayoría del ejército eran colonos ilirios[4] y estaban capitaneados por Mésapo. Dividieron las tropas en tres partes, y en igual número de lotes la tierra, y, conforme al nombre que tenía cada jefe, se llamaron daunios, peucetios y mesapios[5]. La franja que se extiende desde Tarento hasta el extremo de Italia quedó en manos de los mesapios; allí se encuentra situada la ciudad de Brindis. Limítrofe con esta región, la zona que queda detrás de Tarento mirando al inte-

---

[1] Cfr. Antonino Liberal, 6. 1.

[2] Nombre de la articulación del Mediterráneo en la parte meridional E de la Península Italiana. También se la puede considerar perteneciente al mar Jónico (cfr. Antonino Liberal, 37. 2 y Papathomopoulos (1968) 140-141, n. 8.

[3] Pueblo habitante de Ausonia, antiguo nombre de Italia por eponimia del héroe Ausón, hijo de Ulises y Circe (o Calipso).

[4] Pueblo situado al NO de Grecia, presente en la colonización del sur de Italia; cfr. Antonino Liberal, 37. 5.

[5] Al conjunto de habitantes de la Apulia, el «talón de la bota» de Italia, se les llamaba iápiges (cfr. *infra*). Al ser Iápige el epónimo del conjunto, los colonos de éste derivaron su nombre del jefe de sus tropas, Mésapo. Según Estrabón (6. 3. 8) la Iápige es sinónimo de Mesapia.

rior[6], correspondió a los peucetios, y más al interior, llegaron a dominar más fuertemente, aún en el mar, los daunios[7]. A la nación en su totalidad le dieron el nombre de país de los Iápiges. **3.** Estos hechos tuvieron lugar mucho antes de la expedición de Heracles[8]. Se ganaban la vida entonces dedicándose a la cría y al pastoreo. Cuentan, en fin, que en el país de los mesapios, junto a las llamadas *Piedras Sagradas*[9], aparecieron las ninfas epimélides[10] formando un coro, y que los mesapios jóvenes dejaron sus rebaños y se apresuraron a decir que ellos danzaban mejor. **4.** Esta jactancia causó pesar en las ninfas, y la querella vino a más: se estableció un concurso de danza. Los jóvenes, que no sabían que rivalizaban con diosas, danzaban como en un concurso de mortales de su misma edad. Su manera de bailar era ruda, a la usanza de los pastores; en cambio, la de las ninfas se acercaba más y más en todo a la belleza. **5.** Vencieron con su danza a los jóvenes, y después les dijeron lo siguiente:

–Jóvenes, quisisteis una contienda con las ninfas epimélides, ¿no es así?, pues bien, insensatos, ahora que estáis vencidos recibiréis un castigo. Y los jóvenes quedaron convertidos en árboles precisamente allí donde se encontraban, cerca del templo de las ninfas. Aún hoy se oye por la noche una voz que surge como un lamento del interior de la corteza de los árboles. Este lugar se llama de *Las Ninfas y los Jóvenes*.

Comentario

Licaón, según la tradición mitográfica más común, es un héroe arcadio, hijo de Pelasgo y de la Oceánide Melibea o de la ninfa Cilene[11].

---

[6] Es decir, hacia el norte. Según Estrabón (6. 38), llegaba hasta la ciudad de Bari.

[7] En la Daunia, al NE de Apulia, junto al mar Adriático.

[8] Se trata de la expedición que hizo Heracles para llevarse vivas a Micenas las vacas del rey Gerión desde los confines de Occidente; cfr. Antonino Liberal, 4. 6 y comentario.

[9] Se trata del santuario de las ninfas del que se habla más abajo.

[10] Lit. «protectoras de los rebaños».

[11] Cfr. Apolodoro, 3. 8. 1.

Pelasgo es hijo de Níobe y Zeus, pero en otras versiones, un autóctono[12]. Pelasgo pasaba por ser el primer poblador de su tierra, la Arcadia[13]. La condición de autóctono de Licaón en la leyenda de Antonino
Liberal puede deberse a una confusión con su padre o al intento de atribución de un rasgo de prestigio y nobleza[14] en su persona, y, por extensión, en toda su descendencia. Licaón dio de comer a Zeus a uno de sus
hijos, por lo que el dios lo convirtió en lobo –*lýkos,* en griego–[15]. El
nombre de Licaón se relaciona, en efecto, con el canibalismo y la lican-
tropía[16]. También se dice que fundó la primera ciudad –Licosura– y que
realizó sacrificios humanos. Tuvo cincuenta hijos, muchos de ellos fun-
dadores de ciudades en Arcadia. Dionisio de Halicarnaso[17] cita como
hijo suyo a Peucetio, que se trasladó a Italia, y que es el epónimo de los
peucetios; pero es Antonino Liberal quien ofrece en la leyenda de *Los
Mesapios* algunos datos mitográficos únicos, como la filiación de
Iápige y Daunio entre sus hijos. Las fuentes históricas romanas señalan
al ilirio Dauno o Daunio como el epónimo de Daunia, nombre con el
que se conocía una región de la Apulia. Este nombre, que quizá signifi-
que «chacal», pudo relacionarse con Licaón, «lobo»[18]. En todo caso,
parece que en la leyenda de *Los Mesapios* se pretende justificar un origen griego de la colonización del sur de Italia recurriendo al mundo
prestigioso de los orígenes. Sobre este trasfondo tradicional destaca el
motivo de la tríada divina *(de trium populorum origine),* que recuerda
la división tripartita del Peloponeso entre los jefes de los Heraclidas[19].
Sin embargo, también se rastrea un fondo histórico referido a la presencia de ilirios en las costas de Italia. Los ilirios fueron un pueblo indo-
europeo que se extendía a lo largo de la costa occidental de Grecia
(especialmente en Macedonia y el Epiro) junto a la costa Adriática. Era
un pueblo guerrero que también dominaba el mar; pronto se extendió al
otro lado de la costa del Adriático, en la Apulia italiana. Se conocen

---

[12] Cfr. Hesíodo *ap.* Apolodoro, 2. 1. 1 y 3. 8. 1 = fr. 160 M-W. Cfr. Servio, *ad.* Verg. 2. 84.

[13] Cfr. Pausanias 8. 1. 4.

[14] Véase la leyenda de *Perifante* en Antonino Liberal, 6. 1 y comentario.

[15] Cfr. Ovidio, *Met.* 1. 163-252.

[16] Cfr. Ruiz de Elvira (1975) 444-446.

[17] Dionisio, 1. 11, 13.

[18] Sobre la figura mitológica de Licaón, véase Altheim (1951) 134-137.

[19] Cfr. Platón, *Leyes,* 3. 683 d.

algunos testimonios de su lengua, y se cree que el mesapio, lengua de factura indoeuropea, era una variedad del ilirio. La referencia en la leyenda a la expedición de Heracles pretende situar la colonización de ilirios en Italia en un tiempo lejano. La presencia ilírica de Italia es anterior a la de los griegos[20], aunque relativamente contemporánea a la expansión griega en occidente (entre 1000 y 800 a.C.).

La leyenda de los *Mesapios* está atestiguada, además de por Antonino, sólo por Ovidio[21]. En la versión latina, es un pastor quien se burla de las ninfas remedando torpemente sus danzas. La metamorfosis de castigo de éste encierra, no tanto un *aítion,* cuanto una intención moral: queda convertido en un «acebuche» u «olivo silvestre» que, en sus bayas amargas, guarda la aspereza de su lengua[22].

No está claro si la leyenda era, en su origen, una historia local de mesapios[23] o si era, más bien, una leyenda nicandrea acerca de un *aítion* de lugar. En cualquier caso, el *aítion* de la leyenda de Antonino, aunque no local, es característicamente nicandreo: expresa la curiosidad por un árbol parlante, motivo no extraño al autor de las *Alexifarmacas*, quien, llevado por su curiosidad, ofrece en esta obra uno parecido[24]: hablando del pino en el que fue colgado Marsias para ser despellejado, dice: «*Deja caer sus lágrimas corteza abajo / y da lugar, sin interrupción, a un sonido continuo*». Es probable que haya un trasfondo tradicional en la leyenda referido a un motivo común al folclore de diversos pueblos: el de los «árboles encantados o parlantes»[25]. Estas historias suelen situarse en lugares silvestres y en ellas abundan personajes primitivos, en un ámbito en el que las ninfas y pastores suelen estar presentes[26].

---

[20] Cfr. Antonino Liberal 37, *Los Dorios.*

[21] Ovidio, *Met.* 14. 512-526.

[22] *Arbor enim est sucoque licet cognoscere mores:*
quippe notam linguae bacis oleaster amaris
exhibet; asperitas uerborum cessit in illas (*Met.* 14. 524-526).

[23] Como sugiere Philipp; art. *Iápyges RE* 9 (1914) 743, 17 s.

[24] Nicandro *Al.* vv. 303 s.

[25] Recordemos el oráculo de Dodona en el que el dios Zeus se hacía oir por medio del susurro de las hojas de una encina (cfr. comentario a la leyenda 14 de Antonino Liberal) o los árboles parlantes del Pseudo Calístenes, *La vida y hazañas de Alejandro de Macedonia,* 3. 17.

[26] Cfr. Forbes Irving (1992) 267-8; Papathomopoulos (1968) 142, n. 20.

DRÍOPE

Nicandro cuenta esta historia en el libro I de
Las Metamorfosis

1. Dríops[1] fue hijo del río Esperqueo y de Polidora, una de las hijas de Dánao. Reinó en la región del Eta[2] y tuvo una hija única, Dríope, que apacentaba los rebaños de su padre. Las ninfas hamadríades[3] la amaron sobremanera, por lo que la hicieron su compañera de juegos[4] y le enseñaron a cantar himnos a los dioses y a danzar. **2.** Apolo la vio participar en un coro de danza y quiso gozarla. El dios se convirtió, en primer lugar, en una tortuga; Dríope tomó la tortuga, que hacía las delicias de ella y de las ninfas, por un juguete, y se la puso en el pecho. Apolo, entonces, volviéndose a transformar, mudó en serpiente. **3.** Las ninfas, asustadas, la abandonaron. Apolo se unió entonces a Dríope, quien enseguida salió huyendo asustadísima hacia la casa paterna, y no contó nada de lo ocurrido a sus padres. Un tiempo después, Andremón, el hijo de Oxilo, se casó con ella y dio a luz a un hijo, Anfiso, fruto de su unión con Apolo. Tan pronto como se hizo adulto, resultó ser el varón más fuerte; fundó, al pie del Eta, la ciudad que recibe el mismo nombre que la montaña y reinó en

---

[1] Sobre este personaje y la región que habita, véase Antonino Liberal, 4 y comentario.
[2] Monte de Tesalia, en la región llamada Dríópide (cfr. *infra*).
[3] Cfr. Antonino Liberal, 30. 4 y nota 6.
[4] Los juegos están ligados al culto de los héroes o divinidades.

aquellos lugares. **4.** Erigió también un templo a Apolo en la
Dríópide. Las ninfas hamadríades arrebataron a Dríope
cuando se dirigía a este santuario por mor de su bondad; la
escondieron en el bosque, y en su lugar, hicieron crecer de la
tierra un álamo negro e hicieron que brotara un manantial de
agua junto al álamo. Dríope mudó su naturaleza, y de mortal
que era, vino a ser una ninfa. **5.** Anfiso, en gracia a la distinción que las ninfas concedieron a su madre, les erigió un templo, y fue el primero que instauró una carrera pedestre. Aún
hoy, los habitantes del país mantienen el certamen. Asistir no
les es lícito a las mujeres, porque dos muchachas revelaron a
los habitantes del país que Dríope había desaparecido por
obra de las ninfas. Las ninfas se encolerizaron con ellas y las
convirtieron en abetos.

Comentario

Si exceptuamos la escueta mención de Virgilio[5] de la ninfa Dríó-
pe, que tuvo un hijo del dios Fauno, Antonino Liberal y Ovidio[6] son
los únicos testimonios de la metamorfosis de Dríope. Aunque entre
los dos relatos hay diferencias notables de genealogía, ubicación y
metamorfosis, es innegable que ambos han utilizado el modelo
nicandreo: Tanto en uno como en otro, Dríope es hija única (aunque
en ninguno aparece el nombre de la madre); en ambos es esposa de
Andremón, y madre de un hijo del dios Apolo, de nombre Anfiso.
Pero Ovidio sitúa la leyenda en Ecalia, ciudad de la vecina región de
Tesalia, donde reinaba Éurito, el padre de Dríope. En Antonino, se
llama Dríops. Este mismo nombre aparece en otra leyenda de su
colección[7], pero en ésta tiene un hijo, de nombre Cragaleo, lo cual
está en contradicción con la condición de hija única –*monogenés*–
de Dríope[8]. Partiendo de estos datos, se ha supuesto que Antonino
Liberal ha añadido a su modelo esta filiación[9].

---

[5] Virgilio, *Aen.* 10. 550.
[6] Ovidio, *Met.* 9. 324-393.
[7] En la leyenda de *Cragaleo,* de Nicandro, en Antonino Liberal, 4. 1.
[8] Cfr. Ovidio: *fuit unica matri* (v. 329).
[9] Cfr. J. M. Jacques *ap.* Papathomopoulos (1968) 142, n. 3.

En el relato de Ovidio, Yole, hermana de la protagonista, narra su historia: habiendo llegado Dríope a las escarpaduras de un lago quiso coger unas flores de un loto acuático que allí había para regalárselas a su hijo; pero, al arrancarlas, las flores sangraron: se trataba del árbol en que se había transformado la ninfa llamada Lótide para huir de la persecución erótica de Príapo. Dríope queda enraizada allí mismo, convertida en el árbol del mismo nombre, el loto[10]. En cuanto al tratamiento, Ovidio deja de lado los motivos característicamente nicandreos *(aítia y aphanismós)* y concentra la leyenda en un aspecto sentimental: la separación de la madre y el hijo, que presenta como un niño de pecho; la metamorfosis, desde este punto de vista, supone una desgracia o un castigo.

La metamorfosis de Dríope en ninfa (en rigor, seres mortales, aunque dotados de gran longevidad, a veces la duración de los árboles a los que estaban asociadas), se presenta en Antonino, por el contrario, como una gracia o un premio, como una apoteosis concedida por los dioses. Este final contiene una característica puramente nicandrea: está precedido de una desaparición *(aphanismós)*, que es el preludio de un culto, cuyo *aítion* presenta la leyenda. En efecto, Nicandro no muestra un interés especial por el *aítion* de una especie vegetal (en tal sentido es interesante notar que en el lugar de la metamorfosis de Dríope no nacen «encinas» que es lo que significa su nombre *(drŷs)*, sino «álamos negros», árboles tristes y sin frutos, frecuentes en los bosques sagrados de las ninfas)[11], sino por otros *aítia* relacionados con Dríope y su hijo Anfiso: la fundación de la ciudad de Eta, la construcción del templo de Apolo y de las Ninfas en la Dríópide, la instauración de una carrera pedestre. A su vez, el *aítion* que pretende explicar el veto a las mujeres en el concurso sigue un motivo conocido: el castigo de seres mortales por revelar secretos divinos (por razones semejantes fue metamorfoseado Ascálafo, quien denunció que Perséfone había comido una granada en el Hades[12]). En realidad, la prohibición obedece a un viejo tabú por el que se vetaba la presencia de las mujeres en los concursos.

---

[10] Cfr. Esteban de Bizancio, *s. v. Drýope* y *Oichalía*.
[11] Cfr. Murr (1890) 18-19.
[12] Véase comentario a la leyenda de Antonino Liberal, 24, n. 19.

La leyenda de Antonino incluye también, al modo ovidiano, otras metamorfosis dentro de una historia de metamorfosis: las de Apolo en tortuga y serpiente y las de las muchachas delatoras en abetos. La adopción de una figura animal relacionada con un dios para conseguir, mediante el engaño, un beneficio amoroso es frecuente en la mitología griega (cfr. Zeus metamorfoseado en toro en *El rapto de Europa*). Pero además, la tortuga guarda una relación especial con Apolo: con su caparazón fabricó Hermes la lira para el dios[13]. La serpiente, a su vez, es un animal al que Apolo mató en Delfos y que luego se convirtió en favorito suyo (el motivo del animal perteneciente a un dios, que antes fue enemigo o rival suyo, es conocido por otras leyendas del mismo Antonino Liberal[14]). Las serpientes eran animales consagrados a Apolo[15]. Por lo demás, este animal puede contener un simbolismo fálico. El encadenamiento de metamorfosis en animales relacionados con un dios es una manifestación de su poder[16].

---

[13] Cfr. *Himno homérico a Hermes* (IV); Eratóstenes, *Catasterismos* 24.

[14] Como *Perifante*, n.º 6 y *Merópide,* n.º 15. Véanse comentarios.

[15] Cfr. Eliano, *NA.* 11. 2. Sobre la metamorfosis de Apolo en serpiente, véase Fontenrose (1959) 57; véase también Daremberg (1877) *s. v. Draco,* p. 410.

[16] Véase la triple mutación del dios Dionisos en la leyenda de las *Miniades,* de Nicandro, en Antonino Liberal, 10. 2.

33

ALCMENA[1]

Ferécides cuenta esta historia

1. Después de la desaparición de Heracles de entre los hombres[2], Euristeo[3] expulsó a los hijos de aquel y reinó él mismo en la patria de ellos. Los Heraclidas[4] recurrieron en su huída a Demofonte[5], el hijo de Teseo, y asentaron su morada en la tetrápolis del Ática[6]. Euristeo, entonces, envió un mensajero a Atenas[7]: amenazaba con una guerra contra los atenienses si no expulsaban de allí a los Heraclidas. **2.**

---

[1] Alcmena y Zeus fueron los padres del héroe Heracles.

[2] Heracles quiso morir sobre una pira que había preparado en el monte Eta (las cimas de las montañas son el punto natural sagrado entre el cielo y la tierra). El fuego devoró la parte mortal del héroe, en tanto que la parte inmortal fue trasladada al cielo (el fuego inmortalizante es una prueba de su apoteosis). El rapto fue debido a una nube; cfr. Ruiz de Elvira (1975) 255-256.

[3] Euristeo, que reinó en la Argólide, expulsó a los hijos de Heracles de Tirinto, donde también vivía Alcmena durante la muerte o desaparición del héroe. Otros estaban en Tebas o Traquis, la corte del rey Ceix, quien, atemorizado por las amenazas de Euristeo, les negó la hospitalidad; cfr. Ruiz de Elvira, *op. cit.,* págs 256-257.

[4] En mitología, los Heraclidas son los hijos de Heracles y Deyanira y los descendientes de sus hijos, excluyéndose así los hijos de Heracles habidos con otras mujeres. Se trata de una colectividad con sus propios cultos.

[5] Cfr. Eurípides, *Heraclidas*, 115. Según Pausanias (1. 32. 6) es Teseo quien acoge a los Heraclidas.

[6] Las ciudades del Ática, llamadas Maratón, Énoe, Tribalinto y Tricórito.

[7] O a Maratón; cfr. Estrabón, 8. 6. 19.

Los atenienses, sin embargo, no rehusaron la guerra, y Euristeo irrumpió en el Ática, y tras disponer personalmente el orden en la batalla, murió en la liza[8], y además el contingente argivo se puso en fuga. Muerto Euristeo, Hilo y los restantes Heraclidas, así como sus acompañantes, se instalaron de nuevo en Tebas. **3.** En ese tiempo Alcmena murió de vejez y los Heraclidas se ocuparon de los deberes postreros para con ella. Vivían junto a la puerta de Electra[9], precisamente allí donde viviera también Heracles. Zeus envió a Hermes con la orden de arrebatar a Alcmena[10] en secreto y trasladarla a las Islas de los Bienaventurados[11] para entregársela a Radamantis[12] como esposa. Hermes obedeció y se llevó furtivamente a Alcmena, no sin antes colocar en la urna funeraria, en su lugar, una piedra. **4.** Los Heraclidas, como sentían mucho peso en la urna que llevaban, la depositaron el suelo, y una vez abierta[13], se encontraron con la piedra en vez de Alcmena; la sacaron y la colocaron en el bosque sagrado, precisamente allí donde se encuentra el heroón[14] de Alcmena en Tebas.

Comentario

Antonino Liberal recoge la versión de la leyenda del final de Alcmena de Ferécides[15], historiador ateniense de los siglos VI-V a.C.

---

[8] A manos del heraclida Hilo o por el sobrino del héroe, Yolao.

[9] Una de las puertas (siete según la leyenda) de Tebas, ciudad natal de Heracles.

[10] Hermes es presentado aquí en su papel de psicopompo, de transportador de almas al Hades (cfr. Homero, *Od.* 24. 1s).

[11] Las Islas de los Bienaventurados (cfr. *Od.* 4. 563-569; Píndaro *O.* 2. 73) es un país imaginario situado en mitad del océano o del Ponto Euxino; era el paraíso de los griegos; cfr. Rhode (1897) 45-55.

[12] Radamantis, hijo de Zeus y Europa, y hermano de Minos, era rey de estas islas, en ocasiones al lado de Crono. Radamantis fue maestro de Heracles.

[13] Un cadáver debía transportarse, según las leyes funerarias, cubierto.

[14] Un heroón es un templo consagrado a un héroe en el lugar en que se creía que estaba su tumba; luego vino a significar, en general, tumba monumental.

[15] Ferécides, *FGH* 3 F 84. Sobre la atribución de este capítulo a este autor, véase también *FGH* I, p. 415; Wilamowitz, *Pindaros,* Berlín 1922, p. 43, n.º 3 y *Sitz B der Preuss Ak. Zu Berlin,* 1926, 125 s.

El tema y la estructura de la leyenda son bien conocidos: siguen el modelo de la desaparición y posterior conversión en héroe de un personaje relevante que desde entonces recibe culto. Diodoro[16] dice que a Alcmena se le tributaron «honras como divinas» una vez que desapareció, y Plutarco[17] compara esta historia con las de *Cleomedes, Aristeas* y *Rómulo,* personajes convertidos en héroes tras su desaparición. El *aphanismós* de la heroína, la aparición, en su lugar, de un objeto maravilloso, y el culto posterior que recibe, son elementos que hacen patente la presencia de Nicandro en la composición de la leyenda, a quien sigue, sin duda, Antonino Liberal[18].

La piedra es, en realidad, un *kolossós,* una figura toscamente tallada con forma más o menos humana. Su función consistía en la sustitución del cadáver ausente y, al mismo tiempo, la manifestación simbólica de los poderes del más allá[19]. Esta piedra, asociada a Alcmena, ha creado sin duda la leyenda etiológica de su metamorfosis[20].

Pausanias[21] cuenta también la historia tebana según la cual Alcmena fue transformada en piedra, motivo por el que su sepulcro –dice– no está en Tebas. Pero en otro lugar[22], recoge una tradición megarense según la cual Alcmena murió de camino a Tebas proveniente de Argos, en Mégara, la ciudad del Ática a medio camino entre ambas ciudades. Ante las disputas de los Heraclidas sobre la conveniencia de regresar con el cadáver a Argos o de llegar a Tebas, el dios Apolo dispuso por medio de un oráculo que fuera enterrada en Mégara; allí es donde se encuentra su tumba *(mnemá).* Según otra tradición, tras la muerte de su esposo Anfitrión, Alcmena se casó con Radamantis, que había huido de Creta, y vivieron en Ocáleas, en Beocia, hasta la muerte de Alcmena[23].

---

[16] Diodoro de Sicilia, 4. 58.

[17] Plutarco, *Rom.* 28.

[18] Martini (en el prefacio de su edición, p. LX), y Wendel, *Gnomon,* 8 (1932) p. 154, atribuyen esta leyenda a Nicandro. Se ha comparado con los capítulos 4, 23 y 38 de Antonino, leyendas de petrificación con autoría cierta de Nicandro.

[19] Vernant (1965) 302-316. Véase también *Introducción,* pp. 24-25.

[20] El *aítion* es también una característica nicandrea.

[21] Pausanias, 9. 16. 7.

[22] Pausanias, 1. 41. 1.

[23] Cfr. Apolodoro, 2. 4. 11; Plutarco, *Lys.* 28; *de gen. Socr.* 5 ss.

La tumba de ambos esposos era mostrada cerca de la ciudad beocia de Haliarta[24].

La asociación de las figuras independientes de Alcmena y Radamantis ha podido dar lugar a las versiones del traslado de aquella a
las Islas de los Bienaventurados y de su boda con éste, considerado
el marido más excelente para ella. Conocemos relatos parecidos:
Aquiles, por ejemplo, contrae matrimonio en las Islas de los Bienaventurados con Medea, con quien no tuvo trato en vida. En todo
caso, el motivo del traslado es más antiguo que el de la boda en vida
de Alcmena y Radamantis, y es posible que éste no sea sino un
intento de racionalización de aquel[25].

---

[24] Sobre esta cuestión, véase Schwartz (1958) I, 76-83.
[25] Cfr. Forbes Irving (1992) 284-285.

ESMIRNA

Así

1. De Tiante, hijo de Belo, y de Oritía, una ninfa, nació
una niña en el monte Líbano, de nombre Esmirna. Multitud
de hombres procedentes de muchísimas ciudades la preten-
dían atraídos por su belleza, pero ella urdía mil y una artimañas para engañar a sus padres y ganar tiempo, ya que un terrible amor enloquecido hacia su padre había hecho presa en
ella. **2.** Al principio, por pudor, mantenía oculto su mal de
amores; pero, como la pasión la vencía, le contó el asunto a
su nodriza Hipólita. Ésta le prometió que le proporcionaría
un remedio contra ese amor fuera de razón: llevó un mensaje
a Tiante: que una muchacha de buena familia deseaba pre-
sentarse en secreto en su lecho. **3.** Tiante, que no sabía lo que
la nodriza había maquinado contra él, accedió a la propuesta,
y a oscuras en su alcoba recibía a su hija en su lecho. La
nodriza, después de haberla tapado completamente con el
vestido, la conducía a su presencia. Durante mucho tiempo,
este desgraciado suceso, esta obra impía, permaneció oculta.
4. Pero, como Esmirna quedó encinta, prendió en Tiante el
deseo de saber quién era la que había quedado embarazada:
escondió una antorcha en la alcoba, y cuando entró a visi-
tarla, le acercó de improviso la llama y la descubrió. La criatura nació de forma prematura y ella, alzando sus manos al
cielo, suplicó no ser visible ni entre los vivos ni entre los
muertos. **5.** Zeus cambió su naturaleza: la convirtió en un

árbol al que puso el mismo nombre que ella, Esmirna[1]. Se cuenta que cada año este árbol destila su fruto en forma de lágrimas a través de su corteza. Tiante, el padre de Esmirna, se dio muerte por este acto impío, pero el niño fue criado, por voluntad de Zeus; le llamaron Adonis; Afrodita le amó sobremanera por su belleza.

Comentario

Apolodoro[2] ofrece, entre otras, una versión de la leyenda de *Esmirna* muy parecida a la de Antonino Liberal y cita como fuente a Paniasis, poeta épico del siglo v a.C.[3] Estrechamente unido al mito de *Esmirna* aparece el mito de *Adonis*[4]. Al nacer éste del árbol en que se había convertido su madre, Afrodita, enamorada de él, lo ocultó en un cofre que entregó a Perséfone, diosa-reina del mundo subterráneo. Pero cuando Perséfone comprobó su belleza no quiso devolvérselo a Afrodita. Zeus, entonces, medió como árbitro en el conflicto: dividió el año en tres partes; en una de ellas Adonis estaría solo, en otra con Perséfone y en la última con Afrodita. Adonis, sin embargo, cedió gustosamente su parte a la diosa del amor. Adonis murió en una cacería por las acometidas de un jabalí. Se cuenta que tras su muerte fue metamorfoseado en flor por Afrodita. De esta manera poética lo cuenta Ovidio en sus *Metamorfosis:* «Salpicó de fragante néctar la sangre, que, al contacto de aquel, se hinchó a la manera como suele levantarse en un cielo arrebolado una burbuja transparente, y no tardó más de una hora justa en surgir de la sangre una flor del mismo color, como suelen producirla los granados, que bajo correosa corteza ocultan el grano; sin embargo, es efímera la vida de aquella flor, pues, mal sujeta y caediza por su excesiva ingravidez, la arrancan los mismos vientos que le dan nombre»[5]. Se trata de la «anémona», «la [flor] del viento». Según otras leyendas, se convirtió en rosa (en su origen éstas eran blancas, pero por

---

[1] Se trata del árbol de la mirra.

[2] Apolodoro, 3. 14. 3-4.

[3] *EGF*, fr. 25; cfr. Mattews (1974) 20-25.

[4] Cfr. Atallah (1966); Rabichini (1981); Capomacchia (1984).

[5] Ovidio, *Met.* 10. 731-739; trad. Ruiz de Elvira (1964).

haberse clavado Afrodita, cuando corría a socorrer a Adonis, una espina que le hizo sangrar, otorgó este color –el mismo que la sangre de Adonis– a las rosas[6]. El poeta idílico Bión[7] (siglo II a.C.) cuenta que Afrodita derramó tantas lágrimas como gotas de sangre Adonis: de cada lágrima nació una rosa y una anémona de cada gota de sangre. La leyenda de Antonino, por su parte, hace hincapié en la metáfora de las gotas de resina como expresión de la pena de amor de Esmirna (recordemos a las *Helíades*, transformadas en álamos que lloraban con lágrimas de ámbar la muerte de su hermano Faetonte[8]).

Afrodita, en honor de su amante, instituyó una fiesta que recuerda anualmente su dolor: las mujeres sirias todos los años, en primavera, plantaban semillas en cajas, vasos, cestillos, etc., y las regaban con agua caliente para que brotaran rápidamente. Estas plantaciones recibían el nombre de «Jardines de Adonis». Las plantas morían muy efímeramente y ello simbolizaba la muerte del joven. Frazer[9] asocia el mito de *Adonis* con rituales del Mediterráneo oriental que representan la decadencia y el despertar de la vida, en particular de la vegetal, personificándola como un dios o un espíritu de la naturaleza que, cada año, desaparece, y que, como el grano germinado bajo la tierra, vuelve a sobrevivir al despertar la primavera. En el mito está presente la figura de la gran Diosa Madre, que tiene amantes divinos, aunque mortales, con los que se emparejaba cada año; esta unión divina sería copiada por los hombres, ritualmente, para asegurar la fertilidad de la tierra y la multiplicación de hombres y animales. Entre estos rituales se encontraba el uso de la mirra y el incienso en honor de Adonis; este hecho –según Frazer– habría dado lugar a la creación de la leyenda de metamorfosis de *Esmirna*.

El motivo del incesto de Ciniras y su hija –afirma Frazer–[10] no sería sino la trasposición legendaria de una costumbre histórica: el matrimonio de reyes con sus hijas para conservar el poder, que sólo

---

[6] Sobre la sangre como origen de la vida vegetal, véase Álvarez de Miranda (1959) 12, n. 4.

[7] Bión I, 72.

[8] Cfr. Ovidio, *Met.* 2. 340-366.

[9] Frazer (1922) 377-402.

[10] Frazer *op. cit.,* p. 386; cfr. Gernet (1954) 41-53.

se transmitía a través de las mujeres: «Para ello –dice– creemos corolario natural de tal regla que el rey estaba obligado a abandonar el trono a la muerte de su esposa la reina, puesto que lo ocupaba tan sólo en virtud de su matrimonio con ella. Cuando el matrimonio terminaba, sus derechos al trono se extinguían y pasaban al momento al marido de su hija; así, si el rey deseaba seguir reinando después, ya viudo, el único recurso que le quedaba para continuar legítimamente en el trono era desposar a su hija, prolongando así a través de ella su derecho, que había sido primeramente obtenido por intermedio de la madre».

Detienne[11], desde otra perspectiva, afronta el mito de *Mirra* en la búsqueda de la delimitación del lugar que la mirra, como especie aromática, ocupa en la clasificación jerarquizada de los vegetales elaborada por los griegos. Intenta descifrar, de modo estructural, los múltiples códigos que revelan los aromas según distintas series combinadas de oposiciones, tales como alto/bajo, tierra/cielo, húmedo/seco, crudo/cocido, etc. Este método hace evidente el modo en que un grupo humano, en unas condiciones determinadas, se conceptúa a sí mismo, define su condición vital y se sitúa en relación con la naturaleza y lo sobrenatural. La mirra, en concreto, como aroma que sube al cielo en el ritual, es un instrumento de mediación, de unión de opuestos, que connota el carácter inaccesible de lo divino y la renuncia de los hombres al lejano más allá del cielo. Pero, por otra parte, la mirra, por sus virtudes afrodisiacas, propicia la emoción del deseo y el acercamiento de los sexos. Es, en definitiva, una planta simbólica de seducción. El mito de *Mirra*, es, pues, un mito de seducción, que se corresponde, en el código vegetal, con el de *Adonis*, el seductor humano. La historia de *Esmirna* no sería un prólogo de la de *Adonis*, sino un mito paralelo de seducción, aunque en sentido contrario.

La leyenda de Antonino Liberal guarda elementos comunes con la historia de *Egipio*[12], como el motivo de la unión de los amantes en la oscuridad de la alcoba con el desconocimiento de la identidad del otro por parte de uno de los amantes; también comparte la súplica de invisibilidad dirigida a los dioses tras el descubrimiento,

---

[11] Detienne (1972).
[12] De Beo, en Antonino Liberal, 5.

y la conservación metonímica de los nombres de los seres transformados; pero, es Nicandro, sin duda, la fuente de la leyenda. En un escolio a Teócrito leemos: «Nicandro dice que la anémona nace de la sangre de Adonis»[13]. Castiglioni[14] piensa que la leyenda de *Adonis* debía figurar en Antonino Liberal a continuación de la de *Esmirna,* pero que, por inadvertencia del copista, no ha llegado hasta nosotros. Esta suposición la fundamenta en la normal aparición conjunta de ambas leyendas[15]. Según el autor italiano, las observaciones etiológicas que se echan en falta en la leyenda irían después de la de *Adonis,* con la que se asocian varios rituales. Sin embargo, según Papathomopoulos[16], no se puede concluir que esta pretendida *liaison* de leyendas estuviera, de modo semejante a como aparecen en Ovidio, en Nicandro, ya que el poeta de Colofón pudo tratar la leyenda de *Adonis* en otra parte de las *Heteroioúmena.* Antonino Liberal, además, suele limitar cada capítulo a una historia de metamorfosis, por lo que la mención a Adonis al final de la leyenda podría tener un carácter secundario.

Según Plutarco[17], Teodoro[18] trató también en sus *Metamorfosis* el mito de *Esmirna*[19]; aunque no sabemos si Plutarco da la versión de Teodoro, ofrece la que posteriormente se convierte en el modelo de los escolios; en ella, el padre recibe el nombre de Ciniras y la hija es transformada por Afrodita[20].

---

[13] Teócrito, 5. 92 = fr. 65 Schneider.

[14] Castiglioni (1906) 252-253.

[15] Así en Ovidio, que narra en el libro 10 la leyenda de *Mirra* (vv. 298-502) y a continuación la de *Adonis* (vv. 503-599), así como su muerte y metamorfosis (vv. 710-739).

[16] Papathomopoulos (1968) 147-148, n. 13.

[17] Plutarco, *parall. min.* 310 F 311 A = Lloyd-Jones-Parsons, *SH* n.º 749.

[18] Sobre este autor de *Metamorfosis*, véase Introducción, p. 35.

[19] Cfr. *Suidas, s. v.*

[20] La historia fue tratada también por el poeta Cinna (fr. 6-7 *FPL.*), cuya influencia llegó a Ovidio. En el relato de éste (*Met.* 10. 298-502), es Orfeo quien narra y condena el incesto de Ciniras, rey de Chipre. Esmirna da a luz una vez convertida en árbol. Otras fuentes muestran diferencias menores: Hes. Fr. 139 M-W; Ou. *A.A.* 1. 285 s; Hyg. *Fab.* 58; cfr. 242 y 275; Schol. A Th. 1. 107; Schol. Lyg. 829; Prop. 3. 19. 15; Luc. *Salt.* 58; Opp. *H.* 3. 402; Flug. 3. 8; Ser. *E.* 10. 18; *A.* 5. 72; Lac. Plac. *Narrat. Fabul.* 10. 9; Phh. *Piet.* 12.

LOS BOYEROS

Menécrates de Janto cuenta esta historia en las Licíacas *y* Nicandro *en* Las Metamorfosis

1. Leto, después de dar a luz a Apolo y Ártemis[1] en la isla Asteria[2], llegó a Licia[3], pues llevaba a sus hijos a los baños del Janto[4]. Lo primero con lo que se topó nada más pisar esta tierra fue la fuente de Mélita, y sintió el deseo de bañar en sus aguas a los niños antes de llegar al Janto. **2.** Unos boyeros la echaron de allí a fin de abrevar a sus bueyes en la fuente; en vista de ello, Leto se apartó y se alejó de aquel lugar. Saliéronle entonces al paso unos lobos que movían el rabo, que, marchando delante en el camino, la guiaron hasta el río Janto. **3.** Leto bebió agua, bañó a sus hijos, y designó luego el Janto consagrado a Apolo; asímismo cambió el nombre de la región, llamada entonces Tremílide[5], por el de Licia, por los

---

[1] Leto y Zeus engendraron a Ártemis y Apolo. Hera, la esposa de Zeus, en venganza, prohibió que Leto fuera acogida en ningún lugar de la tierra para dar a luz, motivo por el que anduvo errante por el mundo hasta llegar a la isla de Asteria.

[2] Antiguo nombre de Delos. Según la tradición, la isla recibía este nombre por Asteria, hermana de Leto, quien, perseguida por Zeus, se transformó en codorniz para huir de su acoso y acabó arrojándose al mar, donde se convirtió en la isla.

[3] Región del SO del Asia Menor.

[4] Río de Licia, hoy llamado Sirbe.

[5] Según Heródoto (7. 92) los licios, originarios de Creta, se llamaban termilas.

lobos que la habían guiado a través del camino[6]. **4.** Después
volvió de nuevo a la fuente para imponer un castigo a los
boyeros que la había echado y que seguían lavando a los bueyes en la fuente; Leto, entonces, los cambió a todos en ranas;
después les golpeó las espaldas y los hombros con un piedra
áspera[7] hasta acabar arrojándolos a todos dentro de la fuente;
hizo que vivieran en el agua, y hasta hoy, croan a la orilla de
los ríos y lagos[8].

Comentario

J. M. Jacques[9] piensa que Antonino Liberal ha fundido en este
capítulo dos tradiciones: una relativa a la fuente Mélita, que, junto a
la transformación, se podría remontar a Nicandro, y otra relativa al
viaje de Leto al río Janto, cuyo garante sería Menécrates, historiador del siglo IV a.C al que cita el escoliasta de Antonino[10].

En Ovidio[11], que no menciona el Janto, Leto, sedienta, se acerca
a un estanque innominado para beber; pero unos campesinos, a
pesar de sus ruegos, se lo impiden, la insultan y chapotean con pies
y manos en el agua para enturbiarla. Leto convierte a los campesinos de inmediato en unas ranas, que, a partir de entonces, vivirán
con voz ronca en el cieno. Prescinde además de datos etiológicos
que no sean los referentes a las ranas (no es raro, sin embargo, que
detalles etiológicos de Nicandro sean omitidos por Ovidio). En
Antonino, por el contrario, llama la atención la demora en el castigo.
Según Forbes Irving[12], la intención de Antonino es incidir en el
estado de desamparo de la diosa a causa de la persecución de Hera.
La huida de Leto, en efecto, es paralela a otras historias en las que

---

[6] En griego «lobo» es *lýkos,* de donde derivaría el nombre de Licia; véase
comentario.

[7] Cfr. Antonino Liberal, 6. 3.

[8] La distinción entre ranas de río y estanques está atestiguada por Plinio
(32. 48) y San Isidoro (12. 6. 58), que distingue *aquaticae* y *palustres.*

[9] *Ap.* Papathomopoulos (1968) 148, n. 7.

[10] *FGH.* 769 F 2.

[11] Ovidio, *Met.* 6. 337-381; cfr. Clauss (1989) 297-314; Frécaut (1984)
540-553; Vögler (1975) 16-36.

[12] Cfr. Forbes Irving (1992) 313.

las heroínas han de dar a luz en secreto. La leyenda sería, en un nivel mundano, la continuación del motivo del «rechazo de la diosa de país en país» antes de alumbrar. Desde esta perspectiva, el motivo de la espera para el baño sería más antiguo que el de la sed inmediata, que resulta mucho más trivial.

La leyenda de *Los boyeros* ofrece también un *aítion* de tipo nicandreo acerca del nombre de Licia. Homero[13] llama al dios Apolo *lykēgenḗs,* epíteto que, referido a su nacimiento, ha sido objeto de controversia: según una teoría significaría «nacido en Licia». En esta región, en efecto, estaba el santuario de Patara, consagrado a Apolo y a su madre Leto, con quien se identifica a la diosa licia Lada. Se ha esgrimido como prueba de este origen minorasiático de Apolo que el patronímico *letoida,* «hijo de Leto», que suele aplicarse al dios, responde a la costumbre licia de nombrar la descendencia a través de la línea materna[14]. Según otra teoría, *lykēgenḗs* sería el «nacido de loba». Eliano[15] dice que Apolo nació después de haberse transformado su madre en este animal. Aristóteles[16] recoge escéptico la superstición, según la cual, las lobas paren durante doce días en recuerdo del tiempo en que Leto anduvo errante del país de los Hiperbóreos a Delos para dar a luz, y por el animal en que se convirtió por temor a Hera[17]. No hay duda de que el lobo es un animal consagrado a Apolo. A veces se le ofrecía al dios en sacrificio; bajo la forma de este animal se acercó a la ninfa Cirene[18]. El epíteto *lýkios* y *lýkeios,* esto es, «lobuno» que se aplica al dios, sería a este respecto muy convincente: se referiría a Apolo para señalar su capacidad de enviar lobos contra los rebaños, y al tiempo, de proteger a éstos de los lobos mediante el uso de su arco y de sus flechas. Pero este epíteto puede estar también en relación con el «Monte de los Lobos» *(Likaîon),* lugar de Arcadia, lo que supondría que el culto a Apolo fue llevado por los griegos al Asia Menor. Sea como fuere, parece que Antonino Liberal ha querido ofrecer un *aítion* para el

---

[13] *Ilíada,* 4. 101 y 119.

[14] Cfr. Heródoto, 1. 173, donde, sin embargo, se ofrece la etimología de «licios» por eponimia de Licio, hijo del ateniense Pandión.

[15] Eliano, *HN.* 10. 26.

[16] Aristóteles, *HA.* 580 a 18.

[17] Cfr. Antígono, *Mir.* 56.

[18] Cfr. Servio *ad. Verg.* 4. 377.

nombre de Licia relacionando esta región con Leto y a la par con los lobos, es decir, combinando los dos aspectos de Apolo *lykēgenḗs*. Pero, además, los lobos son una metáfora que sirve para expresar un aspecto de la leyenda de Leto: sus andanzas errantes son como las de un lobo, animal que simboliza, de manera general, un ser huido, proscrito o errante[19].

_____

[19] Cfr. Forbes Irving, *op. cit.,* pp. 76-77. Sobre la leyenda de *Los boyeros,* véase también Probo *ad. Verg. G.* I, 378 y Servio *ad hoc; Myth. Vatic.* I, 10; 2, 95. Los dos últimos sustituyen en este episodio a Leto por Deméter. E. Romisch, *Gymnasium* 69, 1962, pp. 350-365, cree que esta variante se debe a un cruce con una leyenda parecida, la de *Ascálabo,* de Nicandro, en Antonino Liberal, 24, en la que Deméter, exiliada, castiga al hijo de Misme con una metamorfosis en animal subterráneo. Véase, sobre el simbolismo del lobo, la leyenda de Nicandro, en Antonino Liberal, 38, titulada precisamente *El lobo,* y comentario.

PANDÁREO

Así

1. Cuando Rea, por miedo a Crono[1], escondió a Zeus en la gruta de Creta[2], lo alimentó una cabra[3] que le ofreció, en aquel trance, su ubre. Un perro[4] de oro[5], por deseo de Rea, custodiaba a la cabra. **2.** Cuando Zeus desterró a los Titanes[6], después de separar a Crono del poder, cambió la naturaleza de la cabra haciéndola inmortal: el cielo estrellado aún guarda una imagen de ella[7]. Zeus determinó también que el perro de oro custodiara este recinto sagrado de Creta[8]. Pandáreo, hijo de Mérops, robó el perro y marchó con él al monte Sípilo[9] y se lo

---

[1] Crono devoraba a sus hijos a medida que nacían para evitar así su destronamiento. Rea, su esposa, logró salvar al menor, Zeus, valiéndose de un engaño: entregó a Crono una piedra envuelta en pañales que éste devoró.

[2] Cfr. Antonino Liberal 19. 1.

[3] Cfr. Ruiz de Elvira (1975) 52-53.

[4] Se trata del perro que aparece en el capítulo 41.

[5] El oro tiene una función apotropaica: aleja los malos demonios que suscita un parto. El perro tiene también una función protectora.

[6] Los Titanes son los hijos de Urano y Gea. Ayudaron al más joven de ellos, Crono, en la lucha que Zeus sostuvo contra él para destronarlo. Se trata de la *Titanomaquia;* cfr. Ruiz de Elvira, *op. cit.,* pp. 53-55.

[7] Se trata de la estrella llamada Cabra, de la constelación de El Auriga; cfr. Arato 163; Eratóstenes, *Cat.* 13; Higino, *Astron.* 2. 13.

[8] Es decir, la gruta. Las grutas servían de santuario en época minoica y estaban ligadas al culto de Zeus *koúros.*

[9] Monte de Lidia, en la región central del Asia Menor.

dio a Tántalo, el hijo de Zeus y de Pluto, para que se encargara de vigilarlo. **3.** Algún tiempo después, Pandáreo volvió al Sípilo y reclamó el perro; Tántalo juró no haberlo recibido. Zeus, entonces, dejó convertido a Pandáreo en una piedra enorme en pago del hurto, precisamente allí donde estaba en pie. Y a Tántalo, porque había mentido en el juramento, lo abatió con un rayo y puso encima de su cabeza el monte Sípilo.

Comentario

Pandáreo es, en un pasaje de la *Odisea*[10], padre de Aedón, la joven convertida en ruiseñor[11]. En otro pasaje[12], Penélope envidia el final de las hijas de Pandáreo. Cuenta el poeta que, siendo ya éstas huérfanas de padres –pues los dioses les causaron la muerte, aunque no hay mención del cómo ni del porqué– fueron amparadas por las diosas: por Afrodita, que las alimentaba con queso, vino y miel; por Hera, que las dotó de ingenio y de una bella figura; por Ártemis, que les otorgó prestancia, y por Atenea que les enseñó a tejer con habilidad. Pero un día en que Afrodita subió al Olimpo para pedirle a Zeus buenos maridos para ellas, las Harpías las raptaron y se las entregaron como esclavas a las vengativas Erinias en los Infiernos.

Tántalo es hijo de Zeus[13] y de Pluto[14] *(Ploutó)*. Su reino se extendía por el monte Sípilo. Fue amado por los dioses, pero él se enfrentó a ellos con soberbia. Se cuenta que dio a los hombres la ambrosía de los banquetes divinos a los que era invitado o que reveló los secretos que había oído en los banquetes de los dioses; por ello, fue castigado con un tormento especial en el Hades. En este contexto, podemos incluir su afrenta contra el dios Hermes. En efecto, en los escolios a los pasajes homéricos[15], así como en uno de

---

[10] *Od.* 19. 518 s.

[11] Cfr. la leyenda de *Aedón,* de Beo, en Antonino Liberal, 11 y comentario.

[12] *Od.* 20. 66 ss.

[13] Cfr. Platón, *Cra.*, 395 *e,* aunque, para algunos autores, el padre de Tántalo era Tmolo, nombre de un monte de Lidia.

[14] Cfr. Nono, 1. 146; 48. 730. Es llamada ninfa en Lactancio Plácido, *Stat. Theb.*, 2. 436, e hija de Crono en *Schol.* Píndaro, *O.* 3. 41. En Higino *(Fab.* 155) es llamada «hija de Himante».

[15] *Schol* V. *Od.* 19, 518; QV *Od.* 20 66; véase también Eustacio *ad loc.*

Píndaro[16], encontramos una información esencialmente igual a la que aparece en el relato de Antonino Liberal[17], pero con un dato adicional: Zeus envía a Hermes a recuperar el perro «fabricado por Héfesto»; Tántalo niega bajo juramento haberlo visto; pero al descubrir Hermes el animal, Zeus castiga a Tántalo del modo conocido; Pandáreo, asustado, marcha entonces con su mujer y sus hijas a Atenas y Sicilia, donde muere junto a su esposa, por obra de Zeus. A diferencia de los escolios y de Antonino Liberal, que señalan un origen microasiático de Pandáreo[18], Pausanias[19] dice que éste era natural de Creta; en su relato, involucra además a ambos personajes en el robo y en el falso juramento. La heterogeneidad de motivos de la leyenda, en la que se combinan «el robo del perro», «el amparo de las diosas sobre las muchachas»[20] y «el rapto de las Harpías» hacen suponer un origen diverso –en Creta y Asia Menor– de motivos que han podido asociarse más tarde en un solo mito[21]. Es posible asimismo que se hayan confundido dos personajes en uno solo, llamado Pandáreo, que aparece ya en la *Odisea*, el relato más antiguo.

Guarducci[22] cree que el núcleo originario de la leyenda de *Pandáreo* es una vieja historia cretense perdida, comparable a la de *Euxineto,* que fue enviado a buscar el perro de Preto[23] o a la de *Procris,* que recibió un perro del rey Minos de Creta[24]. Forbes Irving[25], por su parte, piensa que la leyenda puede deberse a la invención de un relato de metamorfosis de castigo creado sobre los detalles de otras leyendas antiguas; en concreto, puede tratarse de un remedo

---

[16] *Schol. ad. Ol.* 1. 91a y 97.

[17] En una de las variantes (B) del escolio a la *Odisea* (19. 518), se encuentra, sin embargo, un cambio de papeles significativo: es Tántalo quien roba el perro y Pandáreo quien comete el perjurio, por lo que es éste quien sufre la petrificación.

[18] De Jonia, según los escolios; de Éfeso, según Antonino Liberal

[19] Pausanias, 10. 30. 2.

[20] El nombre de las hijas varía según las fuentes: Camiro y Clitia, o bien, Cleotera y Mérope, o bien, Cleotera, Mérope y Aedón; éste último es el nombre de la protagonista de una leyenda milesia (cfr. *supra*, nota 11).

[21] Cfr. Grimal (1951) *s. v. Pandáreo*, p. 403.

[22] Cfr. Guarducci (1940) 1-8.

[23] Cfr. Estrabón, 10. 4. 12.

[24] Cfr. la leyenda de *La Zorra,* en Antonino Liberal, 41.

[25] Cfr. Forbes Irving (1992) 297.

del rapto de Cerbero, el perro guardián del Hades, a quien Heracles capturó y trasladó hasta la tierra en uno de sus trabajos, o del recuerdo de los perros de oro y plata fabricados por Héfesto para Alcínoo destinados a proteger su hogar[26].

Se ha pretendido una autoría nicandrea de la leyenda de *Pandáreo,* fundamentada en el modelo de petrificación que ofrece, semejante al que apreciamos en las leyendas 33 y 41, y comparable a los capítulos 4, 23 y 38, de Antonino Liberal, cuya autoría remonta, sin duda, al poeta de Colofón[27].

---

[26] Cfr. *Odisea*, 7. 91-94.
[27] Cfr. Papathomopoulos (1968) XXI.

LOS DORIOS

Así

1. Después de la toma de Ilión, Diomedes se presentó en Argos[1] y reprochó los placeres de amor que Egialea, su esposa, había tenido[2]. A continuación partió hacia Calidón, en Etolia, donde mató a Agrio y a sus hijos, para acabar entregando el reino a Eneo, su abuelo[3]. **2.** En la navegación de vuelta a Argos, fue arrastrado por una tempestad hasta el mar Jónico[4]. Cuando Dauno[5], el rey de los daunios, se enteró de que Diomedes estaba allí presente, le requirió para que combatiera a su lado en la guerra que sostenía contra los mesapios[6], ofreciéndole como recompensa una parte del territorio y la mano de su propia hija. **3.** Diomedes aceptó el trato. Después de haber dispuesto el orden de la batalla, puso en fuga a

---

[1] Diomedes, señalado guerrero en la guerra de Troya (Ilión), era de origen etolio, pero su padre, Tideo, desterrado de Calidón, se estableció en Argos, donde se casó con Deípile; cfr. Ruiz de Elvira (1975) 316-318.

[2] La infidelidad de su esposa era consecuencia de un castigo de Afrodita.

[3] Los hijos de Agrio, hermano de Eneo, arrebataron el trono a éste. Según otras versiones, Diomedes puso en el trono a un yerno de Eneo, de nombre Andremón. Cfr. Ruiz de Elvira, *op. cit.,* p. 317.

[4] Puede entenderse también el mar Adriático; cfr. Antonino Liberal, 31. 1; Papathomopoulos (1968) 140-141, n. 8.

[5] Probablemente se trata del mismo personaje que aparece en la leyenda de *Los Mesapios,* de Nicandro, en Antonino Liberal, 31. Según una tradición es el padre del héroe itálico Turno.

[6] Sobre los mesapios, véase Antonino Liberal, 31. 1-2.

los mesapios y recibió la tierra, que repartió entre los dorios
que le asistieron. Tuvo dos hijos de la hija de Dauno, Dio-
meda y Anfínomo. **4.** Cuando murió de vejez en el país de los
daunios[7], los dorios le rindieron los últimos honores en la isla
que por él llaman «Diomedea», en tanto que no dejaban de
cultivar la tierra que habían recibido en el reparto, lindante
con la del rey, que les daba muchos frutos por su experiencia
en trabajos agrícolas. **5.** Pero cuando Dauno murió, bárbaros
ilirios[8] conspiraron contra los dorios arrastrados por la envidia de sus tierras; irrumpieron de golpe en la isla y mataron a
todos los dorios en el momento en que celebraban los sacrificios fúnebres. Pero, por voluntad de Zeus, los cadáveres de
los dorios desaparecieron y sus almas se transformaron en
aves. **6.** Y aún hoy, en cuanto una nave griega arriba a la isla,
las aves acuden junto a la tripulación, pero, ante una nave ilírica todas huyen y desaparecen de la isla.

Comentario

El *leitmotiv* de la historia de *Los Dorios* es la rivalidad entre bárbaros ilirios (mesapios, y posiblemente daunios)[9] y agricultores
griegos[10]. El motivo del cultivo de la tierra parece ser, en Antonino
Liberal, una variante de una tradición según la cual, después de que
Diomedes ayudara a Dauno a combatir a los enemigos de éste, fue
traicionado por el rey al negarle la recompensa prometida. Diomedes, entonces, maldijo la tierra, que, a consecuencia de ello, se volvió estéril para todos menos para los griegos[11].

La leyenda de *Los Dorios* ha sido atribuida a Nicandro[12], teniendo
en cuenta la estrecha relación que esta historia guarda con la 31 de
Antonino Liberal, *Los Mesapios,* cuyo escolio señala explícitamente la

---

[7] Cfr. Antonino Liberal, 31. 2.

[8] Los ilirios eran habitantes de la región que se extiende junto a las ribe-
ras del Adriático, entre Macedonia y el Epiro, frente a las costas italianas y
presentes en la colonización de estas tierras.

[9] Cfr. Antonino Liberal, 31. 2.

[10] Cfr. Antonino Liberal, 37. 3.

[11] Cfr. Escolio a Licofrón, 592 s.

[12] Así Oder (1886) 54 y Holland (1895) 22.

autoría del poeta de Colofón. Ambas leyendas se sitúan en regiones limítrofes de la antigua Iápige y cuentan con un personaje común, Dauno. Ambas leyendas encuentran, además, un paralelo en Ovidio: en efecto, el poeta de Sulmona narra la suerte de los compañeros de Diomedes[13], y a continuación, la suerte del pastor mesapio[14], equivalente a la leyenda 31 de Antonino. El *aphanismós* y la omisión de detalles de la especie ornitológica en que son convertidos los personajes de la leyenda nos acerca también al autor de las *Heteroioúmena*[15].

A diferencia de la mayoría de los mitógrafos, en Antonino Liberal Diomedes parte de Argos, no a causa del adulterio de Egialea, sino para socorrer a Eneo. Es el único, además, que centra el episodio de Calidón después del retorno a Argos, que sigue a la caída de Troya, y antes de su asentamiento definitivo en Italia. La leyenda de la expedición de Diomedes a Italia remonta al siglo VII a.C.[16] En varias ciudades se le rendía culto y se le suponía héroe fundador[17].

En lo que respecta a la metamorfosis, contamos con dos tradiciones. En la primera, que podemos llamar «punitiva», los compañeros de Diomedes sufren su transformación antes de la muerte del héroe. Virgilio pone en boca del propio Diomedes la noticia de la suerte de sus compañeros, convertidos en aves plañideras que merodean por los ríos y roquedales[18] como castigo por la herida que el héroe causó a la diosa Afrodita en una refriega de la guerra de Troya[19]. Ovidio, por su parte, presenta la metamorfosis como un castigo de Venus por los reproches que Acmon de Pleurón, un compañero de Diomedes, lanza contra la diosa, a quien considera causante de las desgracias suyas y de sus compañeros por la persecución que ejerce contra el héroe. El relato de Diomedes pone énfasis en el momento dramático del cambio:

---

[13] Ovidio, *Met.* 14. 441-511.

[14] Ovidio, *Met.* 14. 512-526.

[15] Cfr. Papathomopoulos (1968) 151, n. 1 y 14.

[16] Cfr. Mimnermo, fr. 22.

[17] Estrabón (5. 1. 9) es la fuente antigua más específica y detallada de la conexión entre Diomedes y el Adriático. Sobre los aspectos históricos de la leyenda, véase Beaumont (1936) 194-195 y Bérard (1957) 368-376.

[18] *Et socii amissi petierunt aethera pennis,*
Fluminibusque vagantur aves (heu! Dira meorum
Supplicia!), et scopulos lacrimosis vocibus implent. (*Aen.* 11. 272-274).

[19] Cfr. *Ilíada*, 5. 330-351.

«[...] la voz [de Acmon], y a la vez el camino de la voz, se le achican, los cabellos pasan a plumas, de plumas se le cubre un cuello que ya no es el mismo y el pecho y la espalda, los brazos reciben mayores remeras, y los codos se le doblan formando alas ligeras; una buena parte del pie invade los dedos, la boca, endurecida por tejido córneo, se le queda rígida y establece su extremo en una punta» [...] [la suerte de Acmon es compartida por sus compañeros] «y mientras se asombran reciben la misma apariencia, y la mayor parte de mi hueste emprende el vuelo alrededor de los remos batiendo las alas: si quieres saber cuál era la forma de aquellas aves inciertas, si no era la de los cisnes, sí muy parecida a los cisnes blancos»[20].

Ni en Ovidio ni en Virgilio hay referencias a la isla ni a la conducta de las aves. En Plinio[21], que cita a Juba[22], encontramos, sin embargo, una descripción de éstas: se trata de aves de color blanco y brillante que siguen subordinadamente a dos jefes: al que agrupa a la bandada y al que la conduce. Con su pico excavan hoyos en la tierra, donde nidifican. Según Aristóteles[23], se trata de aves de gran tamaño, dotadas de grandes picos y largas patas. Thompson[24] las identifica con las aves marinas llamadas en español «pardelas» [del Mediterráneo] *(Puffinus Kuhli)*[25]. Tienen un aspecto parecido a las gaviotas y vuelan en bandadas sobre el mar; sólo van a tierra (a islotes y acantilados rocosos) para reproducirse. Los gritos de las crías son muy parecidos al llanto de los niños recién nacidos.

En la costa de Apulia hay dos islas conocidas como «Diomedeas»[26], islas en las que, según una tradición distinta a la del castigo de Afrodita sobre Diomedes, fueron transformados los compañeros

---

[20] Ovidio, *Met.* 14. 498-503 y 505-509; trad. Ruiz de Elvira (1964).

[21] Plinio, *HN.* 10. 126.

[22] Rey de Mauritania, historiador del siglo I a.C. o I d.C. *FGH* n.º 275.

[23] Aristóteles, *Mir.* 836 a 9.

[24] Cfr. Thompson (1918) 92-96 y, *s. v. Diomedeíoi órnithes,* en *Glosary...* (1936) 88-91.

[25] Aves del orden de las Procelariiformes, familia Diomedeiae.

[26] Las que componen el archipiélago hoy llamado «de las islas Tremiti», a 22 km de la costa. El nombre moderno de las islas es Santo Doménico, Capraia, San Nicola y Cretaccio; están rodeadas de islotes rocosos.

del héroe en aves tras su muerte[27]. La referencia más antigua de esta
leyenda la encontramos en Lico de Regio[28], historiador de Italia de
los siglos IV-III a.C. Según Lico, estas aves, «una especie de garzas»,
se dejan acariciar por los griegos y vuelan hacia ellos en signo de
amistad. Se trata de los compañeros de Diomedes, y por ello, no se
acercan a los bárbaros, pero sí a los griegos, ante quienes extienden
sus alas como si fueran a abrazarlos[29]. Licofrón[30], sin dar una razón
de la causa de la metamorfosis, describe detalladamente el género
de vida de estas aves, «semejantes a cisnes», en la isla Diomedea:
evitan la compañía de los bárbaros, aunque buscan albergue junto a
los griegos, de cuyas migajas se alimentan[31]. En sus dulces murmu-
llos evocan tristemente su desgraciada condición primera. Además
–añade– fabrican nidos en formas de terrazas, a imitación del tebano
Zeto[32]. El tema de los animales que muestran su querencia por los
griegos y muestran su hostilidad contra los bárbaros, es conocido[33].

Hay otro aspecto de la leyenda que, con leves variantes, parece
remontarse a una fuente común. Algunos autores, en efecto, cuentan
cómo estas aves, con sus alas mojadas, limpian «la tumba del santuario de Diomedes» y la cuidan con esmero[34]. Este motivo se ajusta
al esquema de un tipo de leyendas conocido como *hero birds*. En
ellas, el duelo por la muerte de un personaje puede expresarse por
medio de animales transformados –los compañeros del héroe– que, a
veces, continúan junto a la tumba o templo de éste[35]. Se suele supo-

---

[27] Sobre esta tradición, véase Giannelli (1936) 52-61; Perret (1942);
Zanco (1965) 270-282.

[28] *Ap.* Antígono de Caristo, *Mir.* 172 = *FGH.* 570 F 6.

[29] Cfr. Eliano, *NA.,* 1. 1.

[30] Licofrón, *Alejandra,* 592 s.

[31] Sobre esta tradición, véase Thompson (1936) 88-90.

[32] Zeto y Anfión, hijos de Zeus y Antíope, fueron dos hermanos gemelos que se profesaron un intenso amor filial. Fortificaron con murallas Tebas,
su ciudad natal: Zeto transportaba las piedras mientras Anfión las atraía con
los sones de una lira. Quizá se halle una resonancia de este mito en la alusión de Licofrón a la forma de construir las aves de Diomedes sus nidos, «en
forma de terrazas».

[33] Encuentra un correlato, por ejemplo, en la historia de los perros del
templo de Atenea en Daunia; cfr. Eliano, *NA.,* 11. 5 y Aristóteles, *Mir.* 109.

[34] Cfr. Plinio, *HN.,* 3. 29.

[35] Cfr. Antonino Liberal, 2, *Las Meleágrides,* de Nicandro, y comentario.

ner que, en la tradición de Diomedes, el punto de partida se halla en la existencia de un templo local situado en la isla Diomedea[36]. El origen de esta creencia se cimienta, básicamente, en un relato de Plinio[37] y en una cita de Íbico[38]. El primero se refiere a unos árboles (unos plátanos) que crecen alrededor del santuario, y el segundo habla del culto que Diomedes recibía en una isla del Adriático. Parece, sin embargo, que ambos se atienen más a una tradición literaria que a una investigación personal[39]. Sin embargo, el relato de las aves purificadoras de la tumba-templo de Diomedes encuentra paralelos con otras historias, como la del culto que Aquiles recibía, tras su muerte, en la Isla Blanca, en la desembocadura del Danubio[40]. Es por ello preferible entender las referencias al templo y al culto de Diomedes, antes que como el corazón histórico del relato, como un elemento desarrollado del mito que sigue un modelo conocido[41].

---

[36] Cfr. San Agustín, *Ciu.* 18. 16; Aristóteles, *Mir.* 79; Solino, 2. 45.

[37] Plinio, *HN.* 12. 6.

[38] *Ap.* Schol. Pi., *N.* 10. 12 = fr. 294 *PMG.*

[39] La noticia de Plinio provendría de una cita de Teofrastro (*HP.* 4. 5. 6) acerca del crecimiento de estos árboles sobre el *heroón* de Diomedes en Timauon. La cita de Íbico es demasiado imprecisa; cfr. Forbes Irving (1992) 232.

[40] Cfr. Arriano, *Peripl. M. Eux.,* c. 21.

[41] Cfr. Forbes Irving, *loc. cit.* Para un caso parecido, véase comentario a la leyenda 2 de Antonino Liberal.

EL LOBO

Nicandro cuenta esta historia en el libro I de
Las Metamorfosis

1. Éaco, hijo de Zeus y de Egina, hija de Asopo[1], tuvo
dos hijos[2], Telamón y Peleo, y un tercer hijo, Foco, habido
de Psámate[3], hija de Nereo. A Foco lo amó Éaco de manera
extraordinaria, porque era un hombre bello y excelente. **2.**
Peleo y Telamón le tuvieron malquerencia[4], y por envidia, lo
mataron con engaños y a escondidas. Por este asesinato se
vieron obligados a abandonar Egina, expulsados por Éaco.
Telamón se estableció en la isla de Salamina[5], en tanto que

---

[1] Egina es hija del dios-río Asopo y de la ninfa Metope; fue raptada por
Zeus, quien la llevó a la isla Enone, donde alumbró a Éaco. Desde entonces
esta isla cercana a Atenas recibió el nombre de Egina.

[2] La madre se llama Endeide.

[3] Psámate es hija de un dios marino, Nereo. Las divinidades acuáticas
gozaban de una gran disposición para las metamorfosis (sobre el tipo de personajes llamados *Shape-Shifters,* a los que pertenecen Nereo y Psámate, véase
Forbes Irving (1992) 171 ss.). Psámate mudó su forma en la de una foca para
escapar del acoso de Éaco (cfr. Hesíodo, *Th.* 1003-1005). Es muy probable que
el nombre de Foco guarde un recuerdo de las metamorfosis de su madre. Sobre
la dinastía eácida, descendiente de Eaco, véase Ruiz de Elvira (1975) 336.

[4] Odiaban a Foco porque sobresalía en los juegos (cfr. Apolodoro, 3. 12.
6). El hermano pequeño entre tres, protagonista de una historia, es un motivo
popular.

[5] Telamón era biznieto de Cicreo, rey de Salamina. Según otra tradición
genealógica, Telamón era nieto de Circeo; y no hermano, sino amigo de
Peleo (cfr. Ferécides, *FGH* 3 F 60 *ap.* Apolodoro, *loc. cit.*).

Peleo marchó a la vera de Euritión[6], hijo de Iro, y a su lado quedó purificado del asesinato, no sin antes haberse presentado como un suplicante. Luego mató a Euritión –esta vez involuntariamente– al disparar un dardo contra un jabalí en una cacería[7]. **3.** Peleo llegó entonces en su huida al reino de Acasto[8]. Allí, la mujer de éste le acusó calumniosamente de una tentativa de seducción que le supuso quedar abandonado a su suerte en el monte Pelión en total soledad[9]. En su errante andadura se topó con el centauro Quirón[10], quien lo acogió en su cueva atendiendo sus súplicas. **4.** Peleo reunió muchas ovejas y bueyes y se los llevó luego a Iro en compensación por el homicidio, pero Iro no aceptó la expiación y Peleo volvió a llevarse el ganado y lo dejó suelto, cumpliéndose así el oráculo del dios[11]. **5.** Y mientras el rebaño pacía sin pastor, vino un lobo y lo devoró. Este lobo –por obra de la divinidad– quedó convertido en piedra y permaneció, durante mucho tiempo, en medio de la Lócride y el país de los focenses[12].

---

[6] Sobre la relación en que se funda la hospitalidad de Euritión, rey de Ptía, hacia Peleo, véase Ruiz de Elvira, *op. cit.*, pp. 336-337.

[7] Se trata de la caza del jabalí de Calidón; cfr. Antonino Liberal, 2. 3.

[8] Acasto era hijo de Pelias, rey de Yolcos, y de Anaxibia.

[9] El motivo de la denuncia por intento de seducción es muy antiguo; conocido con el nombre de «Putifar» (en alusión a un episodio de la Biblia), se encuentra en muchos relatos tradicionales de todo el mundo. Acasto no quiere matar a su huésped, a quien había purificado de un asesinato, y por ello considerado persona sagrada, pero en cambio lo deja dormido e inerme en una montaña habitada por centauros porque este hecho supone una especie de ordalía en la que Peleo, abandonado a su suerte en medio de peligros, queda en manos de los dioses (cfr. Papathomopoulos (1968) 158, n. 18 y Ruiz de Elvira, *op. cit.*, pp. 338-339).

[10] Quirón, hijo de Crono y Fílira, era el más célebre, juicioso y sabio de los centauros. Aconsejó a Peleo casarse con Tetis, la hija de Nereo y hermana de Psámate, y le enseñó la manera de conseguirla, a pesar de las maneras que ella, para huir, adoptase.

[11] Un oráculo había aconsejado a Peleo que dejase los rebaños en libertad.

[12] Regiones vecinas de la Grecia central.

Comentario

El largo preámbulo mitográfico de la leyenda del *Lobo* en Antonino Liberal guarda gran similitud con el relato de Apolodoro[13], y ello hace pensar, una vez más, que Antonino se valió de algún tipo de manual mitográfico que engrandece la versión de Nicandro. En Apolodoro, sin embargo, no hay metamorfosis.

El relato de Ovidio[14] manifiesta algunas variantes: es Psámate quien, irritada contra el autor de la muerte de su hijo, manda un lobo sanguinario para que devore el ganado de Peleo. El propio Peleo deduce que Psámate es la causante del daño a su ganado y que ejecuta el castigo contra los animales como honras fúnebres a los Manes de Foco[15] (los Manes eran las almas de los muertos; eran objeto de culto: se les hacía ofrendas para procurar su benevolencia). Peleo, que se halla a la sazón en la corte de Ceix, rey de Traquis[16], suplica a Psámate que ponga fin a la matanza y le envíe socorro, aunque es por mediación de Tetis, la hermana de Psámate y esposa de Peleo, como consigue el perdón. Es también Tetis quien convierte al lobo en mármol[17]. Por lo demás, en el relato ovidiano no hay noticia de la muerte de Euritión.

El motivo del homicidio involuntario *(akoúsios phónos)* puede tener un origen mítico-literario en el que a veces desempeñan un papel importante las consideraciones etiológicas: puede, por ejemplo, explicar racionalmente las peregrinaciones de algunos héroes. Estas peregrinaciones parecen haber sido inventadas, a su vez, para explicar el culto de un héroe a su paso por diversas regiones de Grecia, reflejo, quizá, de antiguas migraciones étnico-religiosas o colo-

---

[13] Apolodoro, 3. 12. 6-7 y 13. 3. También conoce la leyenda del *Lobo* Licofrón, *Alex.* 901 s; cfr. *Schol. ad hoc* y 175.

[14] Ovidio, *Met.* 11. 346-409.

[15] *Damna sua inferias extincto mittere Phoco.* (v. 381). También se ha considerado que la ofrenda de bueyes y ovejas que Peleo lleva a Iro (en Antonino 38. 4) parece tener como destino los poderes infernales de los que el lobo es representante; cfr. Papathomopoulos (1968) p. 158, n. 20 y 21 y bibl.

[16] Ciudad de Tesalia; cfr. v. 269. La misma ubicación se encuentra en Licofrón, 902.

[17] *Marmore mutauit* (v. 404). Sin embargo, el texto es oscuro: puede interpretarse que el sujeto de la acción sea Psámate.

nizaciones sucesivas[18]. En este contexto de peregrinaciones debidas
a un homicidio ha de buscarse –dice Forbes Irving[19]– el simbolismo
del lobo en la leyenda: un hombre salvaje puede desdoblarse simbólicamente en un animal salvaje y feroz como el lobo, que además,
en la mitología griega y de Oriente Próximo, desempeña el papel de
outcast («proscrito», «fugitivo», «extraño» o «forastero»)[20]. El lobo
de la leyenda puede considerarse el espíritu del hermanastro asesi-
nado por Peleo[21], pero también una especie de sombra del asesino:
la mala conciencia de Peleo, quien, por su crimen, ha de andar
errante como un lobo; puede expresar así la dimensión salvaje de
Peleo, que queda perdonado a la vez que es petrificado el lobo: «Es
el color de la piedra –dice Ovidio– el que indica que ya no es un
lobo, que ya no hay que temerle»[22]. La historia del *Lobo* ha servido
en Antonino como final, y en Ovidio, como preámbulo de la purificación de Peleo: «exiliado errante, se dirige [entonces] al país de los
Magnesios [región de Tesalia], y allí recibe del Hemonio Acasto la
purificación de su crimen»[23].

El parecido de una piedra con una figura animal o humana ha
podido contribuir a la creación de esta leyenda[24]. La precisión de
Antonino a la hora de situar la piedra se debe sin duda a su afán etiológico, posiblemente de origen nicandreo: intenta poner en relación
el nombre de Foco con el país de los focenses (región de la Grecia
central)[25].

[18] Cfr. Papathomopoulos, *op. cit.,* p. 157, n. 15.
[19] Forbes Irving (1992) 92-93.
[20] Cfr. la leyenda de *Los Boyeros*, de Nicandro, en Antonino Liberal, 35
y comentario.
[21] Cfr. Tzetzes *ad.* Lyc. 175.
[22] (...) *lapidis color indicat illum
iam non esse lupum, iam non debere timeri* (vv. 405-406).
[23] *Met.* vv. 407-409; trad. Ruiz de Elvira (1964).
[24] Cfr. Forbes Irving, *op. cit.,* pág 139, n. 4.
[25] Cfr. Pausanias, 10. 1. 1; 30. 4.

ARCEOFONTE

Hermesianacte cuenta esta historia en el libro II de su
Leontion

1. Arceofonte, hijo de Miníridas, era de la ciudad de Salamina, en Chipre, y, aunque de padres no distinguidos –eran
fenicios– supo descollar sobremanera en riqueza y en otro
tipo de prosperidad. Nada más ver a la hija de Nicocreonte,
rey de Salamina, se enamoró. **2.** El linaje de Nicocreonte des-
cendía de Teucro[1], el que ayudó a Agamenón a conquistar
Ilión, lo que hacía a Arceofonte desear más vivamente el
matrimonio con la muchacha, y prometió aportar muchos
regalos de boda, más que los demás pretendientes. Pero
Nicocreonte no dio su consentimiento al matrimonio porque
se avergonzaba del origen de Arceofonte, porque sus padres
eran fenicios. **3.** Al no poder contraer matrimonio, el amor se
le tornaba a Arceofonte un tormento aún mayor, y por la
noche, rondaba la casa de Arsínoe[2] y trasnochaba con los
amigos de su edad. Como no halló ningún provecho en su
empeño, atrajo para sí a la nodriza de la joven, y con el envío
de muchos regalos tentó a la muchacha: le propuso que se

---

[1] Teucro es nieto, por línea paterna, de Éaco, e hijo de Telamón (cfr.
Antonino Liberal, 38, 2). Reinó en la isla de Salamina, en el golfo Sarónico.
Su madre era Hesíone, hija del rey troyano Laomedonte. Teucro, expulsado
por su padre Telamón a su regreso de la guerra de Troya (Ilión), fundó una
ciudad en la isla de Chipre a la que llamó también Salamina.

[2] Nombre de la hija de Nicocreonte.

uniera a él a escondidas de sus padres. **4.** Pero, cuando la
nodriza le llevó esta proposición a la muchacha, ésta la
denunció a sus padres, y ellos le cortaron a la nodriza la punta
de la lengua, la nariz y los dedos, y después de esta mutilación la echaron de casa sin compasión. A la vista de la acción,
la diosa[3] se encolerizó. **5.** Arceofonte, entonces, desbordado
por su pasión y por su falta de confianza en la boda, se entregó
a una muerte por inanición. Sus conciudadanos lamentaron
su muerte y le lloraron, y, al tercer día, sus parientes llevaron
el cadáver a un sitio público. **6.** Iban ellos ya a tributarle los
honores fúnebres, cuando Arsínoe, incitada por la soberbia,
se asomó a la ventana con el deseo de ver cómo se consumía
en las llamas Arceofonte, y mientras lo contemplaba, Afrodita, que aborreció esa manera de ser, la transformó convir-
tiéndola, de mortal que era en piedra, y enraizó sus pies en la
tierra.

Comentario

Hermesianacte, poeta elegiaco de Colofón que vivió entre los
siglos IV y III a.C., escribió una colección de historias de amor en
tres libros a los que llamó *Leontion,* título que alude al nombre de
su amada[4]. A Hermesianacte le gustaba ofrecer en sus leyendas un
fondo histórico, revestido de erudición: Hubo, en efecto, un rey en
Chipre de nombre Nicocreonte que vivió poco tiempo antes que el
propio Hermesianacte. La leyenda es, por tanto, una creación
reciente y el tema –quizá popular– muy del gusto helenístico. Antonino Liberal sitúa la historia dentro de un juego de tensiones sociales entre fenicios y griegos en la isla de Chipre. Los fenicios eran
tolerados por su buena situación económica, producto de su actividad comercial, pero no eran bien vistos por haber ayudado a derri-
bar la dinastía Eácida, de la que Nicocreonte se sentía descendiente.
Los fenicios eran odiados, además, por haber contribuido al subyu-
gamiento de la isla ante el rey persa tras el abandono de los griegos
(*c.* 449-430 a.C.).

---

[3] Afrodita.
[4] Según Ateneo, 13. 597 a; cfr. Powell (1925) 96.

Plutarco[5] cuenta también la historia bajo los nombres de Euxineto y Leucomantis. Ovidio[6], que, sin duda, ha bebido de la misma
fuente, cuenta también la historia. En ella, el protagonista es presentado como un joven de origen humilde, de nombre Ifis, que se
enamora locamente de Anaxárete, sin que aquí sea relevante la
alcurnia de la doncella. Para acercarse a ella realiza intentos vanos:
escribe mensajes, pide ayuda a sus criados, ruega a la nodriza que
no sea dura con él. Al final, confiesa a la muchacha su desesperado
amor, pero ella se muestra más cruel y dura que una piedra[7], y por
ello, poco a poco, invade su cuerpo la piedra que desde mucho antes
ya estaba en su duro corazón[8]. El joven se ahorca entonces delante
de la puerta de Anaxárete, contra la que reiteradamente había arrojado en vano sus suplicas con la mirada puesta en la amada. Durante
el cortejo fúnebre, presidido por la madre del joven, Anaxárete se
asoma a la ventana sin jactancia, conmovida. Curiosamente es Ovidio esta vez, y no Antonino Liberal, quien ofrece el dato etiológico:
la estatua es la *Venus Prospiciens,* «la que mira», equivalente a la
Aphrodita Parakyptoúsa, «la que se asoma para ver», de Chipre[9].

---

[5] Plutarco, *Mor.* 776 c.

[6] Ovidio, *Met.* 14. 698-771.

[7] *Saeuior...durior...saxo,* vv. 711-713.

[8] *Paulatimque occupat artus / quod in duro iam pridem pectore, saxum*,
vv. 757-758.

[9] Cfr. Aristófanes, *Paz*, 981, donde se presenta a unas mujeres mirando a
sus amantes por la ventana. Según Knaack, *RE* I (1894) 208 I, 15 s, *s. v. Anaxárete,* esta leyenda ha sido inventada para explicar la actitud particular de la
estatua. Véanse los estudios de Fauth (1966) 331-437; Borghini (1979) 137-161
y Cristóbal (1997) 23-41.

BRITOMARTIS

1. De Casiopea, hija de Arabio, y de Fénix, hijo de Agénor, nació una niña, Carme. Zeus se unió a ella y engendró a Britomartis[1]. Ésta huyó del trato con los hombres y quiso ser siempre virgen. **2.** Marchó primero de Fenicia a Argos, junto a las hijas de Erásino[2]: Bize, Mélite, Mera y Anquírroe[3], y después, desde Argos, subió a Cefalenia[4]; los cefalenios le pusieron el sobrenombre de *Lafria*[5] y le ofrecieron sacrificios como a una diosa. **3.** Más tarde, marchó a Creta, y al verla Minos, enamorado de ella, se puso a perseguirla. Ella se refugió a la vera de unos pescadores que la escondieron bajo sus redes, y por este motivo los cretenses la llamaron Dictina[6] y le ofrecieron sacrificios. Fuera ya del alcance de Minos, Britomartis arribó a Egina en una barca acompañada del pescador Andromedes. **4.** Éste se abalanzó sobre Britomartis con la

---

[1] La misma genealogía, en Virgilio, *Ciris,* 220. Hay otras genealogías distintas en Pausanias (2. 30, 3) y Diodoro de Sicilia (5. 76, 3). Sobre esta cuestión, véase Papathomopoulos (1968) 161, n. 1 y 2 y bibliografía.

[2] Nombre de un río de Argos.

[3] Mélite y Mera son los nombres de dos nereidas del cortejo de Tetis (cfr. *Ilíada,* 18. 42 y 48 s.) Anquírroe significa «la que fluye al lado».

[4] Isla occidental del mar Jónico cercana a Ítaca.

[5] Epíteto de Ártemis; véase comentario.

[6] En el texto se relaciona el nombre de Dictina con la palabra «red» (*díktyon,* en griego).

intención de unirse a ella, pero la joven saltó de la nave y
huyó hacia un bosque, precisamente allí donde se encuentra
ahora su templo[7], lugar en el que se hizo invisible; por ello la
llamaron Afea[8]. En el templo de Ártemis[9] apareció una estatua de madera. Los eginetas consagraron el lugar en el que
desapareció Britomartis, le dieron a ella el sobrenombre de
Afea y le ofrecieron sacrificios como a una diosa.

Comentario

Britomartis, «la Dulce Virgen»[10] era, en su origen, una divinidad
cretense adorada por cazadores y pescadores en la parte central y
oriental de la isla; algunos autores le atribuían la invención de las
redes[11]. Cuando el culto de la diosa virgen y cazadora griega Ártemis
se introdujo en Creta, absorbió la figura de Britomartis (Calímaco, en
su *Himno a Ártemis*[12], dice que la diosa recibió el sobrenombre de
«Britomartis» entre los cretenses, y Pausanias[13], que Ártemis la hizo
diosa) e incluso llegó a identificarse con ella. Desde la helenización del
mito, la genealogía de Britomartis presenta distintas genealogías[14].

----

[7] Se trata del templo dórico (*c.* 500-480 a.C.) de Egina, isla situada en el
golfo Sarónico, entre el Ática y la Argólide. Estaba dedicado a Afea, una
antigua divinidad local patrona de la isla.

[8] Etimología que intenta derivar Afea de *aphanēs*, «invisible».

[9] Se trata de un santuario de Egina. Nunca hubo un templo de Ártemis
sobre el emplazamiento del santuario de Afea. Los santuarios se hallan en
lugares diferentes.

[10] Si su nombre deriva de las palabras aborígenes cretenses *bris, britys,
britos*, «dulce» y *mártis* o *marná*, «virgen»; cfr. Daremberg (1877) *s. v. Bri-
tomártis*, p. 750. Según otra teoría, su nombre significaría «la Señora de los
blancos acantilados»; cfr. Papathomopoulos (1968) 161, n. 3.

[11] Cfr. Diodoro de Sicilia, 5. 76.

[12] *Himno III*, v. 205.

[13] Pausanias, 2. 30. 3.

[14] En Pausanias, 2. 30. 3, es hija de Zeus y Carme, pero ésta es hija de
Eubolo, y éste de Carmanor. En Diodoro de Sicilia, 5. 76, 3, Eubolo es hijo
de Deméter. En el *Ciris* del *Apéndice virgiliano* 220, encontramos la misma
genealogía que en Antonino Liberal: Britomartis es hija de Zeus y Carme y
nieta de Fénix. El nombre de Fénix, epónimo de Fenicia, lugar de procedencia de Britomartis, dota a la leyenda de un origen mítico oriental; cfr. Tüm-
pel, *Britomartis RE.* (1899) 811, 20. s

Dictina era también, en su origen, una diosa cretense. Estaba relacionada con el monte Dicte, de donde deriva su nombre, y recibía culto en la ciudad de Cidonia, en la parte occidental de la isla, donde tenía un templo. Después pasó a ser Ártemis Dictina y su culto acabó expandiéndose por toda Grecia[15]. La etimología que asocia su nombre a la red, seguramente artificial, puede estar motivada por el parecido con la palabra con que se designa a ésta en griego (*díktyon*), o por el culto que recibía de los pescadores.

La leyenda de Britomartis/Dictina de Creta, en su relación con el motivo de la huida de Minos, y los motivos del salto al mar de la heroína y su salvación en la red, aparecen de manera literaria ya en Calímaco, donde es presentada como una ninfa de su cortejo:

> «Durante nueve meses frecuentó [Minos] lugares escarpados y abismos, y no cesó en su persecución hasta el momento en que ella [Britomartis], casi a su alcance, se arrojó al mar desde lo alto de una roca, cayendo en unas redes de pescadores que la salvaron; por eso los Cidones [Cretenses] llaman Dictina a la ninfa [del cortejo de Ártemis] y Dicteo al monte del que se arrojó, y construyen altares y ofrecen sacrificios en su honor»[16].

Britomartis/Dictina[17] pertenece al tipo de divinidades que adquieren un culto tras andar errantes a causa de una huida (la diosa Ártemis pertenece a este tipo). En sus andanzas puede aproximarse e identificarse con otras protagonistas de leyendas locales. Según Papathomopoulos[18], la identificación de Lafria con Britomartis/Dictina, que no encuentra paralelos fuera de esta leyenda, puede deberse a su autor, es decir, a Nicandro (cfr. *infra*). *Lafria* es un epíteto de Ártemis bajo el que recibía culto en distintas regiones de Grecia. Hay diversas hipótesis sobre este nombre; según la más aceptada, hace referencia a la «diosa de los ciervos», por derivación

---

[15] Cfr. Plutarco, *De solert. An.* 36.

[16] Calímaco, *Himno III a Ártemis*, vv. 195-200; trad. L. A. de Cuenca (1980).

[17] Conocemos también la leyenda de *Britomartis/Dictina* por Pausanias, 3. 14. 2; 8. 2. 4; 9. 40. 3; Solino, 2. 8; *Ciris*, 301; escolio a Aristófanes, *Ranas*, 1356; Eurípides, *Hipólito*, 146.

[18] Papathomopoulos, *op. cit.*, pp. 161-162, n. 9.

del nombre de este animal *(élaphos)*[19], epíteto acorde con la diosa
«soberana de los animales», la *Potnia therôn.*

La segunda aventura de Britomartis/Dictina en la leyenda (el episodio de Andromedes) sólo se encuentra en Antonino Liberal. En ésta,
Britomartis no salta al mar para ser salvada por las redes de los pescadores, sino que tan sólo se esconde bajo ellas. El motivo del «salto al
mar» habría sido modificado y trivializado por Antonino, o quizá ya en
su modelo. Holland[20] piensa, sin embargo, que la historia de Nicandro
se habría configurado según el relato de las andanzas errantes de Ártemis en el *Himno,* y no considera dos variantes de la leyenda, sino que
se centra en su elemento común, «el salto al mar»[21].

La explicación verdadera del epíteto «Afea» aplicado a Britomartis la encontramos en Pausanias[22], donde leemos: «Los eginetas
dicen que Britomartis se les apareció *(phaínesthai)* en la isla, y por
ello recibe la advocación de Afea *(Aphaía)».* Maas[23] relaciona este
pasaje con la aparición, al principio de la batalla de Salamina, de
una imagen *(phásma)* de mujer a los Eginetas, a la que consideraron
la diosa Atenea[24]. Lo importante de la función de la diosa en esta
situación crítica no sería su desaparición, sino su aparición.
«Aphaía» sería un epíteto cultual derivado de *Ápha* (proveniente de
la raíz de *háptein,* que significa «encender», «alumbrar»[25]). No se
puede saber mucho más de la identificación de Afea con la diosa
cretense Britomartis/Dictina. Harland[26] piensa que es muy antigua;
Guarducci[27], sin embargo, considera que tanto esta asociación como
la de Lafria son artificiales y se debe a un poeta erudito, sin duda,
Calímaco[28].

La leyenda de *Britomartis* manifiesta elementos inequívoca-
mente nicándreos, como el *aítion,* que intenta explicar el nombre de

---

[19] Cfr. Papathomopoulos, *op. cit.,* pp. 161-162, n. 4 y 9.
[20] Holland (1925).
[21] Cfr. Antonino Liberal, 12. 8 y comentario.
[22] Pausanias, 2. 30. 3.
[23] Maas (1923) 185.
[24] Cfr. Heródoto, 8. 84.
[25] Cfr. Holland (1925) 63-64.
[26] Harland (1925) 92-100.
[27] Guarducci (1935) 157.
[28] Cfr. Papathomopoulos, *op. cit.,* p. 163, n. 18.

Aphaía a partir de *aphanḗs,* «desaparecida», «no visible», etimología que, sin embargo, parece errónea[29]. La desaparición *(aphanismós)* de Britomartis, la aparición a continuación de un objeto maravilloso (la estatua) y el establecimiento posterior de un culto, en este caso propio de una diosa, presenta la misma estructura que encontramos en otras leyendas de atribución cierta a Nicandro, como las de *Ctesila* y *Aspalis*[30]. Sin embargo, en el caso de *Britomartis* no hay una muerte previa.

---

[29] Cfr. Papathomopoulos, *op. cit.,* pp.163-164, n. 21.
[30] De Nicandro, en Antonino Liberal, 1 y 13, respectivamente.

41

LA ZORRA

1. Céfalo, hijo de Deíon[1], se casó con Procris, hija de Erecteo, en Tórico[2], en el Ática. Céfalo era joven, bello y valiente; enamorada de su belleza, la Aurora lo raptó y le hizo su amante ∗∗∗[3]. **2.** Céfalo, entonces, puso a prueba a Procris con la intención de ver si ella había querido permanecerle fiel a él. Buscó Céfalo un pretexto cualquiera para ir a cazar, y mientras tanto, envió a un allegado a Procris, a quien ella no conocía, con mucho oro, y le encargó que le dijera que un extranjero, enamorado de ella, le daría el oro a condición de que se acostase con él. **3.** Procris, en primera instancia, rechazó el oro; pero cuando le envió el doble, cedió y aceptó la propuesta. Céfalo, al comprobar que ella había entrado en su casa y se había acostado con aquél que ella creía un extranjero, acercó una antorcha encendida y la acusó en flagrante. **4.** Procris abandonó a Céfalo abochornada, y al final de su huida, encontró refugio junto a Minos, rey de los cretenses; cuando se encontró con él, al notar que padecía una incapacidad de tener hijos, le prometió que le curaría y se puso a enseñarle el modo de tenerlos, porque Minos eyacu-

---

[1] Cfr. Apolodoro, 1. 9. 4. Otros genealogistas lo presentan como hijo de Pandión o de Hermes.
[2] Puerto situado al norte de Laurion.
[3] Laguna textual.

laba serpientes, escorpiones y escolopendras, y las mujeres
que se unían con él, morían. **5.** Pasífae[4], por el contrario,
siendo como era hija del Sol, era inmortal. Pues bien, Procris,
con la vista puesta en que Minos pudiera tener hijos ideó el
remedio siguiente: introdujo una vejiga de cabra en la vagina
de una mujer; Minos eyaculaba primero las serpientes en la
vejiga; después se unía a Pasífae y copulaba con ella. Cuando
tuvieron hijos, Minos le regaló a Procris su jabalina y su
perro[5], a los que ninguna fiera escapaba, sino que todas quedaban sojuzgadas a ellos. **6.** Procris marchó con los regalos
que recibió a Tórico, en el Ática, donde vivía Céfalo, y se fue
de caza con él, no sin antes cambiar su vestido y su peinado
a la manera varonil, de tal modo que nadie, al verla, la reconoció. Viendo Céfalo que no se cobraba ninguna pieza, en
tanto que Procris nunca fallaba el blanco, quiso hacerse él
con la jabalina. Procris le prometió que le daría también el
perro si estaba dispuesto a concederle su belleza gustosamente. **7.** Céfalo aceptó la propuesta, y, una vez acostados,
Procris se dio a conocer y echó en cara a Céfalo que hubiera
cometido una falta aún más vergonzosa que la suya. Céfalo
se llevó consigo el perro y la jabalina. Anfitrión[6], que necesi-
taba el perro, llegó junto a él para ver si quería acompañarle
con su perro para cazar a la zorra[7]. Anfitrión prometió a
Céfalo darle una parte del botín que cogiera de los teléboas[8].
8. En efecto, había aparecido en ese tiempo en el país de los
cadmeos[9] una zorra, un ejemplar extraordinario que, sin

---

[4] Pasífae era la esposa de Minos.

[5] El perro, llamado Lélape, «huracán», lo había recibido Minos de su
madre Europa, y ésta de Zeus (cfr. Eratóstenes, *Catasterismos* 33). Su destino era alcanzar y dar caza a cualquier presa a la que persiguiese (cfr. *infra*).
La jabalina era infalible.

[6] Anfitrión es hijo de Alceo, rey de Tirinto y Micenas, y de Astidamía.

[7] Se trata de la llamada zorra de Teumeso, nombre de un monte al NO
de Tebas.

[8] Pueblo de Arcanania, en concreto, de la isla de Tafos, cercana a Ítaca
y Cefalenia. Los teléboas atacaron Micenas siendo rey Electrión, tío de Anfitrión. Ambos intentaron vengar esta acción.

[9] Antiguo nombre de los habitantes de Beocia.

cesar, irrumpiendo repetidas veces desde el Teumeso[10], arrasaba a los cadmeos. Cada treinta días, además, le exponían un niño que ella cogía y devoraba. **9.** Seguidamente, Anfitrión pidió a Creonte[11] y a los cadmeos que se unieran a él en una expedición contra los téleboas, a lo que ellos se negaban si no se sumaba él a la captura de la zorra. Así las cosas, Anfitrión llegó a un acuerdo con los cadmeos. Fue en busca de Céfalo, le explicó el trato, y le convenció para que se dirigiera a Tebas con el perro. Céfalo aceptó: fue, y emprendió la caza de la zorra. **10.** Era ley divina que ni la zorra fuera alcanzada por nadie que la persiguiese, ni que al perro se le escapase ningún animal al que persiguiera. Así que, cuando estuvieron en la llanura de Tebas, Zeus, al verlos, petrificó a ambos.

Comentario

El matrimonio de Procris y Céfalo «estaba caracterizado por un intenso amor mutuo, pero varias veces turbado e interrumpido por celos, equívocos, pruebas y enfados, seguidos de completas reconciliaciones»[12]. La leyenda fue tratada de manera poética por Ovidio[13]. Otras versiones mitográficas que presentan algunas diferencias con respecto a Antonino Liberal y Ovidio aportan datos que ayudan a completar la leyenda[14].

El rapto de Céfalo por la Aurora se encuentra ya en Hesíodo[15]. Fruto de este amor –dice Hesíodo– nació Faetón. Como Céfalo quiso permanecer fiel a Procris, la Aurora le sugirió que comprobara la castidad de su esposa[16]; En Ovidio y Antonino, entre

---

[10] Monte de Beocia cercano a Tebas.

[11] Creonte era el cuñado de Anfitrión.

[12] Ruiz de Elvira (1975) 306-307. Sobre esta leyenda, véase especialmente, del mismo autor, *Céfalo y Procris* (1972) 97-123.

[13] Ovidio, *Met*. 7. 685-747, desde una perspectiva épica; en *A.A.* 3. 685-747, desde una perspectiva elegíaca.

[14] Higino, *Fab*. 189; Apolodoro, 3. 15. 1, cfr. 3. 14. 3; 1. 9. 4; 2. 4. 7; Ferécides, en escolio a la *Odisea* 11. 321 = *FGH*. 3 F 34; Servio, *Aen*. 6. 445; Mitographi Vaticani, 1. 44 y 2. 216; Eustacio, 1688, 29 ss., *ad. Od*. 11. 320.

[15] Hesíodo, *Th*. 986 s. Según Ferécides, el rapto duró ocho años.

[16] Así en Higino y Servio.

otros[17], es el propio Céfalo quien toma la iniciativa. La Aurora cambió el aspecto de Céfalo[18]; otros[19] cuentan que se disfrazó él mismo. La originalidad de Antonino consiste en la utilización de un intermediario por parte de Céfalo (aunque el motivo del disfraz aparece en la figura de Procris; el engaño por medio de un disfraz es un motivo propio del cuento popular).

Ovidio omite el viaje de Procris a Creta[20]. En otras versiones, Minos se enamora de ella e intenta seducirla. La enfermedad del rey –según Apolodoro[21]– se debía a un hechizo de su esposa Pasífae, como castigo por sus múltiples amoríos. Cuando Minos se unía a alguna mujer, enviaba alimañas *(thēría)* a sus articulaciones *(árthra)*. Las alimañas (serpientes, escorpiones y escolopendras, en Antonino) son animales que se mueven a ras de tierra y cuyo simbolismo negativo desempeña un papel en los encantamientos. Estos elementos recuerdan los intereses de Nicandro, el autor de las *Teriacás*[22]. Procris curó a Minos yaciendo con él después de darle de beber «la raíz de Circe»[23], único remedio contra este mal. La mención de la vejiga en Antonino es la más antigua de este método profiláctico y anticonceptivo. Ovidio, al contrario que Antonino, omite el episodio de la prueba de Procris a Céfalo y cuenta la trágica muerte de Procris: Céfalo invocaba, cuando iba a cazar, a una tal Brisa (que no era sino el viento suave y refrescante). Procris piensa que se trata de una ninfa que lleva este nombre y se esconde tras unos matorrales para sorprender a su marido; al moverse de su escondite, es atravesada mortalmente por la lanza infalible que le había regalado a Céfalo. La historia de la zorra de Teumeso sirve en el relato ovidiano de elemento de distensión entre la parte de la leyenda referida a Céfalo y la de la muerte de Procris.

El destino de la zorra y el del perro Lélape eran contradictorios e inconciliables[24]. Suponen un problema planteado por el destino.

---

[17] Cfr. Ferécides, Eustacio.

[18] En Ovidio (*Met,* v. 721 s), Higino y Servio.

[19] Ferécides y Eustacio.

[20] El viaje sólo se encuentra en Higino, Apolodoro y Antonino.

[21] Apolodoro, 3. 15. 1.

[22] Cfr. Papathomopoulos (1968) 166, n. 10.

[23] En alusión a la diosa maga de la *Odisea;* cfr. Apolodoro, *loc. cit.*

[24] Cfr. Ruiz de Elvira (1972) 112-114.

Zeus, para resolver el problema, petrificó a ambos[25] (según Eratóstenes[26], «petrificó a la zorra, y al perro lo llevó al cielo porque lo consideró digno»). Pero esta explicación más o menos salomónica, no resuelven la «aporía»: «para el mito era cierto que el perro no capturó a la zorra, pero no lo era que la zorra no escapase al perro, puesto que éste no había llegado a alcanzarla cuando, al ser ambos petrificados, cesó en su persecución. La solución es más favorable en todo caso a la zorra que al perro, y sólo el no seguir viva la zorra podía, en sentido muy restringido, entenderse como no haber escapado»[27]. La metamorfosis, en cualquier caso, supone una «solución» de la contradicción inconciliable.

La leyenda de *La zorra* fue atribuida a Nicandro, por razones de estructura, por O. Schneider[28]. Contamos además con una mención de la zorra por parte de Nicandro en sus *Cinegéticas*[29]. En Tebas había una colina que podía estar relacionada con la roca de la petrificación[30].

---

[25] En Ovidio, en dos mármoles: «Del uno se diría que estaba huyendo, del otro que estaba capturando» *(Met.* 7. 790-791); cfr. Apolodoro, 2. 4. 6-7; Higino, *Fab.* 189; Pólux, 5. 39; Heráclito, *de incred.* 30; Apostolio, 16. 42.

[26] Eratóstenes, *Catasterismos* 33.

[27] Ruiz de Elvira (1972) 114.

[28] Según la comparación que efectúa con los capítulos 4, 23 y 38 de Antonino Liberal, leyendas atribuidas por el escoliasta a Nicandro, que acaban en una petrificación. Sobre la influencia de Nicandro en Ovidio, véase Pöschl (1959) 328-343.

[29] Fr. 97, Schneider.

[30] Cfr. Zonaras, 9. 16, p. 446.

ÍNDICES

I

ÍNDICE DE LEYENDAS DEL MANUSCRITO
PALATINUS HEIDELBERGENSIS GRAECUS 398

15. Meropis en lechuza; Bisa en una avecilla del mismo nombre; Agron en chorlito; Eumelo en cuervo de noche (autillo).

16. Énoe en grulla.

17. Leucipo de mujer en varón.

18. Éropo en un ave del mismo nombre.

19. Layo, Céleo, Cérbero y Egolio en aves agoreras del mismo nombre.

20. Clinis en *hypaíetos,* una especie de águila; Licio en cuervo; Artémique en *píphinx,* Ortigio en paro (o carbonero); Harpe y Hárpaso en aves del mismo nombre.

21. Polifonte en cárabo; Oreo en *lagôs*; Agrio en buitre; la criada de éstos en pico.

22. Cerambo en escarabajo.

23. Bato en piedra.

24. Ascálabo en un animal del mismo nombre.

25. Metíoque y Menipe en cometas.

26. Hilas en eco.

27. Ifigenia en una divinidad llamada *Orsiloquia.*

28. Tifón en hierro al rojo; Apolo en halcón; Hermes en ibis; Ares en pez, el lepidoto; Ártemis en gata; Dioniso en macho cabrío; Heracles en cervatillo; Hefesto en buey; Leto en musaraña.

29. Galintíade en comadreja.

30. Biblis en una ninfa hamadríade del mismo nombre.

31. Jóvenes mesapios en árboles.

32. Dríope en álamo negro.

33. Alcmena en piedra después de su muerte.

34. Esmirna en un árbol homónimo.

35. Unos boyeros en ranas.

36. Pandáreo en piedra.

37. Unos dorios, acompañantes de Diomedes, en aves después de su muerte.

38. Un lobo en piedra.

39. Arsínoe en piedra.

40. Britomartis en la estatua *Afea.*

41. Una zorra y un perro en piedras.

****

Hay en el códice otro índice confeccionado a partir del anterior que contiene los nombres de aves de las leyendas hasta el capítulo 24, con algunos errores: *askálabos* (la salamanquesa) está incluido en la lista de aves, quizá por confusión con una especie de búho *(askálaphos)*. Omite además el *ichneúmōn* y el *kýōn*, quizá confundidos con cuadrúpedos, e incluye el murciélago *(nykterís);* cfr. R. SELLHEIM (1930) 59-60.

II

ÍNDICE DE METAMORFOSIS

EN OTROS ANIMALES

OTRAS METAMORFOSIS

METAMORFOSIS EN PIEDRA: 4; 23; 33; 36; 38; 39; 41.

METAMORFOSIS EN ÁRBOLES:
    en álamos negros   22;
    en árboles (sin especificar)   31;
    en álamo negro y en abetos   32;
    en el árbol de la mirra   34.

METAMORFOSIS EN ASTROS:
    cometas   25;
    estrella de la constelación de *La cabra*   36.

METAMORFOSIS EN ECO: 26.

CAMBIO DE SEXO: 17.

SERES QUE ACABAN EN SIMPLE DESAPARICIÓN *(aphanismós):* 8; 13; 40.

APOTEOSIS: 27; 30; 32; 33.

METAMORFOSIS DE DIOSES:
Dioniso en muchacha, toro, león y pantera   10
Atenea y Ártemis en muchachas   15
Hermes en pastor   15
Hermes (cambio de aspecto, *sic*)   23
Apolo en halcón   28
Ares en lepidoto   28
Ártemis en gata   28
Dionisos en macho cabrío   28
Hefesto en buey   28
Heracles en cervatillo   28
Hermes en ibis   28
Leto en musaraña   28
Apolo en tortuga y serpiente   32

L<small>EYENDAS QUE CONTIENEN UN</small> *APHANISMÓS*: 1; 8; 12; 13; 25; 26; 30; 32; 37.

L<small>EYENDAS EN LAS QUE LA METAMORFOSIS ESTÁ LIGADA AL ORIGEN DE UN CULTO</small>: 1; 4; 13; 17; 25; 26; 29; 32.

L<small>EYENDAS CORCENIENTES A FUNDACIONES, ORÍGENES Y CAMBIOS DE NOMBRE</small>: 7; 12; 13; 23; 30; 31; 35; 37.

III

ÍNDICE DE AUTORES CITADOS EN LAS LEYENDAS POR EL ESCOLIASTA DE ANTONINO LIBERAL

ÍNDICE DE NOMBRES MITOLÓGICOS